未来を拓く保育の創造

大桃伸一　編

学術図書出版社

はじめに

　世界の多くの国で近年，就学前の教育・保育への関心が高まっている．背景は国によってさまざまであるが，一つには出産後も働き続ける女性の増加と就労の推進がある．また，2000年にノーベル賞を受賞したジェームズ・ヘックマンの研究が注目されている．ヘックマンによれば，大人になってからの幸せや経済的安定のためには，幼少期に非認知的能力を身に付けておくことが大切である．非認知的能力とは，学力やIQなどで測れる認知的能力ではなく，目標に向かって頑張る力や思いやり，感情をコントロールする力などであり，幼少期の子どもの主体的な遊びの中で育っていくものでもある．

　わが国でも近年，乳幼児の保育や教育への関心が高い．背景には待機児童の問題があり，少子化対策や女性活躍社会の実現のために，保育所の増設や保育者の確保が国をあげて取り組むべき課題となっている．こうした保育の量的拡大とともに，保育の質の向上も大きな課題である．保育の質の向上のためには，保育者の待遇改善や乳幼児の保育や教育に専念できる職場環境づくりが必要である．同時に，質の高い保育者養成が求められている．

　教育職員免許法が2016年に改正され，教職課程コアカリキュラムが示されて，2018年度に教職課程の再課程認定が行われた．また，2017年には，保育士養成課程等検討委員会から「保育士課程等の見直しについて」が出され，これを受けて関係省令等が改正されて，新しい保育士養成課程も幼稚園教員養成課程と同じく2019年度から実施される．

　新しい幼稚園教育要領，保育所保育指針，幼保連携型認定こども園教育・保育要領が2017年3月に同時に告示され，2018年4月から施行された．この三つの要領や指針の共通の改善点は，(1) 幼稚園，保育所，幼保連携型認定こども園において育みたい資質・能力を「知識及び技能の基礎」，「思考力，判断力，表現力等の基礎」，「学びに向かう力，人間性等」の三つの柱で示したこと，(2)「幼児期の終わりまでに育ってほしい姿」を10の項目で示したことである．保育者養成はこうした新しい教育要領や保育指針等を踏まえて，時代や社会の要

請に応えて行われなければならない.

　わが国の保育の発展に大きな影響を与えた倉橋惣三は,「保育における新と真」という著作のなかで,時代の変化のなかで新しく対応していくことが求められる「保育の課題＝新」と時代が変化しても変わらない「保育の本質＝真」とがあり,変わるものの底にあって,変わらない真を見失うことがあってはならない,と述べている.

　子どもは「未来の宝」である.子どもが子ども時代を生き生きと充実して過ごすことによって,はじめて平和で豊かな未来を切り拓く人間になることができる.子ども時代でも乳幼児期は,人間の根幹を形成する重要な時期である.乳児や幼児は自らの権利を十分に主張することのできない存在であり,保育や教育をする側に十分な理解と配慮がなければ,子どもの伸びゆく芽を摘み取ってしまうおそれもある.時代の変化にしなやかに対応しながら保育の本質を探究する保育者,子どもに寄り添い,子どもから学びながら,自らを成長させていくことのできる保育者の養成が求められている.同時に,就学前の教育・保育改革も「子どもの視点」を大切にしていかなければならない.

　本書はこうした意図のもとに企画されたが,執筆者の専門性を尊重し,執筆者がそれぞれの持ち味を生かすことによって,多様な視点からの学びができるように構成されている.そのため表現の不統一や思わぬ問題があるかもしれない.読者のご叱正を得て,改版の際の課題としたい.

　本書が,保育者を目指して大学や短期大学等で学んでいる学生諸君だけでなく,保育の現場で日々仕事に取り組んでいる人々や,保育や教育に関心のある一般の人々にも読んでいただければ幸いである.

　本書の出版を快く引き受けていただき,編集等でお世話になった学術図書出版社および杉浦幹男氏に対して心から感謝の意を表したい.

　　　2019 年 3 月

　　　　　　　　　　　　　　　　　　　　　編著者　　大桃伸一

目　次

第1章　乳幼児と保育権 **1**

はじめに 1

　1.　社会状況と子どもの生 1

　2.　労働力としての子ども 4

　3.　教育と子ども 7

　4.　乳幼児と保育権 12

第2章　保育の意義 **17**

　1.　保育の語義 17

　2.　乳幼児期の重要性と保育 19

　3.　子ども像と子どもの権利条約 26

　4.　保育の場 27

第3章　欧米の保育の歴史と現状 **33**

　1.　近代の教育思想と保育 34

　2.　保育施設の創設者とその思想 38

　3.　施設保育の発展とその思想 42

　4.　欧米の就学前教育・保育の現状 45

第4章　わが国の保育の歴史と現状 **51**

　1.　明治以前の保育 51

　2.　明治・大正期の保育 53

　3.　昭和期の保育 57

　4.　平成期の保育 62

　5.　保育の現状とこれからの保育 68

iv 目 次

第 5 章 乳幼児の理解と発達特性　70
1. 乳幼児の発達特性 70
2. 乳幼児理解の重要性 78

第 6 章 保育の目的・目標とねらい及び内容　85
1. 法制上の保育の目的・目標とねらい及び内容 85
2. 実際面からみた保育の目的・目標とねらい及び内容 96

第 7 章 保育の計画　105
1. 保育の計画 105
2. 「教育課程」「全体的な計画」の編成 110
3. 指導計画 112
4. 教育課程・全体的な計画と指導計画の評価 115
5. 教育課程・指導計画の実際 116

第 8 章 保育の方法　127
1. 保育方法の基本原理 127
2. 保育と環境 130
3. 保育の形態 135
4. 園における遊び場面の援助方法 138
5. 園における生活場面の援助方法 147

第 9 章 子育て支援　150
1. 子育て支援の背景と施策 150
2. 保育と子育て支援 159

第 10 章 保幼小連携と接続　168
1. 幼児教育の本質 168
2. 遊びの意義―5 歳児と 1 年生の学びをつなぐ重要な要素 169
3. 幼児教育と小学校教育の違いと両者をつなぐ生活科の教科特性　170
4. 幼児期の学びと 1 年生の学びをつなぐ接続期カリキュラム 176

目　次　v

第11章 保育の制度　183

1. はじめに　「制度」とは何か？ 183
2. 法体系における幼稚園と保育所の位置づけ 185
3. 憲法を頂点とした学校教育と児童福祉の法体系 186
4. 幼稚園の制度 187
5. 保育所の制度 192
6. 認定こども園の制度 198
7. おわりに　日本の保育制度のこれからを考える 201

第12章 保育者像の探究　202

1. 保育者の資格と制度 202
2. 保育者の職務と役割 205
3. 保育者に求められる今日的専門性 209
4. 保育者の専門性向上とキャリア形成 214

付録　関係法令等　220

1. 日本国憲法（抄）
2. 教育基本法（抄）
3. 学校教育法（抄）
4. 学校教育法施行規則（抄）
5. 幼稚園設置基準（抄）
6. 児童の権利に関する条約（抄）
7. 児童福祉法（抄）
8. 児童福祉施設の設備及び運営に関する基準（抄）
9. 幼稚園教育要領（抄）
10. 保育所保育指針（抄）
11. 幼保連携型認定こども園教育・保育要領（抄）
12. 子ども・子育て支援法（抄）

第1章

乳幼児と保育権

はじめに

　本書の読者の多くは，保育者を志す初学者と思われるが，その一人であるあなたは，子どもをどのような存在と考えているだろうか．子どもはかわいい，保護され守られるべき存在，また，保育・教育を施し育てられるべき存在，尊重されるべきかけがえのない存在等々といったところだろうか．現代を生きるわたしたちにとってはそのように考えられるが，しかし，歴史的に見てみると，実際に子どもがどのような存在と考えられ，どのように扱われてきたのかということはその時代や社会のあり方に大きな影響を受けている．

　本章では，現在のわたしたちが乳幼児や子どもをどのように見ているのか，それはどのような経緯を経てそこに至っているのかということを考える上で重要と思われる子ども観（社会が子どもをどのような存在と見て，実際にどのように扱ってきたか）の変遷を見てみることとしたい．

1.　社会状況と子どもの生

　わたしたちが現在，学校で学んだり，友人と遊んだりして，日々の生活を過ごしているという事実は，ごく単純な事実を前提としている．つまり，この世に生まれたわたしたちを，親（あるいはそれに代わる人々）が育ててくれたという事実である．そして，この親たちはかれらの親たちに … という具合に，生まれた乳幼児を育てるという営みは，連綿と続いて現在に至り，また現在も進行しながら，わたしたちの日々の生活の前提として存在している．しかし，

2   第 1 章　乳幼児と保育権

表 1.1　子どもの出生数と乳児死亡率

年次	出生数	乳児死亡数	乳児死亡率 （出生千対）
1900	1420534	220211	155
1910	1712857	276136	161.2
1920	2025564	335613	165.7
1930	2085101	258703	124.1
1940	2115867	190509	90
1950	2337507	140515	60.1
1960	1606041	49293	30.7
1970	1934239	25412	13.1
1980	1576889	11841	7.5
1990	1221585	5616	4.6
2000	1190547	3830	3.2
2010	1071304	2450	2.3

（厚生労働省『人口動態統計』より作成）

この乳幼児や子どもを育てるという営みは，常に同じ形態で行われてきたわけではなく，時代や社会によって異なる形態で行われてきた．

　語弊を恐れずに言えば，子どもは死ななくなった．表 1.1 は，「人口動態統計」をもとに 1900 年から 10 年ごとに出生数，乳児死亡数，出生 1000 あたりの乳児死亡率をまとめたものである．この表からも明らかなように，時代が下るにしたがって死亡率は目に見えて低くなっている．そこには医療や薬品の進歩，栄養状態や衛生環境の向上などの理由があると考えられるが，この統計以前の死亡率はより高かったと予想できる．例えば，江戸時代後期の乳幼児死亡率を出生 1000 に対して 180 から 200 と推計した推計（鬼頭宏『図説　人口で見る日本史』PHP 研究所，2007 年）や，飛騨地方の過去帳を調べ，1771 年から 1870 年の間の 0 歳から 5 歳までの死亡率を 70 から 75 ％とした報告（石川松太郎・直江広治編『日本子どもの歴史』3，第一法規出版，1977 年）がある．

　この乳幼児の死は時代や社会状況によって宿命づけられた死ともいえるが，同時に特に乳児の人為的な死が存在していた．江戸時代，特に最初の 100 年ほどは，年率で 0.6 ないし 0.8 ％という非常に高い人口増加率を示し，その人口

図1.1 「捨子教誡の謡」に見られる棄子（左）と間引き（右）
（出典：山住正己・中江和恵編『子育ての書』3，平凡社，1976年）

増加を賄いうるだけの耕地面積の拡大，実収石高が上昇した時代であった（鬼頭『図説　人口で見る日本史』）．しかし，生活することで精一杯の家では，産み育てる子の数を「制限」せざるを得ず，その手段として棄子，堕胎，間引きが行われたという（図1.1）．間引きを表現する「帰す・戻す」や「山へ登らせる」とは，神様のものへ生まれたばかりの乳児をお返しするということが念頭におかれていた．もちろん，妊娠した子どもをすべて棄子，堕胎，間引きという手段で「戻して」しまえば，家の存続自体が危ぶまれるため，女の子ひとり，男の子ふたりの「一姫・二太郎」がひとつの基準とされていたという（上笙一郎『日本子育て物語』筑摩書房，1991年）．また，それを免れて育てられる乳幼児は，身分や階層，性別によっても異なるが，家の継承者として育てられることとなる．それは同時に，「跡継ぎになる者とならない者の差別化が図られる」（小山静子『子どもたちの近代』吉川弘文館，2002年）ということでもあった．跡継ぎにならない者は，養子や奉公というかたちで家から出されることもあった．商家での丁稚奉公や職人への弟子入り，子守奉公などであった．

このような跡継ぎかそうでないかによる扱いの違いは，以下のような事情によるものだった．「限られた土地を分割相続したら二代三代のうちに土地が細分

4 第1章 乳幼児と保育権

化して自立できなくなる．よって泰平になった近世中期から農民は嫡男の単子相続となった．…よほどの大地主でない限り分家はできないから，子どもの将来を想えば多くは生めないのである．とは言え，当時，子どもの死亡率は高いから，何人かの相続予備の子どもを産んでおかなければならない．養子を貰うにしても，女児がなければならない．また何人かの子どもがいないと農作業の労働力が枯渇する．要するに子どもは多くても少なくても困る．相続予備の子どもがみんな育ってしまったら困る．土地に縛られ，転職ができない近世の農家はいずれもこうしたジレンマをかかえていた」（神辺靖光「近世日本・庶民の子どもと若者」広田照幸監修『子育て・しつけ』日本図書センター，2006年）．

2. 労働力としての子ども

上では日本近世における子どもの扱われ方の一端を見てきたが，そこからわかるのは，子どもがどのように扱われるのかということは，時代や社会状況に，そして家族のあり方に大きく規定されるということである．以下では，国内外の事例をもとに，子どもが労働力として期待されたことを見てみたい．

（1）農村共同体の子どもの労働

19世紀の日本の農村共同体における子どもの労働を分析した研究がある（八鍬友広「一九世紀中葉の日本における子どもの生活と労働に関する事例的研究」小山静子編著『子ども・家族と教育』日本図書センター，2013年）．そこでは，越後国魚沼郡六箇村の事例と越前国大野郡五本寺村の事例を取り上げている．

前者は，六箇村きっての大石持である徳永家に残された農作業日誌的な性格である「万日記」の1843（天保14）年部分をもとに，子どもの労働実態を分析している．それによれば，その年の徳永家の労働に従事した者の総計111人，そのうち宗門人別帳で確認ができる者が38人，さらにその中に10歳代が9人確認できるという．その一人である政之丞（13歳）は，徳永家の農作業の中で，「田仕事」「畑仕事」「田作り」「肥料・施肥」「脱穀・精米」「醸造」「駆虫鳥」「山仕事」「藁仕事」「馬の世話」「草仕事」「山菜」「運搬」「その他」等，実に多岐にわたる労働に参加していたという．13歳の政之丞がこれだけ多種多様な仕事に従事しているのは，現在の労働力としてはもちろん，将来の農村共同体の

一員を担う事への期待も込められていたと考えられる.

　また後者の越前国大野郡五本寺村の事例では，五本寺村で代々庄屋を務めた斎門六右衛門家に残された，11月1ヶ月の村内全世帯の労働を記してある「仕事書上帳」（1969（明治2）年に成立したと推定される）をもとに，村内の子どもたちがどのような農作業に従事したかを分析している.「仕事書上帳」には，五本寺村の11世帯，56人の村人が仕事に従事したことが示されているが，そのうち10歳代に限ってみれば19人，10歳代未満2人が確認され，最年少は7歳の男児である.　この「仕事書上帳」には登場しないが，同じ村内世帯で8人の10歳代，20歳代の男女が家の外に奉公に出て働いているという（近くは同村内，遠くは大坂）.　子どもたちの従事した仕事内容は，年齢や性別によって違いが見られ，男子の年少者（10代）は縄ない，莚おり，俵あみなど，女子は苧からとった糸を綛にまく作業等であり，年齢や性別によって割り当てられた仕事内容に差異があることがわかる.

　これらの農作業への従事は，総じて食い扶持を稼ぐという意味を持ちながらも，その一方では，村落共同体における「一人前」へと成長していく過程（＝教育）でもあった.　そうであるからこそ，年齢や性別によって異なる仕事を割り当て，次第に共同体の仕事を担うことが求められたのであろう.

（2）産業革命期の児童労働

　次に見るのは，同じく19世紀中葉のイギリスにおける工場労働である.　18世紀イギリスで起こった産業革命は，その後の欧米各国への伝播を通して社会構造に大きな影響を与えた.　その中で，工場労働者としての児童労働が問題とされるようになる.　児童労働は，特に織物業や石炭採掘等で重要な役割を果たすようになり，19世紀中葉のイギリス鉱業では，労働力の13パーセントが15歳未満の子どもで占められ，同じくベルギーのコークス産業では，16歳未満の子どもが22.4パーセント占めていたとの報告もある（ポーラ・S・ファス編（北本正章監訳）『世界子ども学大事典』原書房，2016年）.

　この産業革命期の同時代人であるF. エンゲルスは，工場における児童労働を以下のように報告している（エンゲルス（浜林正夫訳）『イギリスにおける労働

6 第1章 乳幼児と保育権

者階級の状態』(上), 新日本出版社, 2000年(原著は1845年)).

　新しい工業が始まってから, 子どもが工場で使われるようになった. はじめは機械が小型だったために—のちに大型になったが—ほとんど子どもだけが使われた. そして子どもは救貧院からつれてこられ, 集団で「徒弟」として工場主のところへ, かなり長期間, 賃貸しされた. 彼らは共同で生活し, 当然, 雇主の完全な奴隷であり, 情け容赦なく残虐にあつかわれた. … 中略 … 工場もしだいに都市に多くつくられるようになり, 機械も大型化し, 作業場の換気もよく, 衛生的になった. しだいに成人や青年の仕事もふえ, 労働する子どもの数は相対的にはいくらか減少し, 労働につきはじめる年齢も高くなった. 八歳や九歳未満の子どもはあまり雇用されなくなった. (223頁)

　工場主はまれには五歳から, しばしば六歳から, もっとひんぱんには七歳から, たいていは八歳ないし九歳から子どもを雇いはじめる. 労働時間はしばしば毎日一四ないし一六時間(食事のための休憩時間を除く)つづく. 工場主は, 監督が子どもをなぐったり, 虐待したりするのをゆるしているばかりか, しばしば自分でも手をくだしている. (225頁)

このエンゲルスの報告は, マンチェスターの紡績工場の現状をもとにしたものであるが, 乳幼児を抱えた母親に関する次のような報告もある.

　妻たちはしばしば出産後三日ないし四日でもう工場へもどり, 当然赤ん坊はあとに残されている. 休み時間に彼女たちは, 子どもに乳を与え, ついでに自分もなにかを食べてくるために急いで家へ走って帰らなければならない. —それがどんな授乳にならざるをえないかは, 明らかである. (214頁)

　M・H. 二〇歳. 子ども二人. 小さい方は乳飲み子で, 少し年上のもう一人の子が子守をする—彼女は朝五時を過ぎるとすぐ工場へ出かけ, 夕方八時ころ帰宅する. 昼間は彼女の胸から乳が流れでて, 衣服からしたたり落ちる. (214頁)

産業革命を経て農業中心社会から工業中心社会へという産業構造が大きく変化する時代, 現在のわたしたちが考えるような乳幼児の世話はままならず, 同時にある程度の年齢に達した子どもたちは労働力として工場に働きに出された.

3. 教育と子ども　7

これらの児童労働は，工場法の制定・改正により規制されていくようになる．

　ここでは，農村共同体と工場における子どもの労働について触れた．時期はほぼ同じであるものの，農業中心の社会と工業中心の社会での労働であり，直接比較することは難しいが，共通するのは子どもが労働力として扱われている点である．経済状態や慣習等によって家庭の内外で労働力として貢献するのが当然という意識があったのであろう．本章冒頭で触れた現代の子ども観（保護され，教育を施され，尊重されるべき存在）とは異なり，子どもは，家計等の都合により，幼少期から何らかの労働力として期待される存在として見なされていたということである．

3. 教育と子ども

（1）庶民の教育機関としての寺子屋

　上では農村共同体における子どもの労働についても見たが，そこでは労働の中に教育が埋め込まれていたといえる．農村共同体において，子どもたちが目指す成長のモデルは，共同体における一人前の働き手であったが，そのためには一から十まで教えられて農作業ができるようになるのではなく，おとなと一緒に働きながら，その仕事の勘やコツを身につけていくことが求められ，そうであるからこそ年少の時期から農作業にかり出されるのである．つまり，子どもが労働力として扱われるということは，労働力として期待されるという側面と同時に，共同体の一員としての成長の過程，言い換えれば仕事の仕方を学びながら成長するという意味で教育的な側面もあったということである．

　日本近世の場合でいえば，子どもたちは単に労働の中で様々な知識を身につけるだけでなく，いわゆる読み書きそろばんを学ぶことも求められていた．庶民の子どもを対象とした教育機関である寺子屋は，幕末期に数万存在したとの推測もあり（石川・直江編『日本子どもの歴史』4），明治維新当時，男児の40％以上，女児の約10％程度が，寺子屋などの家庭外で教育を受けていたという（森山茂樹・中江和恵『日本子ども史』平凡社，2002年）．

　寺子屋では，師匠が通ってくる寺子に，手習い（文字を書くこと，習字）を中心に，読書や算数，茶の湯，裁縫などを教えるところもあった．こうした寺子屋は，現在の学校とはかなり異質な空間であった．例えば，共通の始業時間

8 第1章 乳幼児と保育権

は存在せず，それぞれの家の都合によって寺子屋に行く時間は異なり，各々の寺子が寺子屋に行った時が始業時間である．また，寺子屋の学習は，わたしたちが慣れ親しんでいる一斉形式ではなく，個別に師匠が課題や手本を示し，それを練習するという形式であった．師匠が手本を与える時には，読みと意味を教えられ，その上で手習いを繰り返し稽古するということが行われていた（辻本雅史『学びの復権』角川書店，1999年）．さらには，学習内容，つまり何を手習いの手本にするかということも，地域や農民であるか町民であるか等によって異なっていた．「教材としては，たとえば九十九里地方の漁民の子どもを教えるために著した『浜庇小児教種』には，いろは四十八文字，家の名，村の名，手紙の文通，粕・干鰯の送り状などを習うこととし…農村の子どものためには，農業技術や農村生活を題材にした往来が編集され，農作物の名称や土地柄，農具，四季の推移と農家の行事，季候と作物の関係，各地の地名などが手習いの教材として与えられた．…また都市の商家の子どもが多い所では，習字・読書の他に，そろばんも教える寺子屋も多く…」（前掲『日本子ども史』）という具合であった．つまり，寺子屋とは，庶民の必要に応じて日常生活を営む上で欠かせない知識や技術，習慣，習俗を，学び手である寺子の状態に応じて師匠が模倣すべき手本を示す，自学自習を基本とする教育機関であり，わたしたちの知っている近代的な学校とは異なっていたのである．

（2）学制の公布と近代学校教育制度

日本における学校教育制度の始まりは，学制公布（1872（明治5））年に見いだすことができるが，学制公布の前日に太政官布告「学事奨励に関する被仰出書」が発布されている．そこには，「一般の人民華士族卒農工商及婦女子必ず邑に不学の戸なく家に不学の人なからしめん事を期す」と記され，国民皆学が期されているが，最初からすべての学齢期の子どもたちが学校に通ったわけではない．学制発布当初，学齢期における小学校児童数（＝就学率）は，およそ30％台であり，その中には長期欠席児童も含まれ，学齢児童の中で実際に日々出席していた児童数（通学率）は，20％台であった（表1.2）．この低就学率の理由は，現在のように義務教育は無償というわけではなく，授業料が徴収されたが，親がその負担に耐えられなかったこと（寺子屋の場合も「束脩」といわれ

表 1.2 小学校 就学率，出席率の変化

	就学率（%）			通学率（%）
	男	女	平均	
1873（明治6）年	39.9	15.1	28.1	16
1877（明治10）年	56	22.5	39.9	27.9
1893（明治26）年	71.6	37.8	55.8	35
1897（明治30）年	80.7	50.9	66.7	44
1902（明治35）年	95.8	87	91.6	68.4

就学率＝小学校児童数／学齢期児童数×100

通学率＝日々小学校児童数／学齢期児童数×100

（出典：小山静子『子どもたちの近代』吉川弘文館，2002年）

る「入学金」や「授業料」を支払ったが，一定の額が決まっているわけではなく，経済状況によってその額は異なり，また現金ではなく品物で収める場合もあった），また，先にも見たように成長した子どもは労働力であり，学校に通うことでその労働力が失われてしまうこと，さらには「子どもは幼い時から田畑に連れて行き，仕事の手伝いをさせながら，農作業に関する知識や技術，あるいは村人とのつきあい方などを教え，これを通して子どもを跡継ぎとし，一人前の村人」にするような成長過程とは対照的な学校教育への不信や不満があった（前掲『子どもたちの近代』）ことが挙げられる．

　また，「男女の子弟六歳迄のもの小学に入る前の端緒を教えるなり」とした「幼稚小学」も学制において定められたが実現せず，当初は公立幼稚園が，そして次第に私立幼稚園が創立されていくことになる（表1.3）．この幼稚園の普及過程で，文部省は，1882（明治15）年に各府県学務課長および学校長宛に，「もっと簡易な編成の幼稚園を新設し，貧民力役者等の子どもで父母がその養育を顧みる暇のない者を入れるようにすべきであるとして簡易幼稚園を奨励した」（文部省『学制百年史』1972年）．さらに1899（明治19）年には「幼稚園保育及設備規定」を制定し，そこでは「簡易幼稚園」をその規定外として排除し，幼稚園が「中上流層に適合する幼児教育機関であることを示すとともに，その後の幼稚園と託児所（保育所）が二元化する岐路となった」（汐見稔幸・松本園子・高田文子・矢治夕起・森川敬子『日本の保育の歴史』萌文書林，2017年）．

10 第1章 乳幼児と保育権

表 1.3 明治後期の幼稚園数

年度	官立	公立	私立	合計
1899（明治32）年	1	172	56	229
1900（明治33）年	1	178	61	240
1901（明治34）年	1	181	72	254
1902（明治35）年	1	183	79	263
1903（明治36）年	1	182	98	281
1904（明治37）年	1	176	117	294
1905（明治38）年	1	180	132	313
1906（明治39）年	1	199	160	360
1907（明治40）年	1	208	177	386
1908（明治41）年	1	206	198	405
1909（明治42）年	1	208	234	443
1910（明治43）年	1	216	258	475
1911（明治44）年	1	221	275	497
1912（明治45）年	2	222	309	533

（出典：山下俊郎監修『保育学事典』光生館，1976年）

　その一方で，現在の保育所の源流とでもいうべき保育施設も民間を中心に設置されつつあった．それは工場・学校等に付設の託児所や「幼稚園」の名称を用いたものもあったが，学制の制度外のものであった．そのような中でも公立の保育施設は，1906（明治39）年の町立須賀川幼児保育所（福島県）を嚆矢として，また1918（大正7）年の米騒動をひとつの契機として，各地に公立保育施設の設置が進み，1926（大正15）年には全国に67園が設置された（前掲『日本の保育の歴史』）．

(3) 児童中心主義と「教育する家族」

　以上のように，学校教育や幼稚園，保育施設などが徐々に普及しつつあるなかでも，農山漁村部では，伝統的な生活や乳幼児観・子ども観が強い影響力を持っていた．また，奉公に出されるようなことはなくても，日々の生活のなかで家の仕事を手伝いながら，村落共同体の人々や子ども集団のなかで幼児たちが成長していくという生活は，少なくとも高度経済成長期まではそれほど珍しいものではなかった（例えば，福田誠治『子育ての比較文化』久山社，2000

3. 教育と子ども　*11*

年）．しかしその一方で，特に都市部では，乳幼児や子どもの生活を重視する思想や村落共同体から離れ，子どもの成長を重視する階層が誕生しつつあった．

　学校は，あるべき人間像にそって子どもを教育する場であり，そのためには子どもたちの興味や欲求を一定程度制限する必要がある．そうすることで，学齢期の子どもたちは社会で要求されているさまざまなことを身につけ，社会化されていくわけであるが，それは同時に教師主導の一方的なものとなることもあり，子どもの個性や自発性といったものが削がれていくことにもつながる．それに対して，子どもたちの生活や興味を学習の中心におくべきであるという新教育運動が，20世紀初頭には大きな影響力を持った．この児童中心主義の思想に立った教育運動の担い手は，世界的に見れば，E. ケイ，M. モンテッソーリ，J. デューイ等の名前を挙げることができる．もちろん，この新教育思想は日本にも影響を与え，大正自由教育運動という動きとなり，その運動の主唱者としては，沢柳政太郎，小原国芳，野口援太郎，木下竹次等を挙げることができる．

　この乳幼児の生活や経験を重視するという考えは，保育思想においても重要な位置を占めている．例えば，F. フレーベルは，幼児の自発的な活動と発達段階に応じた要求を充足することを重視したし，また彼の影響を受け，誘導保育を行った倉橋惣三は幼児が自発的な生活のなかで経験を通して学ぶことを重視した（「生活を，生活で，生活へ」）．後に倉橋が「幼稚園真諦」で以下のように述べているのは，幼児の自発的な生活や経験を重視したからである．

> 「フレーベルの精神を忘れて，その方法の末のみを伝統化した幼稚園を疑う．定型と機械化とによった，幼児のいきいきしさを奪う幼稚園を慨く．幼児を無理に自分の方へ捕らえて，幼児の赴き即こうとするこまやかさのない幼稚園を忌む．つまりは，幼児を教育すると称して，幼児をまず生活させることをしない幼稚園に反対する」（倉橋惣三「幼稚園真諦」『倉橋惣三選集』第1巻，フレーベル館，1965年）．

　このように児童中心主義，新教育に強い関心が集まりつつあったのと時期を同じくして，子どもの教育や子どもの将来ということに強い関心を持つ，「新中間層」が社会的に登場してくる．新中間層とは，手工業者，小工業者，小商売人，自作農などの旧来から存在したいわば旧中間層と区別される，軍人，官吏，

12　第1章　乳幼児と保育権

公吏，宗教家，教師，医師，記者著述業などの職業につく人々のことである．新中間層の特徴として，その家族形態が核家族であったことが挙げられるが，単に家族の規模が小さくなったということだけでなく，旧来の家族内にあった家父長を頂点とした権力的なヒエラルヒーを排し，「父－母－子供の親密な『融合関係』」こそが望ましい家族とされるところにこの階層の特徴があった（小林嘉宏「大正期『新中間階級』の家庭生活における『子どもの教育』」片倉比作子編『教育と扶養』吉川弘文館，2003年』）．旧来の家族においては，家の存続のための家産の継承，家長の権威保持，家族労働の円満などが重視されたのに比べ，核家族化した新中間層家族においては，乳幼児や子どもの成長・教育・将来などに関することが家庭内で最も重視されることであった．この時期，家庭でのしつけや教育に関する多くの書籍が出版されているが，その主な読者は，このような家庭の親たちであった．このような家庭は，「学歴が子どもの生涯に決定的に重要であることを自覚し，子供の学力や進学に非常に強い関心をはらっていた．目標とするしつや人間形成の理想も，学校教育が掲げてきたものと重なることとなった」（広田照幸『日本人のしつけは衰退したか』講談社現代新書，1999年）．旧来の乳幼児観・子ども観では，時に乖離していた学校と家庭・村落共同体の価値観が，ここでは学校が示す方針に沿って家庭での教育が行われるというものに変遷していくのである．

4.　乳幼児と保育権

　保育権とは耳慣れない言葉であり，現在のところ，特に定まった定義があるわけではない．保育とは，乳幼児の心身の成長を支える，保護と教育を含んだ営みである．ここでは，さしあたり，保育権という言葉の意味を，乳幼児が心身共に成長・発達するために必要な保護や教育を十分に享受し，成長する権利としておくが，それでは現実問題として，乳幼児の保育権の保障はどれほど実現しているだろうか．ここまで，乳幼児や子どもが社会からどのような存在と見られ，どのように扱われてきたかということを見てきたが，それは次第に乳幼児や子どもを尊重するものに変化していたように見える．しかし，ある子ども観が社会に登場したからといって，子どもに対する見方や関わり方が一気に変化するわけではない．とはいえ，乳幼児の保育権を保障するような子どもに

対する見方が存在しなければ，その保障が実現されることもない．そこで，ここでは乳幼児を含む子どもを権利行使の主体として位置づけた，その意味では保育権を保障するための現時点での到達点である「子どもの権利条約」について述べたい．

(1) 「子どもの権利条約」の成立過程

1989 年,「子ども（児童）の権利に関する条約」が，国連総会において採択された（日本は 1994 年に批准）．この条約は，1978 年にポーランド政府によって国連の人権委員会に提出され,「子どもの権利宣言（ジュネーブ宣言）」（国際連盟，1924 年),「子どもの権利宣言」（国際連合，1959 年）を踏まえた上で，その後ほぼ 10 年の審議を経た後に採択されたものである．

なお，この条約における「子ども」とは,「18 歳未満の全てのもの」（第 1 条）を指し，また，国連・子どもの権利委員会によって付された一般意見 7 号「乳幼児期における子どもの権利の実施」（2005 年採択）において,「乳幼児は条約に掲げられたすべての権利の保有者であること，および，乳幼児期はこれらの権利の実現にとって極めて重要な時期である」と述べられていることから，乳幼児という語が使われていなくても，この条約における子どもには乳幼児をも対象として含んでいると理解できる．

ジュネーブ宣言は，第一次世界大戦後のヨーロッパの子どもたちを緊急に救済することを目的として,「人類が子どもに対して最善のものを与える義務を負う」ことを確認し，子どもの身体的・精神的な発達や，飢えや病気からの保護，危機に際しては最小に救済を受けるなどの五つの原則を掲げた．また，1959 年の子どもの権利宣言は,「世界人権宣言」（国際連合，1948 年）からも影響を受けながら,「子どもが，幸福な子ども時代を送り，かつ，自己および社会の幸福のためにこの宣言の掲げる権利および自由を享受することができる」とし，人種・皮膚の色・性別などいかなる理由によっても差別されない権利，身体的・知的・道徳的・精神的・社会的な発達など 10 の原則が示された．なお，これらの宣言は，あくまで「宣言」であって，各加盟国にその内容を履行する義務はないとされる（濱川今日子「子ども観の変容と児童権利条約」国立国会図書館調査及び立法考査局『総合調査報告書　青少年をめぐる諸問題』2009 年).

14　第1章　乳幼児と保育権

　子どもの権利条約の特徴は，締約国に対して法的拘束力を有し，上記の宣言以上に効果的に子どもの人権の尊重が期待できるという側面と同時に，従来，保護の対象と見なされてきた乳幼児や子どもを，「発達可能態としてとらえ，権利を享有し行使する主体として把握することを基礎に，その権利を保障」している点にあるといわれる（永井憲一・寺脇隆夫『解説　子どもの権利条約』第2版，日本評論社，1994年）．

(2)　「子どもの権利条約」と保育権

　乳幼児や子どもを権利行使の主体としてとらえる，そのひとつの典型が第12条の「意見表明権」である．

> 第12条　1　締約国は，自己の意見を形成する能力のある児童がその児童に影響を及ぼすすべての事項について自由に自己の意見を表明する権利を確保する．この場合において，児童の意見は，その児童の年齢及び成熟度に従って相応に考慮されるものとする．
> 2　このため，児童は，特に，自己に影響を及ぼすあらゆる司法上及び行政上の手続きにおいて，国内法の手続き規則に合致する方法により直接又は代理人若しくは適当な団体を通じて聴取される機会を与えられる．

　この条項は，① 意見形成能力のある子どもは，自己に影響を与えるすべての事項に関する意見表明権を有すること，② 子どもの意見を年齢・成熟度に応じて相応に考慮＝ひとつの意見として正当に重視すること，③ 司法や行政上の手続きにおいて子どもの意見を聞く機会を設けることが明言されている．なお，ここでの「意見」とは opinions ではなく views の訳語であるので，実質的には意見というよりも，より広くものの見方や見解というように解釈をする方が条約の趣旨に沿っているといえるだろう．このような条項は，常に「子ども扱い」され，その意見や願い，要求を無視，抑圧されてきた子どもの人権状況にとって画期的なものである（中野光・小笠毅編著『ハンドブック　子どもの権利条約』岩波ジュニア新書，1996年）．

　ただ，このような画期的な条項を現実化しようとすれば，すなわち，乳幼児や子どもが真に意見表明権をもつ＝権利行使の主体として成長するためには，少なくとも，生命の尊重（第6条），成長・発達のために必要十分な衣食住や健

康の確保（第24条，第27条），権利主体となるために必要な教育を受ける権利（第28条，第29条），その教育を妨げるような労働や搾取からの保護（第32条），自らの見解や意見を形成するための情報の収集（第17条），これらの条件を人種・皮膚の色・性・言語・宗教・障害等によって奪われない（第2条・第23条），そしてこれらのことを考慮することが乳幼児にとっての最善の利益（第3条）であるということへの理解が広く認識されなければならない．

　このように本章で用いる保育権の概念は，保護や教育が欠かせない存在である乳幼児が，権利行使の主体として成長していくために保護や教育を受ける必要不可欠な権利であるということが自ずと理解できるであろう．

(3) 保育権を確立するために

　以上，子どもの権利条約の成立過程についてみてきたが，この条約の締約国は定期的（条約締結後は2年以内，その後は5年ごと）に国連子どもの権利委員会に対して報告書を提出する義務を負っており（第44条）（日本政府は「第1回政府報告書」（1996年），「第2回政府報告書」（2001年），「第3回政府報告書」（2008年），「第4回・5回政府報告書」（2018年）を提出），それに対して子どもの権利委員会は提案や勧告を盛り込んだ総括所見を出すが，残念ながら子どもの権利委員会は，日本政府に対していくつかの勧告を行っている．最新のものとしては，「第4回・第5回政府報告書」に対して，2019年2月に総括所見が公表され，そこでは軽度の体罰も含んだ「明確で全面的な禁止」を法制化するように勧告している（『朝日新聞』2019年2月8日）．この体罰の禁止以外にも，緊急の措置をとるべき分野として，差別の禁止，子どもの意見の尊重，家庭環境を奪われた子ども，リプロダクティブヘルスおよび精神保健，少年司法に関する課題を指摘されている．

　ここでは，本章を締めくくるに当たって体罰に関してのみ触れる．子どもの権利委員会の総括所見では，「委員会は，学校における体罰が法律で禁じられていることに留意する．しかしながら，委員会は以下のことを深刻に懸念するものである．…中略…(c) とくに民法および児童虐待防止法が適切な懲戒の使用を認めており，かつ体罰の許容性について明確でないこと」とされている（子どもの権利委員会「日本の第4回・第5回統合定期

報告書に関する総括所見」（子どもの権利条約 NGO レポート連絡会議 訳）
https://www26.atwiki.jp/childrights/pages/319.html）. このような状況下で，保
護者がその子どもを死に至らしめる深刻な児童虐待事例を受けて，日本政府は，
親権者のしつけでも体罰を禁止する児童虐待防止法と児童福祉法の改正案を閣
議決定した（『毎日新聞』2019 年 3 月 19 日）. しかし，「総括所見」が指摘して
いる民法（第 822 条）に規定されている「懲戒権」は，「親権を行う者は，第八
百二十条の規定による監護及び教育に必要な範囲内でその子を懲戒することが
できる」と定めており，「子の利益のため」（民法第 820 条）とされれば，暴力
による懲戒を容認する可能性が残るということでもある.

　昨今，東京都目黒区で 5 歳女児が死亡した事例（2018 年 3 月）や，千葉県野
田市で小 4 女児が父親の暴行で死亡した事例（2019 年 1 月）など，深刻な児童
虐待事案が起っているが，その根底のひとつと考えられるのが体罰を容認して
しまうかのような意識の存在である. 本来まったく異なるものであるはずのし
つけと虐待が，体罰を容認することでその境目が曖昧になってしまうという指
摘もある（川崎二三彦『児童虐待』岩波新書，2006 年）. そうであるとすれば，
体罰をはじめとした「力」による支配を否定した上で，乳幼児を育てる方途を
探るべきであり，その追求の積み重ねが保育権の確立へとつながっていくであ
ろう.

参考文献

- 小山静子『子どもたちの近代』吉川弘文館，2002 年.
- 小山静子編著『子ども・家族と教育』日本図書センター，2013 年.
- 汐見稔幸・松本園子・高田文子・矢治夕起・森川敬子『日本の保育の歴史』萌文書林，2017 年.
- 中野光・小笠原毅編著『ハンドブック　子どもの権利条約』岩波ジュニア新書，1996 年.
- 広田照幸『日本人のしつけは衰退したか』講談社現代新書，1999 年.
- 森山茂樹・中江和恵『日本子ども史』平凡社，2002 年.

第2章

保育の意義

1. 保育の語義

　「保育」ということばは，漢語の「保」と「育」との組み合わせからなっている．諸橋轍次『大漢和事典』等によれば，「保」という字は，人をあらわす「イ」と，子どもを包むようすを示す「孚」（呆）との合字である．「保」の古い字形は𠈃で，人が子を背負っているさまをあらわし，まもる，たもつ，世話をするという意味をもつ．また，「育」という字は，子をさかさまにした「𠫓」と肉をあらわす「月」との合字であって，子どもを生み肉をつけて大きくする，子どもが生まれて大きくなることを意味する．このような語源からみても，保育とは，子どもをまもり心身ともに健やかに育てる営みをあらわし，「保護（care）」と「教育（education）」とをその内容に含むことばである．

　1876（明治9）年にわが国最初の幼稚園として東京女子師範学校附属幼稚園が創設されたが，翌年定められた規則のなかに「保育」ということばは，「保育料」「保育時間」等としてすでに用いられている．保育ということばが国の公式用語として使用されたのは，1879（明治12）年の文部省布達「公立幼稚園ノ保育法ハ文部卿ノ認可ヲ経ヘク私立幼稚園ノ保育法ハ府県知事県令ニ開申スヘキノ事」においてである．以後，文部省は，1899（明治32）年制定の「幼稚園保育及設備規程」，1926（大正15）年制定の「幼稚園令」，1947（昭和22）年制定の「学校教育法」等，幼稚園関係の法令や通達において保育ということばを使用し，一般的にも幼稚園の教育をあらわすことばとして保育が広く使われるようになった．

18　第2章　保育の意義

　広い意味における教育の一つでありながら,「保育」という用語が特別に使用されてきたのは,その対象の性質からである.幼児の場合,幼くか弱い存在であるために,小学校以上と同じような教育をおこなえば,かえってその素質や才能をつぶしてしまうと考えられたためである.すなわち,幼児という対象の独特な性質から,教育の内容や方法にも特別な配慮が必要であり,主知的訓練的であってはならないとか,保護的観点を忘れてはならないといったことから,保護や養育を内包するこのことばを積極的に使用することが少なくなかった.

　他方,共働き家庭などの乳児や幼児のための施設である子ども預り所,託児所,保育所などは第二次世界大戦後児童福祉法によって保育所として統一され,「保育所は,日々保護者の委託を受けて,保育に欠けるその乳児又は幼児を保育することを目的とする施設とする」(児童福祉法第39条)と規定され,保育という語は,幼稚園だけでなく公式に保育所にも適用されることばとなった.

　ところで,文部省は,1956(昭和31)年に「保育要領」を「幼稚園教育要領」と改訂した頃から,幼稚園に関しては公的には「保育」という語をほとんど使わなくなり,「幼児教育」という語を使用するようになった.これは,幼稚園の教育をあくまでも学校教育の一環としてとらえ,厚生省所管の児童福祉施設である保育所の保育から区別して混同をさけようとする行政的制度的意向からでもある.実際,保育所は幼児のほかに乳児を対象とするだけでなく,「保育に欠けるその他の児童を保育することができる」(児童福祉法第39条第2項)ことになっている.児童福祉法によれば,「児童とは,満18歳に満たない者をいい」,保育士は保育所ばかりでなく,知的障害児施設や肢体不自由児施設等の児童福祉施設にも勤務している.このように児童福祉法にいう保育は,保育所だけでなく,児童福祉施設における18歳未満の児童を対象とした営みであり,文部省はこうした営みと区別するためにも,幼稚園においては幼児教育ということばを使うようになっていったのである.

　しかし,文部科学省は,認定こども園の開設など幼保一体化の流れのなかで,近年になって保育ということばを使用するようになってきている.現在,「保育」のほかに,「幼児教育」,「就学前教育」といった用語が多少の違いをもちながらも,似たような意味で使用されている.いずれにしても,保育の本質を探り,その重要性を認識することが必要である.

2. 乳幼児期の重要性と保育

(1) 狼に育てられた子

人間の子どもとして生まれながら，人間社会から隔離されて育ったいくつかの事例がこれまでに報告されている．なかでも，「狼に育てられた子」は，保育の本質を考えていくうえで重要である．

1920年10月，インドのカルカッタに近いミドナプールの森の中の洞穴で，狼とともに生きていた2人の少女が発見されて，シング (Singh, J. A. L.) 牧師の経営する孤児院で育てられることになった．発見された時，カマラと名づけられた年長の子は8歳くらい，アマラと名づけられた年少の子は1歳半くらいと推察された．アマラは翌年9月に死んだが，カマラは1929年11月に尿毒症で死亡するまで9年余り生存した．

写真2-1　孤児院にきた頃のカマラ

孤児院につれてこられた当初，2人は狼のように重なりあって眠り，両手と膝を使って這うか，四つ足で走った．日中は床にうずくまってウトウトしていたが，夜になると目が輝き，落ち着きを失って動作が活発になった．暗闇をこわがることがなかった．人間らしい音声を発することができず，毎夜きまって狼のようなほえ声をあげた．腐肉や生肉を食べ，衣服をつけるのを嫌い，子どもたちがそばに寄ると歯をむきだしてうなった．狼の習性をまったく，そのまま身につけていたのである．シング夫妻は，彼女らを人間らしく育てなおそうと懸命な努力を続けた．それは困難にみちたものであったが，しかし大きな変化をもたらした．カマラは孤児院にきて3年目にささえるものなしに両足で立つことができるようになり，6年目には2本の足で歩けるようになった．しかし，最後までしとやかに歩いたり，走ったりすることはできずじまいだった．言語については，カマラが人間の言葉らしいものを使いだしたのは，2年以上たってからであった．4年目に6語，7年目に45語を使うことができるようになり，9年目に発病する頃には2歳程度の言語能力を身につけることができた．また，人間としての表情もしだいに豊かになり，6年目になると恥じらいをみせて裸で外出しなくなり，7年目に施設の子ども達が自分をおいて市場に行っ

20 第2章 保育の意義

たので，涙をボロボロこぼして泣いたという．

　この事例はわれわれに多くのことを教えてくれるが，とりわけ以下の二つの事柄は重要である．

　第一は，人間の子どものもつ可塑性の大きさ，周囲の環境にしなやかに適応していく能力の大きさである．人間は小さい時狼の中で育てられたならば狼の習性を身につけてしまうこともあるし，人間の手で適切な教育を受けることによって，再び人間となることもできるのである．これに対して，動物の場合はどうであろうか．アダムソン『野生のエルザ』によれば，ライオンの子は人間の家族の中でいかに育てられても，その本性を変えることはなかったという．また，ゲゼル（Gesell, A., 1880～1961）は，選択的交配までして賢い犬の子をつくり，人間と同じように育てたが，犬はやはり犬のままであったと報告している．

　第二は，直立歩行や言語の使用をはじめ，着衣の習慣から人間としての感情表現に至るまで，人間的諸能力は後天的学習によって獲得されるということ，そして，この獲得にはそれにふさわしい時期があるということである．しかも，年少のアマラの方が適応がスムーズで，カマラの直立歩行や言語の習得が困難にみちたものであったことが教えているように，人間としての基本的能力の学習には，乳幼児期がきわめて重要だということである．

（2）生理的早産

　子どもの可塑性の大きさを考えていくうえで，ポルトマン（Portmann, A., 1897-1982）の研究は注目される．ポルトマンによれば，ほ乳類は生まれた時の状態によって，鳥類のように二つの群に大別できる．一つは，生まれてから長い間「巣に坐っている」（就巣性）動物の群であり，リス，イタチ，ウサギ，テン，ネズミなどの下等なほ乳類がこれに属する．もう一つは，ゾウ，キリン，ウシ，ウマ，サルなどの高等ほ乳類で，生まれるとすぐに自立能力をもち巣など必要としない「巣立つもの」（離巣性）の動物群である．就巣性の動物の新生児は，一般に，身体の構造は未分化で，脳髄もわずかしか発達していない．妊娠期間は短く，一度に生まれる子どもの数も多い．体毛は生えておらず，感覚器官はとじられている．これに対して，離巣性の動物の新生児はいっそう高等

な組織段階にある．感覚器官はひらかれ，身体構造の分化も進み，脳髄は大きく複雑になっている．一胎の子どもの数はたいてい1匹か2匹であり，生まれた時の姿や挙動はすでに親に大変よく似ている．

人間の場合はどうであろうか．妊娠期間の長さ，一度に生まれる子どもの数，誕生時の脳髄の大きさや感覚器官の発達度といった点をみると，明らかに離巣性の特徴をそなえている．しかし，人間の新生児は自立能力という点では「おそろしく未成熟で能なし」である．自分ひとりでは何もできず，長い間大人の保護を必要とし，あたかも「巣に坐っているもの」のような状態で生まれてくる．ポルトマンは，こうした矛盾をもつ人間の新生児を「二次的就巣性」と呼び，そこに人間の本質的特徴が隠されているとする．

生後数時間もすれば立ち上がり，親のあとを追いかけるウシやウマの子どもに比べて，人間の子どもは，直立二足歩行ができるようになるまでに1年もかかる．また，他の「巣立つもの」の多くが誕生と同時に親と同じ発声ができ，その種特有のコミュニケーション手段を備えているのに対し，人間の新生児は，人間固有の言語の発声が可能になるまでに多くの日時を要する．ポルトマンによれば，人間の子どもは生後1年たってやっと，他の高等ほ乳類が生まれた時に実現している状態にたどりつくのである．

新生児が未成熟で自立できない場合，長い間巣に坐って親の援助を受けなければならない．下等ほ乳類は一般にそうした方法をとるが，高等ほ乳類は胎生期間を長くすることによって，この問題を解決している．もし人間が高等ほ乳類と同じ方法をとるとすれば，妊娠期間をあと1年ほど延長しなければならない．しかし，人間という種の特性である直立二足歩行や言語などを獲得することは，たとえ妊娠期間を延長しても母親の胎内では困難である．人間は1カ年の「生理的早産」をし，胎生的発生の重要な時期を子宮外ですごすことによって，人間的特性を獲得することが可能となるのである．人間はまさに人間になるために早く生まれてくるのである．

(3) 教育の可能性・必要性

強い握力で誕生後すぐに樹上生活ができるサルをはじめ，モグラは大地を掘り進むための発達した顎骨をもって生まれてくるし，ハチやアリは社会的分業

22   第2章　保育の意義

能力を生まれながらにして身につけている．このように動物は，環境に適応するための特別な器官と複雑な本能をそなえて生まれ，はじめから生活が保証されている．しかし，同時に，彼らの行動は，そのような特殊化した器官や本能によって強く規定され，その種にふさわしい環境があらかじめ設定されている．そのため，「ライオンはその強さにもかかわらず，これまで一度も寒帯に住むことはなかった」のである．

　特殊化の度合いが低く，本能的な行動様式をほとんど欠く人間の新生児は，環境への適応力において著しく弱い存在である．しかし，逆に，環境の拘束から最も自由であり，どんな特定の生活空間もわりあてられることがない．動物の行動が本能によって規定され，環境によって制約されるのに対し，人間の活動は「世界に開かれ，決断の自由をもつ」ということができる．

　このような可塑性をもつ人間の子どもは，測り知れないほどの可能性を秘めている．しかし，そのような豊かな可能性も「弱く生まれる」ということと深く関係しているがため，他方では不安定そのものである．人間の子どもは狼に育てられたならば狼になることもできるし，それ以上に危険な存在ともなりうるのである．ドイツの哲学者カント（Kant,I.,1724～1804）は「人間は教育されなければならない唯一の生物である」と述べているが，人間は教育の可能な存在であるとともに，最も教育の必要な存在なのである．

(4) 乳幼児期の重要性

　人間は「未成熟」のままで生まれてくるが故に，人間として生きていくために必要なものは，生まれ出た後に獲得していかなければならない．そして，この獲得において，乳幼児期がきわめて大きな意味をもつことについては，われわれの先人たちも経験的・直観的によく知っていた．「産屋の癖は八十まで」とか「三つ子の魂，百まで」ということばはそれをよくあらわしている．今日，このようなことを裏づけるさまざまな研究が発表されている．

　後にノーベル賞を受けることになったローレンツ（Lorenz, K., 1903-89）は，ガン，カモなどの大型鳥類を人工ふ化し，生まれたばかりのヒナ鳥を人でも物でも，一定の大きさをもった何らかの動くものに接触させると，ヒナ鳥はその最初に出会ったものを親として追尾するようになり，その後もこの仮親のまわ

りを離れようとせず，自分の種属の成鳥には見向きもしなくなるという現象を発見して，これを「刻印づけ」（imprinting）と名づけた．ローレンツによれば，この刻印づけは，発達初期の特定の時期（臨界期）に起こり，ただ1回きりの提示で成立し，その効果は非可逆的であり，後の経験によって容易に修正しえないという特徴をもつ．

　発達初期の経験が人間のパーソナリティの発達にとっても重要な意味をもつことは，すでにかなり早くフロイト（Freud, S., 1856-1936）によって指摘されている．フロイトは，神経症の治療を通して，その原因が乳幼児期の精神的葛藤や外傷などにあることを見出した．フロイトによれば，リビドーと呼ばれる性的衝動は，5，6歳までに正常な性格の基礎となる統合を完成しなければならない．ところが，乳幼児期において子どもの欲求が阻止されると，リビドーは停滞と固着を起こし，後年，神経症や問題行動などとなってあらわれるのである．

　乳児院や養護施設で育てられた子に，発達上の遅滞や性格の歪みが見出されたことがある．ホスピタリズム（hospitalism）といわれ，なんらかの理由で家庭から離されて施設で育てられた子は，知能や言語能力の遅れが著しく，情緒障害なども多かった．また，指しゃぶり，つめかみ，夜尿などばかりでなく，壁やふとんに頭を激しくたたきつけるなどの異常習癖もみられた．原因として，施設では子どもが健全な発達を遂げるために必要な愛情に基づく刺激が極端に少ないことがわかった．ボウルビィ（Bowlby, J. M., 1907-90）はこれを「母性的養育の喪失」（maternal deprivation）と呼び，特に，乳児期や幼児期における喪失はその後回復が困難なほどの重大な障害をもたらすとした．

(5) 脳の発達と早期教育
　人間の発達における乳幼児期の重要性の指摘は，大脳生理学によっても裏づけられるようになった．高木貞敬によれば，人間の脳の重さは生まれた直後400グラムぐらいであるが，それが6カ月で約2倍となり，7，8歳で成人の脳の重さの90パーセント近くになるという．すなわち，からだの他の各部分に比べて，非常に早いテンポで成長がなされるのである．

　人間の新生児の脳の神経細胞は約140億，この数そのものはその後増加する

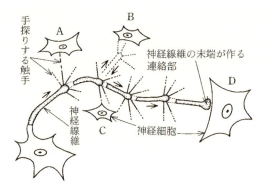

図 2.1 のびる神経線維

（出典：高木貞敬『子育ての大脳生理学』朝日新聞社，1986）

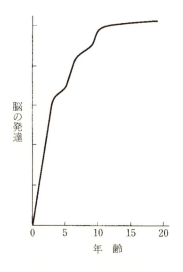

図 2.2 脳の神経細胞の発達

（出典：時実俊彦『人間であること』岩波書店，1970）

ことはない．ただ，脳の中の神経細胞はそれだけではなにもできず，シナプス（連結部）を通して他の細胞と結ばれ，細胞間の連絡網が形成されることによってはじめて意味をもつのである．人間が生まれた時，脳の神経細胞は生きるための最少限のつながりしかつくられていない．ところが，成長の過程で，脳の

2. 乳幼児期の重要性と保育 25

神経細胞からは図 2.1 のように神経繊維がのびていき，他の細胞に付着して連絡部がつくられるのである．そして，しだいに神経細胞のからみあいが進んで複雑な連絡網が形成されていき，それにともなって「直立して歩く」「コップを使う」といったことができるようになっていくのである．

脳の神経細胞の発達は，時実利彦によれば，図 2.2 のとおりである．乳幼児期に急速に進み，ティーンエイジャーになる頃までに脳の神経細胞の連絡網の90 パーセントができあがる．この連絡網のでき方，配線の違いによって同じ刺激に対する反応の相違や思考の差異が生じてくるが，脳の配線がどのようにつくられるかは，脳の成長期にどのような環境の下にいかなる働きかけを受けて育つかによって大きく規定される．

生後ずっと失明していた人で，青年期以降になってから手術を受けて開眼した人は，幼児の頃の決定的な時期にものの見方を身につけていないため，視点が定まらず，視力もせいぜい 0.1 くらいまでしか回復しなかったと報告されている．また，いわゆる絶対音感のつくのも幼児期で，この時期を逃すと手遅れになってしまうといわれる．

カマラがシング夫妻のもとに連れてこられたのは 8 歳くらい，脳の配線がすでにかなりできあがった段階にあたる．フランスの大脳生理学者ショシャール（Chauchard, P.）は，「言語習得には時期があり，その時期をすぎるといろいろな能力が消え去ってしまう」と述べているが，カマラが言語を習得するのにきわめて大きな努力を要し，しかもついに普通の人と同じ段階まで達しえなかったのは，こうした脳の形成と深く関係していると思われる．

このように大脳生理学は，人間の発達における乳幼児期のもつ意味を明らかにし，この時期における教育や保育の大切さに科学的根拠を与えた．同時にそれはまた，この時期における学習の可能性をも示すものであった．ブルーナー（Bruner, J. S., 1915-2016）は「どの教科でも，知的性格をそのまま保って，発達のどの段階のどの子どもにも効果的に教えることのできる方法」を提示し，ハント（Hunt, J. M., 1906-91）は乳幼児の知的発達のための教育法を提唱している．

現在，わが国では，早期教育による才能開発が花ざかりである．「脳の形成期にできるだけ多くのことを」というキャッチフレーズのもと，幼児を対象と

26 第2章 保育の意義

した塾やけいこ事は隆盛をきわめ，幼稚園や保育園でも英語や漢字などを教えるところが多くなっている．しかし，学習の可能性がそのまま教育の妥当性を意味するものではない．「漢字を覚えることができる」から「漢字を教えることが望ましい」ということでは必ずしもない．

2000年にノーベル賞を受賞したヘックマン（Heckman, J. J., 1944- ）は，「非認知能力が人生の成功において極めて重要な力である」としている．非認知能力とは，IQや学力などで測れる認知能力と異なり，目標に向かって頑張る力，思いやり，感情をコントロールする力などである．ヘックマンによれば，非認知能力を育てるカギは幼少期にある．子どもは愛情豊かな応答的環境のなかで，主体的な遊びを通して意欲，粘り強さ，探究心が育って行き，それが「生きる力」につながっていくのである．

3. 子ども像と子どもの権利条約

近代における子どもの発見者といわれるルソー（Rousseau, J. J., 1712-78）は，『エミール』のなかで，「子どもを子どもにしようとせず博士にしようとしている」当時の教育を批判して次のように述べている，「自然は子どもが大人になるまえに子どもであることを望んでいる．この順序をひっくりかえそうとすると，成熟してもいない，味わいもない，そしてすぐに腐ってしまう速成の果実を結ばせることになる」と．そして，豊かな人間をつくりあげるためには，「子どものうちに子どもの時期を成熟させる」ことが必要であるとしている．また，幼稚園の創設者フレーベル（Fröbel, F., 1782-1852）は，『人間の教育』のなかで，次のように述べている，

「あらゆる善の源泉は，遊戯のなかにあるし，また遊戯から生じてくる．力いっぱいに，また自発的に，黙々と，忍耐づよく，身体が疲れきるまで根気よく遊ぶ子どもは，また必ずや逞しい，寡黙な，忍耐づよい，他人の幸福と自分の幸福のために，献身的に尽すような人間になるであろう．この時期の子どもの生命の最も美しい現われは，遊戯中の子どもではなかろうか．」

時代とともに望ましい子ども像は変わっていくであろう．しかし，ここに取り上げたルソーやフレーベルのことばは，現在のわが国の子どもたちをめぐる

状況を考えた時，十分に検討されなければならないであろう．

どのような子どもを望ましいと考えるかは，それぞれの価値観や人間観など と密接に関連してくる．ただ，保育や教育の営みは，狭い個人的な考えや感情 によって行われるべきものではない．それは，人間社会の新しい成員をつくっ ていく仕事であり，次の時代が人間だけでなく地球全体にとって，より豊かで 幸せなものとなることを願って行われるべきものである．

また，保育の対象である乳児や幼児は，自らの権利を十分に主張することが できない存在である．保育をする側に乳幼児に対する十分な理解と配慮がなけ れば，かえって子どもの伸びゆく芽を摘み取ってしまうおそれもある．

1989（平成元）年，国連総会は全会一致で「子どもの権利に関する条約」を 採択した．この条約の第3条では，子どもに対するすべての活動において「子 どもの最善の利益」が考慮されるべきことが宣言されている．「子どもの最善の 利益」ということから保育のあり方を考えていくことが求められている．「子 どもたちが，現在を最もよく生き，望ましい未来をつくり出していく」ために， あるべき子ども像を探究していくことが必要である．

4. 保育の場

乳幼児は，環境との相互作用のなかで成長し，発達していく．したがって， 乳児や幼児をとりまく環境，すなわち，自然的環境，社会的環境，文化的環境， 人的環境等のすべてが乳幼児の人間形成に影響を与える．こうした環境を構成 する場は，家庭，地域社会，そして，幼稚園や保育所，認定こども園などの保 育施設である．

（1）家庭

子どもは，特定の両親のもとにある家庭に生まれる．家庭は子どもにとって 選ぶことのできない運命的な場であり，夫婦を中心に親子，きょうだいなどに よって構成された社会の基礎的で根本的な単位である．同時に，家庭は子ども の保育の出発点であり，人間形成の原点である．

エリクソン（Erikson, E. H., 1902-1994）は，子どもが母親をはじめとした養 育者に対して「基本的信頼」（basic trust）をもつことができるか否かが，その

28　第2章　保育の意義

後の人生に大きな影響を与えるとしている．子どもは養育者が最も基本的なところで自分を愛し，支え，守ってくれるのだという基本的信頼感を持つと，養育者の良いイメージや言動を自分のなかに取り込み，肯定的安定的自己像をつくりあげていく．しかし，両親が不和であったり，しばしば虐待などを受けたりすると，自分は期待されない人間なのだという否定的攻撃的自己像へと発展していく．乳幼児期に蓄積された劣等感，無力感，絶望感は無意識のうちに自他に対する欲求不満や攻撃的エネルギーとしてたくわえられ，やがて，さまざまな問題行動となってあらわれていく．乳幼児期に子どもは愛と信頼によってみたされ，養育者との間に基本的信頼関係を形成することが必要である．

家庭は保育のための専門の機関ではなく，生活の場である．親は子どもと生活をともにすることによって，生活を通して子どもに働きかけ，子どもは生活の中で親をモデルとし，親を模倣しながら成長していく．したがって，家庭の持つ教育機能は多分に無意図的である．

しかし，家庭でも，乳幼児期における食事，排泄，睡眠，着脱衣，清潔といった基本的生活習慣の形成から，危険から身を守る方法，礼儀作法，善悪の区別など，親は意図的に子どもに働きかけていかなければならないことがある．乳児期の生理的なしつけは繰り返しによる習慣化が主であるが，自我の発達にともなって誘導や動機づけが大切になる．一方的な命令や指示ではなく，言葉で的確に説明し，子どもの「できるようになりたい」「認められたい」といった欲求をみたしていくことが大切である．家庭でのしつけは，系統性を欠き，複数の者がこれにあたる時一貫性を欠くおそれもある．家族が協力し合って，家庭の持つ機能が十分に発揮されるようにする必要がある．

近年のわが国では，社会の急激な変化のなかで，家庭での保育をめぐるさまざまな問題がおこっている．都市化，核家族化，価値観の多様化等のなかで，家庭や家庭を取り巻く環境が大きく変化し，育児に自信が持てない親や子育てに困難を感じる親が増え，児童虐待も起こっている．これまで家庭で行われてきた保育や子育てを社会全体で支援していくことが求められている．

（2）地域社会

　子どもは2歳頃になると，同じ年ごろの子どもや年長の子どもに関心をもつ
ようになり，家庭から地域社会へと活動の場を広げていく．地域社会における
子ども同士の関わりは，はじめは大人の保護のもとに行われることが多いが，
次第に子ども同士のものに変わっていき，仲間集団が生まれてくる．子どもは
そのなかで，（ア）自分を主張し表現すること，（イ）他人を理解すること，（ウ）
互いに協力し合うこと，（エ）集団のルールや規範を守ること，（オ）集団のな
かで自分の役割を果たすことなどを学び，社会性を身につけていく．それは，
権威者である親や教師等に上から教えられることによってではなく，子ども同
士の自由な世界のなかで自発的に学びとっていくのである．また，仲間との遊
びを通して，社会的な面だけでなく，身体的な発達が促され，知的能力がまし，
豊かな情操やくじけずに頑張るといった意志なども育っていく．

　こうした価値をもつ仲間集団は変容し，弱体化している．ガキ大将を中心と
した異年齢の仲間集団はほとんどみられなくなり，集団規模は縮小し，結合力
も弱まっている．このため，年長者から年少者への遊びの伝承が困難になり，
子ども集団は自らの自律的な文化を形成することができなくなっている．

　かつては地域の人々が子どもの育ちに関心をもち，子どもの成長を見守って
くれた．近所の子が悪いことをすれば他人の子でも平気で叱ったし，元気をな
くしていれば励ましてくれた．それが急激に変化し，現在では実の親以外は誰
もその子に関心をよせなくなってしまったのである．「子どもは地域の宝，み
んなで育てるもの」というかつて言葉の背景には，「子どもは親だけでは育て
られない」という考え方があった．子どもが地域のなかで経験したさまざまな
発見や疑問に対して，まわりの大人が適切に対応していけば，豊かな感性や知
性が育っていく．また，最近子どもが犯罪に巻き込まれることも多くなってき
ているが，子どもが安全に生活できるためには地域住民の目がなくてはならな
い．子どもが豊かに育つことができる環境を，地域の人々が協力してつり出し
ていくことが必要である．

30 第2章 保育の意義

(3) 保育所

子どもはまず家庭において，親のもとで保護され教育されなければならない．
しかし，母親が何らかの理由で家庭を離れて働かなければならず，家庭におい
て母親にかわって保育をするものがいない場合などは，家庭にかわる施設が必
要となる．

保育所は，歴史的には，資本主義の発達にともなう貧困労働者の形成と婦人
労働の増大のなかで，救貧的な目的を持った慈善事業として設けられ発展して
きた．しかし，親の労働を助けるために単に子どもをあずかるといった託児機
関としての機能を果たすだけでなく，子どもの成長を促し，福祉を増進するこ
とが要望されるようになり，児童福祉施設として位置づけられることになった．
児童福祉法は，「保育所は，日々保護者の委託を受けて，保育に欠ける乳児又は
幼児を保育することを目的とする施設とする」と規定している．「保育に欠け
る」とは，母親が労働のため保育にあたれないとか，死亡等によっていないと
いうだけでなく，母親が出産等のために保育ができない場合や，家庭に長期療
養者がいて看護のため保育ができない場合，災害等の復旧のために保育ができ
ない場合などが含まれる．

近年，安心して子どもを産み育てられる環境を社会全体でつくり出していく
ことが求められるようになり，保育所は「保育に欠ける」子どもを保育するだ
けでなく，子どもの保護者に対する支援や地域の子育て家庭に対する支援等を
行う役割を担うことになった．現在，都市部を中心とした待機児童が大きな問
題となっており保育所の増設が必要である．また，保育所は一時保育，延長保
育，夜間保育などの充実をはかるとともに，子育てに関する情報提供や相談業
務等を行い，子育てを支援していく必要がある．

(4) 幼稚園

幼稚園は 1840 年，ドイツのフレーベル（Fröber, F., 1782-1852）によって創
設された Kindergarten にはじまる．フレーベルは，幼児を植物にみたて，園丁
が植物を自然の素晴らしい庭園で育てるように，子どもは自然の法則にした
がって楽しい遊びや作業のなかで心身の健やかな発達がうながされなければな
らないと考え，かれの経営する施設を幼稚園（Kindergarten）と名づけた．そ

うしたフレーベルの幼稚園は，アメリカをはじめ各国に広がり，明治の初めにわが国にも導入された．

わが国の幼稚園は，創設以来満3歳以上の幼児を対象とし，家庭教育を補う集団保育の場として考えられてきたが，今日では学校教育機関として位置づけられ，学校教育法によって，「幼稚園は，義務教育及びその後の教育の基礎を培うものとして，幼児を保育し，幼児の健やかな成長のために適当な環境を与えて，その心身の発達を助長することを目的とする」と規定されている．幼稚園教育要領によれば，幼稚園教育は，「幼児期の特性を踏まえ，環境を通して行う」ことを基本としている．

また，社会の急激な変化のなかで，幼稚園も子育て支援のために保護者や地域の人々に機能や施設を開放して，「地域における幼児期の教育センター」としての役割を果たすことが求められている．

(5) 認定こども園

わが国の就学前の保育・教育施設は，厚生労働省所管の児童福祉施設としての保育所と文部科学省所管の学校としての幼稚園に二元化されていた．しかし近年，母親の就労形態が変化するなかで，通常の教育時間以外に預かり保育を行う幼稚園が増加する一方で，保育所でも幼稚園並みの充実した保育を求める保護者が多くなった．また，育児不安や幼児虐待といった問題が生じるとともに，待機児童の問題が深刻化してきた．こうしたなかで，2006（平成18）年10月，認定こども園制度がスタートした．認定こども園は，保護者の就労の有無にかかわらず，0歳から小学校就学までの子どもを預かり，保育と教育を一体的に行う施設である．同時に，子育てをしている家庭向けの相談活動や親子の集いの場を提供する施設でもある．認定こども園は，地域の実情によって，① 認可幼稚園と認可保育園が連携して一体的な運営をする「幼保連携型」，② 認可幼稚園が保育所機能を備えた「幼稚園型」，③ 認可保育所が幼稚園機能を備えた「保育所型」，④ 認可されていない地域の教育・保育施設が認定こども園として必要な機能を果たす「地方裁量型」，の4つのタイプがある．

保育の場としての施設は，他にも乳児院や障がい児の施設などがあるが，い

32　第 2 章　保育の意義

ずれの施設も家庭や地域社会と連携をはかりながら，乳幼児の心身の発達を促し，幸福を実現していく必要がある．

引用文献・参考文献

（1）　シング（中野善達・清水民子訳）『狼に育てられた子』福村出版，1977 年．

（2）　ポルトマン（高木正孝訳）『人間はどこまで動物か』岩波書店，1961 年．

（3）　ローレンツ（日高敏雄訳）『ソロモンの指環』早川書店，1973 年．

（4）　ボウルビィ（黒田実郎他訳）『母子関係の理論』岩崎学術出版社，1976 年．

（5）　高木貞敬『子育ての大脳生理学』朝日新聞社，1986 年．

（6）　細井房明・野口伐名・大桃伸一『保育の理論と実践』学術図書出版社，2010 年．

第3章

欧米の保育の歴史と現状

　子育てや保育の歴史は人類の歴史とともに始まるが，人間形成における乳幼児期の重要性が認識され，施設保育が本格的に始まるのは西欧社会が近代へと移行する時期になってからである．たとえば，古代ギリシャでは意図的計画的教育が行われていたが，スパルタでは子どもは「国家の子」としてとらえられていた．子どもが生まれると政府の役人が審査し，将来国家に有用な人材になると判断された子どもだけが教育を受け，それ以外の子どもは奴隷にされるか殺された．国家の子として認められた子どもは家庭で厳しいしつけを受けて育ち，7歳になると国立の教育舎に入り全寮制の文字通りのスパルタ教育を受けたのである．アテネでは音楽や体操を通して調和的な人間形成が目指されていたが，スパルタ同様しつけは厳しく，国家を担う人材として育てられていった．

　中世のヨーロッパでは，キリスト教が大きな影響を与え，教会学校や修道院学校がつくられるようになっていった．また，騎士になるための教育やギルドと呼ばれる職人を育てるための教育も行われていった．キリスト教の人間観は原罪思想に基づく性悪説であり，その教育は悪く生まれてきた子どもをよくする矯正教育が中心であった．子どもは大人になる準備をするために厳しいしつけやムチによる教育を受けていた．エラスムスの『幼児教育論』には，当時の子どもが受けていた残酷な教育の様子が生々しく書かれている．アリエス（Aries, F., 1914-1984）は，『＜子供＞の誕生』という著書の中で，子どもという概念は古いヨーロッパの社会生活にはなく，子どもが歴史に登場してきたのは近代へと移行する時期になってからであると述べている．近代の教育思想家によって

大人とは違う子どもの存在が認識され，保育や幼児教育の思想が成立していったのである．

1. 近代の教育思想と保育

（1）コメニウス

"近代教育学の父"と称されるコメニウス（Comenius, J. A., 1592-1670）は，現在のチェコ東南部のモラヴィアの裕福な家庭に生まれたが，相次いで両親を亡くした．当時のチェコは「400万もあった人口が60万とも50万ともいわれるまでに減少してしまった．殺戮と強欲と，そしてコメニウス自身は何年にも及ぶ逃避行」（堀内守『コメニウスとその時代』，1984），これが当時の状況であった．コメニウスは，「他人の道案内をかつて出る者からして他人を迷わせ，その道を誤らせているのです．他人の光明でなくてはいけない者が，かえって一番闇をひろげている」と述べ，こうした現実を変えるために，1657年に『大教授学』を刊行し，「すべての人にあらゆることを教える普遍的技術」を提示した．彼は，人間が誕生してから成熟するまでを25年と考え，その前年までを6つに分けて，母親学校（0～6歳），母国語学校（7～12歳），ラテン語学校（13～18歳），大学（19～24歳）という教育体系を構想した．そして，身分や貧富，男女の違いに関係なく，すべての人々が教育を受けることによって，戦乱の続く混乱した社会を改革し，世界の平和を実現しようとした．

乳幼児期の教育にあたる母親学校では，子どもは母親に見守られながら，身のまわりのことについて，直接に見たり触れたりしながら学ぶことが大切であるとされるとともに，汎知学の視点から博物学，天文学，地理学，歴史，工作，音楽，家政学など人間生活に必要な事項の初歩の学習が示されていた．彼は，「知識は感覚からはじまる」という考えに基づいて，子どもに自然に備わっている感覚器官を使った事物の認識，直観教授を重視した．そして，世界で最初の絵入り教科書『世界図絵』を著し，感覚（視覚）を通して事物を具体的に，直観的にとらえさせようとした．このようなコメニウスの考えは，その後の教育思想の原点となっていった．

(2) ルソー

フランス革命に大きな影響を与えたルソー（Rousseau, J. J., 1712-1778）は，時計職人の子どもとして，スイスのジュネーブに生まれた．誕生とともに母を亡くし，10歳で父と別れ，その後パリに出て，多くの著作を執筆した．なかでも，1762年に出版した『社会契約論』において，絶対王政下，人口の90％を超える農民や商工業者等が第三身分として無権利状態で重税に苦しめられている現実を厳しく批判して，権力からの市民の解放の道を示した．彼は，同じ年に『エミール』を著

写真 3-1　ルソー

し，新しい社会を担う子どもの教育について述べている．『エミール』の序で彼は，「人は子どもというものを知らない．子どもについてまちがった観念をもっているので，議論を進めれば進めるほど迷路にはいりこむ．このうえなく賢明な人々でさえ…子どものうちに大人をもとめ，大人になるまえに子どもがどういうものであるかを考えない」と述べ，子どもを小さな大人とみる当時の子ども観を批判し，大人とは異なる子どもの独自性を認める新しい子ども観を提唱している．そして，「子どもたちは，人間として，また自由なものとして生まれる．彼らの自由は彼らのものであって，他の何人もそれを勝手に処分する権利をもたないのだ」と主張している．まさに，近代人権思想に基づく「子どもの発見」であり，人間が真に解放されるためには，権力からの解放とともに，子どもが大人から解放されることが必要なのである．

ルソーは，『エミール』のなかで，「万物をつくる者の手をはなれるときすべては善いものであるが，人間の手にうつるとすべてが悪くなる」として，性善説の立場から当時の厳しいしつけやムチによる教育を痛烈に批判した．そして，「初期の教育は，純粋に消極的でなければならない」とし，大人社会の考え方や道徳などを子どもに教え込むことではなく，「子どものうちに子どもの時期を成熟させる」ことが重要であるとしている．彼の消極教育は，子どもの自然な発達を保障し，自然人の育成を目指す自然主義の教育でもある．ルソーのいう自然人とは，「自分の目で物を見，自分の心で物を感じ，自分の理性の権威のほかにいかなる権威にも支配されない」人間を意味する．そして，彼はまた，

それまでの身分や職業の準備のための教育を批判し,「自然の秩序のもとでは,人間はみな平等であって,その共通の天職は人間であることだ」として,人間そのものを育てる教育を提唱した.

『エミール』は,理想の教師がエミールを社会から隔絶されたところで,誕生から結婚まで育てる過程を書いた教育小説である.そこでは子どもの自然な歩みにしたがって,乳幼児期,児童期,少年期,青年期,成人期の5期に分けて教育のあり方が述べられている.乳幼児期(0～5歳)の教育では,五感すべてを使って事物を認識し,行動する「身体主体」の教育が説かれている.健康で強い身体をつくることは,自由な精神が育つ基礎だからである.身体主体の教育は,できるだけ生の体験をとおして行われるのがよいとされている.

ルソーは教育の経験はなかったが,彼の新しい教育の考えはペスタロッチーやフレーベルに受け継がれていった.

(3) ペスタロッチー

ペスタロッチー(Pestalozzi, J. H., 1746-1827)は,スイスのチューリッヒに外科医の子どもとして生まれた.5歳の時に父を亡くしたが,母とバーベリーという女性によって育てられ,激動の時代にスイスの地で貧しく恵まれない子どもたちとともに,世界から注目された教育をつくり出していった.生誕100年を記念して建てられた彼の碑銘には次のように刻まれている.

写真3-2 ペスタロッチー

「ハインリッヒ・ペスタロッチーここに眠る.1746年1月12日チューリッヒに生まれ,1827年2月17日ブルックに没す.
ノイホーフにおいては貧しき者の救済者.
『リーンハルトとゲルトルート』のなかでは人民に説き教えし人.
シュタンツにおいては孤児の父.
ブルックドルフとミュンヘンブーフゼーとにおいては民衆学校の創始者.
イヴェルドンにおいては人類の教育者.

人間！　キリスト者！　市民！

すべてを他人のためにし，己のためには何ものもなさず．

恵みあれ彼の名に！」

　ペスタロッチーは，生涯を通じて，見捨てられ虐げられた人々を救済しようとしたが，それは『隠者の夕暮れ』の冒頭の「玉座の上にあっても木の葉の屋根の陰に住まっても同じ人間」という人間観，つまり人間すべて平等でかけがえのない存在であるという人間観によって貫かれている．そして，「すべての人間は神の名において教育を受ける権利を賦与されているのであり，その教育のみが政治的にも経済的にも宗教的にも真に人類を救済できるのである」という信念のもとで，ルソーに学びながら，人間学校の設立を目指した．彼は，スイス各地で孤児や貧民の子どもたちの教育に心血を注ぎ，人間愛にみちた実践を展開した．そして，その実践をもとに『シュタンツだより』『ゲルトルート教育法』や『母の書』『幼児教育の書簡』等の多くの書物を著した．

　ペスタロッチーは，子どもの能力を「頭・心・手」によって象徴される知的・道徳的・技術的な能力に分け，それらの能力を調和的に発達させることによって，自立的人格の形成を図ろうとした．彼によれば，これらの能力はすべての子どもにまだ開かれていない「つぼみ」のようなものとして潜んでいるので，乳幼児期の教育が特に重要になる．ペスタロッチーは，揺りかごから6，7歳に至る基礎陶冶の理念を追求し，単純で容易なものから事物の正しい認識へと進む学習の過程を解明した．そして，現実の事物に即した直接体験，生活体験を通して学ぶ方法を提示し，「生活が陶冶する」とした．彼がそのために最も重視したのは，父心・母心に基づく家庭の居間の生活である．ペスタロッチーは，『隠者の夕暮』の中で次のように述べている．

　「満足している乳呑児はこの道において母が彼にとって何であるかを知っている．しかも母は，幼児が義務とか感謝とかいう言葉も出せないうちに，感謝の本質である愛を乳呑児の心に形作る．そして，父の与えるパンを食べ，父親と共に暖炉で身を暖める息子は，この自然な道において子どもとしての

38　第 3 章　欧米の保育の歴史と現状

義務のうちに彼の生涯の浄福を見つける.」

　このように彼は，愛と信頼にみちあふれている家庭の教育がすべての教育の基礎となると考えた．ペスタロッチーによれば，施設での保育も学校での教育も親心子心に基づく家庭教育に基づいて行われなければならないのである．

　ペスタロッチーのもとには，世界各地から多くの人々が学びに訪れたが，その一人に幼稚園を創設したフレーベルもいた．

2.　保育施設の創設者とその思想

（1）オーベルラン

　オーベルラン（Oberlin, J. F., 1740-1826）は，ギムナジウムの教師の子どもとして生まれ，神学を学んで博士号を取得した後，フランス北東部のバン・ド・ラ・ロッシュという村の牧師となった．彼は，赴任した村が貧困と悪疫に苦しんでいるのを目の当たりにし，村の建て直しに取り組んだ．彼は，果樹栽培や農業生産の改善に努め，道路や橋梁を作り，工場を設立した．同時に，村の再興のためには教育が必要であると考え，新しい学校の建設に着手した．彼は，両親が働きに行っている間に放っておかれた幼児は，後で取り返すことができないほどの悪い影響を外部から受けるとして，6 歳から学校教育を始めるのは遅いと考えた．そこで，1779 年に幼児の学校・中間学校・大人の学校の三部からなる学校を設立した．この学校は婦人たちが生計を立てるために編物を教えたので編物学校とも呼ばれた．

　幼児の学校は幼児保護所（kleinkinder bewahranstalt）とも呼ばれ，それまでの単なる託児施設ではなく，子どもを保護し教育する場であり，世界最初の集団保育施設といわれている．幼児保護所では，① 悪い習慣を取り除き，服従・誠実・秩序等の良い習慣を身に付けること，② この地区はなまりがひどいので，幼児期から正しいフランス語の発音と簡単な文字を学ぶこと，③ 子どもの倫理観を育てるため，キリスト教と道徳の初歩概念を学ぶこと，が保育の目標とされた．年少児は，女性の教師が母親のようにあたたかく世話をし，ほとんどの時間を楽しく遊んで過ごす．年長になると，楽しい遊びに加えて糸紡ぎや織物が教えられた．

オーベルランが設置した幼児の学校は，パリや他の都市にも広がり，やがて，フランス各地で働く母親のための学校がつくられるようになって行った．

(2) オーエン

イギリスは世界でいちはやく産業革命を行い，工場では女性や子どもが労働力として低賃金で過酷な労働を強いられていた．また，幼い子どもたちが放任されていたため，悪徳を身に付けたり，危険にさらされていた．

"イギリス社会主義の父"と呼ばれるオーエン（Owen, R., 1771-1858）は，北ウェールズ地方の小さな手工業者の子どもとして生まれた．10代で奉公のため各地を転々とするなかで，産業革命の進行にともなう労働者や子どもの悲惨な状況を目撃する．そして，工場の支配人となって，数々の技術改良を進めて経営者として成功した後，労働者の生活改善に努め，10歳未満の子どもの工場労働を止めさせる．オーエンは，「人間の性格は本来善であるが，生後の環境によって悪くもなるので，幼児期によい環境を与えて，合理的に思考し行動できる人格形成をする必要がある」と考えた．そして，1816年に自ら経営するスコットランドのニュー・ラナークの紡績工場内に「性格形成新学院（new institution for the formation of the infant and child character）」を開設した．性格形成新学院には，1歳から5歳までの「幼児学校」，6歳から10歳までの「初等学校」，10歳から25歳までの「青少年と成人のための学校」があった．

写真 3-3　オーエン

幼児学校（infant school）は3つの学校の基底をなし，幼児期はとりわけ環境の影響を強く受けることから，強制や懲罰をさけ，できるだけ自由な雰囲気のなかで子どもの自主性と合理的な思考を育てようとした．教育（保育）内容についても，子どもが実物に触れ楽しく学ぶことができるように配慮されており，子どもは歌やダンスを楽しみ，戸外で草花や動物に触れながら，情操を深め，知識を広めていった．また，彼は，子どもが集団のなかで育つことの重要性を認識し，友だちと協力しながら互いの幸福を実現できるような人格の形成を目指したのであった．

オーエンの幼児学校は，ウィルダースピン（Wilderspin, S., 1792-1866）などの努力によってイギリス各地に設置されていき，1824年にはロンドン幼児学校協会が設立されて幼児教育の基礎が築かれた．しかし，幼児学校が普及していくにつれて，次第にオーエンの考えが失われ，3R's（読・書・算）を中心とする主知主義的で訓練主義的な教育が行われるようになっていった．

そうしたなかで，1911年，ラチェル・マクミラン（McMillan, R., 1859-1917）とマーガレット・マクミラン（McMillan, M., 1861-1931）の姉妹がロンドンに「戸外保育学校（Open-Air Nursery School）」を創設した．マクミラン姉妹の保育学校は，幼児学校に通っていない5歳くらいまでの労働者階級の子どもを収容し，戸外遊びと生活指導を中心とし，子どもの全体的発達を促そうとした．そこでは，3R's などの知的教授はしりぞけられ，子どもの自由な遊びが大切にされた．保育学校は多くの人々の支持をえて普及し，5歳以下の幼児を保育する施設として公認された．また，幼児学校もマクミランの保育学校の影響を受けて革新され，初等学校の下部組織としてイギリスの正規の学校体系に組み入れられて今日に至っている．

(3) フレーベル

世界で最初に幼稚園を創設したフレーベル（Fröbel, F., 1782-1852）は，ドイツのチューリンゲン地方の自然豊かな村オーベルワイスバッハに牧師の子どもとして生まれた．乳児の時に母親を亡くした彼は，孤独な幼少期を過ごした．1805年模範学校の教師になった彼は，イヴェルドンのペスタロッチーを訪れ，多くのことを学んだ．そして，「一般ドイツ教育舎」を開き，そこでの実践などをもとに『人間の教育』を著した．

写真 3-4　フレーベル

フレーベルの思想は，すべてのもののなかに神が宿るという「万有在神論的世界観」に基づく．その神は森羅万象を創造する神であり，子どものなかにもそうした神性が宿っているので，その性は善であり，子どもは創造力にみちた存在である．人間の教育は，子どものなかにある神性を歪めることなく，自己活動をして内部から発展させ，助長させることにある．

写真 3-5　フレーベルの恩物
(「第二恩物　三体法」お茶の水女子大学所蔵)

したがって，教育の原理は，「決して命令的，規定的，干渉的であってはならず，保護的，受動的，追随的であるべき」なのである．フレーベルは，母と子の間で形成される共同感情の育成を重視する．この共同感情は，成長とともに家族や友だちへと拡大していく．そして，人と人との和合，人と自然との調和，人と神との一体感をつくりだすものであり，すべての人間関係や社会関係の基礎を形成する．彼はまた，幼児期の子どもの生命の最も美しい現われは遊んでいる時の子どもであるとして，遊びの教育的意義を明らかにした．そして，遊ぶための遊具として「恩物（Gabe）」を考案した．フレーベルによれば，恩物は神からの贈り物という意味をもつ．幼児は恩物を用いて遊ぶことによって，内に秘められている創造力が目覚まされ，色・形・数などを理解し，事象の基本原理を知り，ひいては宇宙の法則を認識できるようになるのである．

　フレーベルは，1839年にブランケンブルクに幼児教育の指導者を養成する施設を設置し，その実習場として村の6歳以下の子どもたちを対象とした「遊びと作業の教育所」をつくった．そして，翌1840年にそれを「子どもたち（Kinder）」の「庭・園（Garten）」という意味の「キンダーガルテン（Kindergarten）」と名づけ，世界で初めての幼稚園が誕生したのである．フレーベルは，保育者を庭師に子どもを植物にたとえている．植物は，種に秘められた力によって自ら

42   第3章　欧米の保育の歴史と現状

芽を出し，茎を伸ばし，葉をつけ，成長していく．幼児も自らの内部に成長の可能性を秘めている．庭師が自然の法則に則って植物を育てるように，保育者は環境を構成し，幼児が自らの力で成長できるような楽園に幼稚園をしようとしたのである．しかし，1851年，ドイツのプロイセン政府は「幼稚園禁止令」を公布し，フレーベルは失意の中で死去した．幼稚園禁止令は彼の賛同者たちの努力によって1860年解除され，フレーベルの創設した幼稚園はその後世界的規模で広がっていった．

3.　施設保育の発展とその思想

(1)　アメリカにおける幼稚園の発展とデューイ

　アメリカでは1855年，ドイツ人のシュルツ（Schlz, M., 1833-1876）によってドイツ人移住地にフレーベル主義のドイツ語幼稚園が開設された．ピーボディ（Peabody, E., 1804-1894）は，シュルツ夫人の幼稚園を見学しフレーベルの思想にふれて感銘を受け，1860年にアメリカで最初の「英語を話す幼稚園」を設立した．そして，幼稚園教員養成に取り組むとともに，アメリカ各地をまわって幼稚園の普及に力を尽くした．幼稚園は最初，裕福な人々に注目され豊かな家庭の子どものための施設としてつくられていったが，悪い環境におかれた子どもを保護し教育することで社会改良につながるということからも評価されるようになり，篤志家や宗教家による慈善事業としても幼稚園は普及していった．また，1873年にはセントルイスに初めて公立幼稚園が開設され，その後公立幼稚園も増えていった．

　このようにアメリカでは，フレーベルの思想に基づいて幼稚園が設立され普及していった．しかし，次第に子どもの自己活動や遊びを重視したフレーベルの考えが忘れられ，保育内容は恩物中心の形式的なものになっていった．そうしたなかで，子ども中心の教育を標榜する進歩派から厳しい批判が出された．そして，「フレーベル主義」の保育を守ろうとする保守派と進歩派との大論争がおこった．

　進歩派を代表するデューイ（Dewey, J., 1859-1952）は，プラグマティズムの哲学に基づき，「教育のコペルニクス的転回」を提唱した．すなわち，「教育は子どもが太陽にならなければならない」と述べ，それまでの教師中心から子ど

も中心の教育への転回を主張したのである．そして，子どもの活動や経験を重視し，「教育は経験の再構成である」とした．デューイは1896年，シカゴ大学に実験学校を開設し，「当付属学校，幼稚園においては，教育活動は家庭および隣保の生活の再現に多く集中される」とした．そこでは，家庭や地域での幼児の生活と連続した教育の内容が用意された．また，当時アメリカで盛んになった科学的な児童研究の成果を積極的に取り入れ，子どもの発達的特性に基づき，子どもの興味・関心に即した内容が用意された．子どもは遊びのなかで様々な経験をしながら，問題を発見し，解決していく力を身に付けていくのである．デューイの著した『学校と社会』や『民主主義と教育』は，アメリカのみならず世界各国に大きな影響を与えていった．そして，アメリカでは，恩物中心の幼稚園が姿を消していき，デューイを中心とした進歩主義の幼稚園が一般的になっていったのである．

(2) モンテッソーリ

モンテッソーリ（Montessori, M., 1870-1952）は，女性として初めてローマ大学医学部に入学し，イタリア最初の医学博士となった．大学附属の精神病院に就職した彼女は，知的障がいがあるとされた幼児がパン屑などでしきりに遊ぶ姿に目をうばわれた．そこで，幼児たちに指先を使って遊ぶ玩具を与えて感覚を刺激する治療を試みた結果，知能の著しい向上がみられた．彼女は多くの障がい児たちに同様の治療を行い，知能テストで健常児を上回るという成果も得られて，医学界や教育界に大きな衝撃を与えた．モンテッソーリは，障がい児の治療で成果をあげた感覚教育法を一般の幼児にも適用できると考えた．彼女は，大学に再入学し教育を研究したが，それは医学や実験心理学に基づく「科学的教育学」であった．彼女は幼児を観察し，注意力の集中現象を発見した．注意力の集中現象がおこると，幼児は繰り返しの作業に没頭し，疲れを感じることなく満足する．そして，そうした作業のなかで，諸能力や諸機能が発達する．とりわけ，モンテッソーリは，感覚器官を訓練することが子どもの知的発達や精神的発達をもたらすと考

写真 3-6　モンテッソーリ

写真 3-71　モンテッソーリ教具
（出典：「金髪ママのモンテッソーリ教育日記」
https://ameblo.jp/kinpatsumonte/entry-12425011121.html）

え，円柱のさしこみ教具などの「モンテッソーリ教具」を考案した．

　モンテッソーリは 1907 年，ローマのスラム街に「子どもの家」を開設した．そこでは，親から放置され悪い環境のなかで生活していた 3 歳から 6 歳くらいの子どもが収容され，彼女の考案した教具を使って教育がおこなわれ，大きな成果があげられた．それは，『子どもの家における幼児に適用された科学的教育の方法』として著され，各国で翻訳され，「モンテッソーリ・メソッド」として世界各国に広がって行った．

　モンテッソーリの教育方法の特徴は，子どもの自発的活動の尊重である．どの子も知的好奇心をもっており，知的好奇心は自由な雰囲気の中で発揮されるので，周囲の大人は子どもに自由な環境を提供する必要がある．彼女の考案した教具は，フレーベルの恩物のように使い方が決められているのではなく，子どもが自由に取り組めるものであった．モンテッソーリはまた，幼児を観察する中で月齢，年齢ごとに興味が次々と移り変わることを発見し，ある能力を獲得するためには，それに適した特別な時期がある．彼女はそれを「敏感期」と呼び，この敏感期に注意力の集中現象を活用して諸能力を発達させることが大切であり，そのためには子どもの自由で自発的な活動が尊重されなければならないのである．

　モンテッソーリ教育において，教師はまず，子どもが安心して自由に遊ぶことができる環境を構成することが求められる．そして，子どもを注意深く観察

し，子どもの欲求に添った援助をすることが必要である．子どもの集中が始まったら，教師は干渉せず存在しないかのようにふるまうことが求められる．モンテッソーリには，『科学的教育方法』，『幼児の秘密』等の著作もある．

4. 欧米の就学前教育・保育の現状

(1) イギリス

イギリスの就学年齢は5歳であり，初等教育は5歳から11歳までの6年間行われる．初等学校は5歳から7歳までの低学年と7歳から11歳までの高学年の2段階に分けられ，それぞれ幼児学校（infant school），下級学校（junior school）として独立した学校もあるが，同一の校舎を使った学校もある．また，2年制の幼児学校にかわって3年から5年のファースト・スクールや，下級学校にかわって4年制のミドル・スクールも設置されている．

イギリスでは就学前の保育は伝統的に家庭に委ねられてきたところが多く，公的保育施設は少なかった．しかし，1997年の労働党政権以降，積極的に乳幼児保育の充実と女性の就労が推進され，多様な保育施設がつくられていった．現在，イギリスの代表的な保育機関として，マクミラン姉妹の創設した戸外保育学校から発展した保育学校（nursery school），幼児学校に付設された保育学級（nursery class），そして保育所（day nursery）がある．保育学校や保育学級には公立と私立があるが，保育所はほとんどが私立である．対象年齢は3歳から5歳であるが，保育所は3歳以下の子どもも預かる．保育学校や保育学級の保育期間は学校歴に準じ，週5日で全日制のところと半日制のところがある．保育所は就労家庭の支援のために設置されたものも多く，1年を通じて全日制のところが多い．他にも，次のような施設がある．

○プレイグループ：非営利の組織で，親やボランティアによって運営され，3～5歳が対象で，週に数回，2～3時間というものが一般的である．

○レセプション・クラス：初等学校に付設され，4～5歳が対象で学校歴に準じ，半日からはじめて徐々に全日に移行し，読み書きなども教えている．

○子どもセンター：地方行政当局が設置し，保育，家庭支援，保健サービス等を総合的に行う施設で，5歳以下を対象とし，週5回，全日制である．

他にも，保育者の自宅で子どもを保育するチャイルドマインダー等もあり，多

46 第3章 欧米の保育の歴史と現状

種多様な保育形態があることが, イギリスの保育制度の特徴である.

　保育学校や保育学級等では, 幼児との信頼関係を築きながら, 遊びを通して心身の発達を助長することを目的に保育が行われている. 保育内容には, 自由遊びや想像遊びのほか, お話・歌・絵画・製作・観察・体操などが含まれる. 幼児学校では, 保育学校等の保育内容に加えて, 下級学校の教育に向けて, 道徳教育や読み・書き・算数等が教えられる.

(2) フランス

　フランスでは就学年齢は6歳で, 初等教育は6～11歳の子どもを対象として小学校 (école primaire) で5年間行われる. したがって, 就学前教育は3～5歳児を対象に, 主に幼稚園 (école maternelle) で行われる. フランスは中央集権の伝統が強い国であり, 幼稚園は国民教育省の管轄にあり, エコール・マテルネルの「エコール」は学校を意味する. 幼稚園はほとんどが公立であり, 義務教育でないにも関わらず保育料は無料であり, 希望すれば2歳から入園できる. フランスの就学前教育の普及率は高く, 3～5歳の就学率はほぼ100％である. 最近では2歳から幼稚園に入る子どもも多くなっている.

　フランスでは出産後もほとんどの女性が仕事を続けるため, 幼稚園以外にも様々な保育施設が整備され, 多様な保育サービスを受けることができるようになっている. 3歳までの保育に関しては, 幼稚園以外は雇用連帯省が管轄している. 幼稚園以外に, 次のような施設や保育サービスがある.

　　○保育所：親が働いている3ヶ月～3歳までの子どもを対象とした公立の施設で, 保育時間は決められており, 親の仕事の都合等による融通はきかない.
　　○親保育所：子どもの親が共同で運営し, 常勤保育士のほかに親自身も保育に参加し, 親の仕事等の都合によって保育時間の融通がきく.
　　○家庭保育所：市町村が保育ママを雇って運営する家庭内の保育所であり, 親の仕事等の都合によって保育時間の融通がきく.
　　○託児所：5歳児以下の子どもを対象に, 非定期的に, 短時間だけ親が子どもを預けることができる施設である.

他にも, 行政機関の認可を受けて保育者が自宅で子どもを預かり保育する保育ママの制度や親が自宅に保育者を雇う制度など, フランスの3歳以下の保育形

態は多種多様である.

　フランスの幼稚園では遊び中心の保育が行われており，保育内容には言語・観察・運動・造形・音楽リズムなどが含まれている．5歳児になると，小学校の教育に向けて，読み・書き・算数等も行われる.

(3) ドイツ

　ドイツは，「ベルリンの壁」崩壊後1990年に統一されるまで，東西2つの国に分かれていた．社会主義国家の東ドイツでは，出産後も仕事を続ける多くの女性のために乳児期からの保育サービスが充実していた．一方，西ドイツでは子どもは3歳まで家庭で母親が育てるべきであるという考えが強く，3歳未満児のための保育施設の整備が遅れていた．また，ドイツは連邦国家であるため，就学前の教育・保育について大枠は連邦法で定めるものの，多くの事項を各州に委ねているために，保育サービスは州ごとにかなり異なる.

　ドイツの就学年齢は6歳であり，就学前の保育施設はすべて法的には児童福祉施設として位置づけられ，義務教育開始以降の教育施設とは区別されている．したがって，ドイツでは就学前の子どもの保育は，一義的には親の責任とされ，保育施設はあくまでも親の養育を援助する手段とみなされてきた.

　ドイツにおける就学前の保育施設には，3歳未満児を対象とする保育所（Kinder Krippe）と3〜5歳児を対象とする幼稚園（Kindergarten）がある．保育所と幼稚園はわが国のように目的が異なる並列の施設ではなく，年齢別に位置づけられた施設である．幼稚園の保育内容は，州によって異なるが，遊びを中心としながら，生活習慣の形成，身体活動，言語活動，造形活動，音楽リズム，自然の観察と理解，宗教的活動等からなっている．ドイツにおける保育サービスにはほかに，いわゆる保育ママが自宅で子どもを預かり保育する家庭託児保育制度や6〜12歳児が放課後に通う学童保育所（Kinderhort）等がある.

　2000年の経済協力開発機構（OECD）の国際学力調査(PISA)で，ドイツは親の社会階層による学力格差が最も大きい国の一つであることが明らかになり，就学前からの教育の重要性が指摘されるようになった．そして，両親が共働き，ひとり親，貧困家庭等の3歳未満児の保育の充実が州や地方公共団体の責務とされた．そうしたなかで，近年，いわゆる0歳児から小学校就学までの子ども

が通う総合幼児教育施設（Kindertagesstätte）が各地につくられるようになった．総合幼児教育施設では，保育所に通う子どもが3歳で幼稚園に移る必要がなく，0歳から小学校就学までの体系的な計画を立てることができるという利点がある．この総合幼児教育施設は知的な教育に力をいれているところが多い．

(4) フィンランド

　フィンランドは，経済協力開発機構の国際学力調査（PISA）で世界トップクラスの成績をとり，その教育が注目されている．フィンランドの教育は，競争原理に基づくものではなく，充実した福祉政策を基盤とし，協働学習や共生を重視するものである．PISAの結果をみると，フィンランドは総合順位が高いだけでなく，子ども間の学力格差が小さいことが特徴である．これは，子どもは家庭で育てるだけでなく，社会全体で育てていくという理念が浸透しており，家庭支援サービスや児童給付制度が充実していることにもよる．フィンランドでは，出産を迎えた女性は国より「母親キット」と呼ばれる大きな箱を受け取ることができ，なかには哺乳瓶やオムツ，ベビー服，布団等，育児用品一式が入っている．母親休暇・父親休暇の制度も充実しており，父親休暇の取得率は高く，両親が協力して子どもを育てるのが当たり前となっている．

　フィンランドの学校教育は7歳から始まり，義務教育は9年制の基礎学校（peruskoulu）で行われる．2015年から1年間の就学前教育（esikoulu）が義務となった．就学前教育は自治体の管轄で行われ，授業料は無料，1クラスの子どもの数は最大13人で，助手がいる場合は20人まで．就学前教育は，保育・幼児教育から学校教育へスムーズに移行できることを目的にして，国のコアカリキュラムに基づいて行われるが，教科はなく，遊びを中心とした主体的な学びやコミュニケーション能力の育成を中心としている．就学前教育は，基礎学校でも行われるが，保育園でも行われる．

　フィンランドの保育園は，就労する親の支援と幼児教育の提供という2つの目的をもっている．フィンランドでは，男女平等の思想のもとで女性の社会進出が進んでおり，母親の就労の形態に応じて多様な保育サービスが受けられる．1996年の保育園法の改正で，母親の就労の有無にかかわらず就学前のすべての子どもに保育園に入れる権利が与えられた．保育園は小規模のところが多く，

あたたかな家庭的な保育を大切にしている．保育者一人当たり担当する子ども
の数も少ない．フィンランドの保育園では，保育計画の作成に保護者が参加す
ることもある．「幼児教育・保育のナショナルカリキュラム・ガイドライン」に
は，子どもの権利の尊重（差別なく平等な扱い，最善の利益，生命と十分な発
達の権利，子どもの意見の重視）が明記されている．

　フィンランドでは，妊娠・出産から就学までの子どもと家庭のために切れ目
のない支援を行うネウボラ（neuvo la）という制度がある．ネウボラとはアド
バイスの場という意味で，妊娠から就学まで定期的に検診を受け，助産婦や保
健師等の専門職から様々な相談に乗ってもらうことができる．運営主体は市町
村，利用は無料である．ネウボアでは，できるだけ同じ専門職が定期的に対話
を重ねて子どもや家族との信頼関係を築き，保育園や学校等と連携して支援を
行っていく．

(5) アメリカ合衆国

　アメリカ合衆国では，学校制度は各州によって異なり，義務教育年限も州に
よって異なる．一般に，初等教育は6歳から12歳ないし14歳までであり，就
学前教育・保育は6歳未満の子どもが対象となる．

　幼稚園（kindergarten）は，主に5歳の子どもを対象として1年間の幼児教育
を行っているが，義務教育の1年目となっている．アメリカでは幼稚園は公教
育制度に組み込まれ，小学校に付設されている場合が多く，ほとんどが公立で
無償である．遊びを中心として幼児の自主性を尊重した幼児教育が行われてい
るが，小学校への進学に備えて，数量の理解や読み書き能力の育成も図られて
いる．なかには，小学校の教科別授業と同じように領域別の指導を行っている
幼稚園もある．

　アメリカでは，幼稚園に入る前の子どもを対象とする施設として，保育学校
（nursery school）やプレスクール（preschool）がある．保育学校やプレスクー
ルは，3歳から4歳児を対象とし，遊びを中心とした保育を行っている．保育
内容は様々であるが，社会，言語，算数，科学，造形芸術，音楽，体育の7つ
の領域に区分して保育を行っているところもある．

　アメリカには，デイ・ケア・センター（day care center）と呼ばれる施設もあ

る．多くは2歳から5歳未満の子どもを預かり，親が働いている間，食事や遊びの場を提供している．近年，アメリカでは女性の社会進出がめざましく，働く母親をもつ子どもの保育の場としてニーズが高まっている．デイ・ケア・センターでは，働く親の就労支援だけでなく，親の息抜きやリフレッシュのために数時間子どもを預けることも可能であり，育児ノイローゼ等への対応としても機能している．

　全米教育教会の「すべての子どもに幼児教育の機会を」という提案を受けて，1965年にヘッド・スタート（head start）計画が始まった．これは，黒人や移民をはじめとした貧困家庭の3歳から5歳のすべての子どもや障がいをもつ子どもたちのために，無償で就学前教育を受ける機会を与え，小学校入学後の学習が順調に行えるようにすることを目的としている．1967年にはヘッド・スタート計画の成果を維持するために，小学校3年まで対象年齢を拡大するフォロー・スルー（follow through）計画も発足した．そして，1994年に早期ヘッド・スタートが新設され，低所得家庭の3歳未満児及び妊婦を対象に，①子どもの発達を促す，②適切な子どもの養育及び教育が行えるように親を支援する，③親の経済的自立を促す，の3点が加わった．これらの計画は着実に成果をあげている．

引用・参考文献

(1)　アリエス著（杉山光信・杉山恵美子訳）『＜子供＞の誕生』みすず書房，1980年.

(2)　ルソー著（今野一郎訳）『エミール』岩波書店，1962年.

(3)　ペスタロッチー著（長田新訳）『隠者の夕暮れ』岩波書店，1973年.

(4)　フレーベル著（荒井武訳）『人間の教育』岩波書店，1964年.

(5)　モンテッソーリ著（阿部真美子・白川容子訳）『モンテッソーリ・メソット』明治図書，1972年.

(6)　大桃伸一・佐東治・奥山優佳編著『幼児教育の探究』東北文教大学出版会，2018年.

第4章

わが国の保育の歴史と現状

1. 明治以前の保育

　人類の祖先が誕生したのは今から 600 万年前といわれている．以来人類は延々と子育てを行っている．しかし親の子に対する意識や養育の態度などは，その時代や社会，階層などが反映されて必ずしも一様ではない．

　古来よりわが国においては子どもを愛育する伝統があり，そのことが多くの詩歌に表わされている．『万葉集』巻五にある山上憶良の「子等を思ふ歌」，「瓜食めば　子ども思ほゆ　栗食めば　まして偲ばゆ　何処より　来りしものぞ　眼交に　もとな懸りて　安眠し寝さぬ」その反歌の「銀も　金も　玉も何せむに　勝れる宝　子に及かめやも」などは詩歌の代表である．また乳幼児の誕生や成長発達を祝い祈る行事や儀式が多くあり，例えば生まれてすぐのうぶ養い，宮参り，節句，袴着（着袴），元服式・成女式などが行われて子どもは成人になるまで大切に育てられた．

　他方庶民の間では，子どもは「餓鬼」といわれることもあり，親の無知や貧困によって，放任はもとより強制労働，体罰，捨て子，間引き（子殺し），なども存在した．

　子育てが文書に著されるのは，「武家家訓」においてである．中世の社会では，子どもは生まれた時から貴族・武家・庶民・賤民といった身分階級に分けられ，男子は男，女子は女として養育された．武家の家庭では，子どもは「家の子」として位置づけられ，「家」を存続・発展させる必要から，父または家長からその子孫に「家訓」が書き遺され，家長となるべきものの教育が行われ

52　第4章　わが国の保育の歴史と現状

ている．武家家訓のなかのもっとも古いものは，鎌倉時代の半ばに北条重時（1198-1261）がわが子の長時のために記した「北条重時御家訓」と，同じく北条重時が極楽寺に隠棲して没年に近い 1261（弘長元）年ころ，子息や子孫を対象に書き付けた 99 か条の「極楽寺殿御消息」である．

　室町時代に入ると，歌学，連歌，茶の湯，能などの文芸・芸能が家ごとの専門職能として発達し，後継者に自家の芸の伝統的権威と職能を伝えるために文芸論，芸能論が著されるようになる．能役者・能作者の世阿弥（1363？-1443？）が残した能楽論書『風姿花伝』もその一つである．その「第一　年来稽古條條」には学習者の成長発達に即して年齢ごと稽古の内容と心得が，父観阿弥の教えと自己の体験をもとに説かれている．

　近世に入ると多数の子育ての書が現れる．その内容も「家」の後継者の視点ばかりでなく広く一般民衆への戒めの書として編まれている．元禄期（1688-1704）には，中江藤樹の『翁問答』，山鹿素行の『武教小学』，貝原益軒の『和俗童子訓』など，儒教道徳の追求に伴うきめこまかな子育て論が出現している．

　8 代将軍徳川吉宗の時代，享保年間（1716-1736）には，民衆を教化するために子育てが説かれている．幕府・諸藩の治安対策としての教化と，庶民の生活の維持のため町人哲学としての心学に基づく教化思想の二つ流れがあるが，室鳩巣の『六諭衍義大意』は前者の，手島堵庵の『前訓』は後者の代表である．

　古来わが国の幼児観において「7 歳までは神のうち」として，出生直後の嬰児をあの世へ「戻す」（返す）悪習があった．ことに 18 世紀後半から幕末にかけては凶作や飢饉により「間引き」が全国的にまん延している．幕府や諸藩は，養育料の給与，教訓，禁令などによって堕胎や「間引き」の悪習を防止し，人口減少を阻止しようとしている．仙台藩士荒井宣昭によって著された『赤子養草』は『論語』や『孟子』など多方面から引用して，育児の内容や方法を，一部はいろは歌や数え歌の形にして民衆にわかりやすく説いている．佐藤信淵の『垂統秘録』には貧困家庭の乳幼児を保育する施設である慈育館，5 歳から 7 歳までの子どもを楽しく遊ばせる施設の遊児厰の構想が記されている．

2. 明治・大正期の保育

(1) 明治期の保育

1) 幼稚園の創設

ドイツのフレーベルが，「遊戯及び作業教育所」を改称して世界で初めて「幼稚園（Kindergarten）」を創設したのは 1840 年のことである．その 36 年後の1876（明治 9）年 11 月 16 日に，わが国最初の幼稚園として東京女子師範学校附属幼稚園が保育を開始する．東京女子師範学校附属幼稚園の開設は，江戸時代には見られなかった幼児の自己活動と集団保育を重視する新しい保育思想の導入の始めでもある．

同附属幼稚園の開園以前にも新しい幼児教育構想や施設は存在している．1872（明治 5）年，明治政府が近代学校制度を築くために出した「学制」の第22 章には「男女ノ子弟六歳迄ノモノ」に「小学ニ入ル前ノ端緒ヲ教ル」「幼稚小学」の規定がある．しかし「幼稚小学」は 1 校も開設されてはいない．1871（明治 4）年には横浜に亜米利加婦人教授所（アメリカン・ミッション・ホーム）が，1875（明治 8）年には京都にフレーベルの教育方法によって保育を行った幼稚遊嬉場が開設されているが，これらの施設は一般庶民の理解を得られず 1 年ないし 1 年半で廃止されている．

このような歴史的背景の中で幼稚園の重要性を認識した文部大輔田中不二磨と東京女子師範学校摂理（校長）中村正直の尽力によって，東京女子師範学校附属幼稚園が創設されたのである．幼稚園監事（園長）には関信三，主任保姆には祖国ドイツでフレーベルの保育方法を学んでいた松野クララ，保姆には豊田芙雄と近藤浜が就任して幼児 75 名の出発であった．1877（明治 10）年制定の「東京女子師範学校附属幼稚園規則」によれば，幼児の年齢は満 3 歳以上 6 歳以下，保育料は 1 か月 25 銭，保育時間は 1 日 4 時間，保育科目は物品科・美麗科・知識科の 3 科，この 3 科は五彩球の遊び，三形物の理解などの 20 恩物（フレーベルが考案した幼児のために神から授かった遊具）と博物理解，唱歌，説話，体操，遊戯など 25 子目にわたっている．同園においては，恩物による保育が主に行われ，幼児の知的能力や健康，社会性，道徳性の育成などが目指されたのである．

1879（明治 12）年 4 月にはこの東京女子師範学校附属幼稚園をモデルとし

54　第4章　わが国の保育の歴史と現状

て，鹿児島女子師範学校附属幼稚園が豊田芙雄の尽力によって創設されている．次いで同1879（明治12）年5月には大阪府立模範幼稚園が，同年6月には仙台木町通小学校附属幼稚園が開設されるなど，次第にその教育的意義と役割が国民に理解されて，1881（明治14）年には国立公立私立併せて7園の幼稚園が開設されている．

　1881（明治14）年6月に東京女子師範学校附属幼稚園の保育科目に関する規定が小西信八監事のもとで改正される．さらに1884（明治17）年には附属幼稚園規則が全面的に改正され「保育課程，保育教材」「保育ノ要旨」が詳細に定められている．このとき「幼稚園ハ学齢未満ノ幼児ヲ保育シテ家庭ノ教育ヲ補<ruby>補<rt>おぎな</rt></ruby>ケ学校ノ教育ノ基ヲナス」幼児教育施設として位置づけられる．また同附属幼稚園においては，恩物による保育内容も次第に形式のみが重んじられるようになって形骸化していくのである．そして幼児が裕福な家庭の幼児ばかりであったため，文部省は1882（明治15）年，庶民を対象とする幼稚園の規模や編成を緩和した簡易幼稚園の開設を奨励したのである．簡易幼稚園の範例として1892（明治25）年に東京女子師範学校附属幼稚園の分室（分園）が設けられている．

　明治20（1887）年代から30（1897）年代にかけては，公立幼稚園が私立幼稚園数を上回って開設されている．しかし私立幼稚園の中でも1889（明治22）年，頌栄幼稚園並びに頌栄保姆伝習所がA. L. ハウによって神戸に開設されるなど，キリスト教（ミッション）系幼稚園の発展はめざましいものがあった．

　1899（明治32）年「幼稚園保育及設備規程」（文部省令）が制定され，幼稚園教育の内容，方法，設備等に関する国家基準がはじめて示される．幼稚園の普及状況を見ると，1909（明治42）年を境として私立幼稚園数（234園）が公立幼稚園数（209園）を上回り，1912（明治45）年の幼稚園数は，私立幼稚園309園，国公立幼稚園224の計533園になっている．幼児数は4万4千人に及んでいる．

2）託児所の開設

　富裕階級の幼児を対象として発展した幼稚園に対して，低所得家庭の幼児を対象とした託児所については，明治初期から子守学校として全国各地に開設の動向が見られる．わが国最初の託児所は，1890（明治23）年赤沢鐘美・仲子夫妻によって設立された新潟静修学校付設託児所であるといわれている．赤沢夫

妻は子守りをしている兄姉に勉学の機会を与えるために，兄姉に背負われていた弟妹たちを別室に預かって保育し，幼児数の増加によって1908（明治41）年に専任の保姆をおいて「守孤扶独幼稚児保護会」と命名して本格的な託児所に発展させている．

1890（明治23）年には，鳥取県の筧雄平によって農繁期託児所下味野子供預り所が開設されている．そして資本主義の発展にともなって，安価な女性労働力を確保するために工場付設の託児所も設立され始める．その最初は1894（明治27）年3月，東京紡績株式会社に開設された工場内託児所である．1900（明治33）年には，野口幽香，森島峰によって東京麹町の貧しい家庭の保育に欠ける幼児に真の幸福と教育を与えるために二葉幼稚園が開設されている．二葉幼稚園は1906（明治39）年に四谷鮫ケ橋に移転し，1916（大正5）年には二葉保育園と改称されるが，恩物を除外して園外活動を重視し，1日7〜8時間の保育を無料で行っている．

1904（明治37）年に日清戦争が勃発すると，出征軍人の遺家族を生業に従事させる目的で，出征軍人児童保管所が婦人奉公会などによって神戸市内に2か所開設され，その後東京，長崎，静岡，神奈川などに200余りも設立されている．しかしこれらの戦時託児所は戦後徐々に衰退し，1912（明治45）年にはわずか15か所存在したに過ぎない．これらの保育施設（託児所）は内務省によって教育施設としてではなく，貧しい人たちに対する感化救済事業の一環として位置づけられ，幼稚園の普及状況と比べると託児所の発展は極めて低調であった．

(2) 大正期の保育

1) 幼稚園の発展

a. 保育の新しい試み

大正時代に入ると幼稚園教育は，資本主義経済の発展と大正デモクラシーの影響を受けて一大飛躍を遂げる．世界的な動向としての児童中心主義の影響から幼児の心身の発達に応じた保育方法が考案され，フレーベル主義の恩物による形式主義の保育の弊害は次第に克服される．モンテッソーリ法や幼児の自然の生活を尊重して自己充実するよう誘導する倉橋惣三の誘導保育，土川五郎の

56　第4章　わが国の保育の歴史と現状

律動遊戯・表情遊戯，橋詰良一の家なき幼稚園など，新たな保育の方法が試みられている.

　明治20年代後半から幼稚園相互の連絡・提携・親睦を図るために保育会や保姆会が京阪神や東京に現れ始めるが，大正期になるとこれらの保育研究団体は幼稚園教育の研究と振興に力を発揮している. 中でもフレーベル会や京阪神聯合保育会は全国の幼稚園保姆の啓蒙に努力を注ぎ，定期的に講習会や研究会を開催し，また必要に応じて建議書を提出するなど幼稚園教育の振興について政府に働きかけている. 全国各地の保育会や保育研究大会で幼稚園の制度的改善と充実を求める諮問案や建議案が決議されるようになるのもこのころである.

b. 幼稚園令の制定

　1926（大正15）年4月22日，勅令「幼稚園令」並びに文部省令「幼稚園令施行規則」が制定される. 幼稚園に関する規定は1900（明治33）年より「小学校令施行規則」のなかに「第九章　幼稚園及小学校ニ類スル各種学校」として組み入れられていたが，単独の「幼稚園令」の制定によって幼稚園は小学校と分離した独立の幼児教育機関としての地位を確立する. しかし幼稚園は，「幼児ヲ保育シテ其ノ心身ヲ健全ニ発達セシメ善良ナル性情ヲ涵養シ家庭教育ヲ補フヲ以テ目的トス」（第1条）と規定され，明治期よりの「家庭教育ヲ補フ」幼稚園には変わりなかったのである.

　「幼稚園令」は幼稚園の大衆化を図るために，特別の事情がある時は3歳未満の幼児を入園させることを認め，同時に出された「幼稚園令及幼稚園令施行規則制定ノ要旨 並 施行上ノ注意事項」（文部省訓令）によれば，保育時間も早朝より夕刻までの延長が承認されている.「幼稚園令施行規則」によれば，保育項目も従来の「遊戯，唱歌，談話，手技」の4項目に「観察」を加え手技の後に「等」の字が付加されて「遊戯，唱歌，観察，談話，手技等」となり，保育方法の定式化を打ち破り幼児の自己活動と保姆の保育の工夫の自由が保障されている.「幼稚園令」の制定は，幼稚園教育の発展を促進する契機となり，1925（大正14）年に957園であった幼稚園数は翌1926年（大正15）年の終わりには1,066園に増加している.

2) 託児所・保育所の発展

大正時代（1912-1926）には，資本主義経済の発展の中で，第一次世界大戦（1914-1918）後の不況や関東大震災（1923）後の生活維持のために，また女性の地位の向上から子どもを育てながら就労する女性が増加し，さらに女子労働の雇用対策としても，託児所の設立や勤労家庭の幼児に対する幼稚園開放の要求が高まりつつあった．1915（大正4）年に東京モスリン株式会社吾嬬保育所，1917（大正6）年には同株式会社第一託児所が開設され，1916（大正5）年には大日本製麻株式会社赤羽製品工場付設乳児所など大企業付設の託児所が開設されている．そして庶民の生計窮迫の救済と社会不安の防止策として，「児童保護」のために内務省社会局は公立託児所の設置に努力を注いでいる．公立託児所は，1919（大正8）年の大阪市営鶴町第一託児所，大阪市営桜宮託児所の二つを始めとして，1920（大正9）年に京都，1921年に東京と全国の主要都市に設立される．

これまで民間の篤志家によってのみ支えられてきた託児所は，こうして社会事業の一環として公設されるようになる．託児所は保護者不在の家庭の幼児を保護し，生活の世話をすることによって，保護者の生計を助ける社会事業機関となり，幼稚園とは全く異なった機能を果たすことになったのである．明治末期にはわずか15か所存在したに過ぎなかった託児所は1923（大正12）年には117か所に増加している．

3. 昭和期の保育

(1) 戦前の保育

1926（大正15）年の「幼稚園令」は，幼稚園を庶民階級（主として女性労働者）の多い地域に普及させることを目的として制定されたのである．幼稚園令制定によって幼稚園は託児所的機能も果たすことになって，ここに幼稚園と託児所の両者の関係に新たな問題を生じるに至っている．文部省は財政的保障や行政指導に具体的な政策を持ち合わせていないばかりか，託児所に関する認識を欠き，3歳未満児の保育の位置づけなどについても積極的ではなかった．他方，内務省は1926（大正15）年12月の第1回全国児童保護事業会議において，託児所と幼稚園は発祥の沿革や使命を異にしているので「託児所準則」を

58 第4章 わが国の保育の歴史と現状

作成して，託児所を幼稚園とは別扱いにしたい意向を明らかにしている．そして児童保護に関する委員会も「幼稚園令」の改正を要望すると同時に3歳未満の乳幼児を対象とする社会事業の見地に立脚した「幼稚園令」とは別の法令の制定を要求している．しかしながら同委員会は1930（昭和5）年10月の第2回全国児童保護事業会議においては，3歳未満児を対象とする「託児所令制定ニ関スル件」を提案し，内務・文部両当局に対して幼稚園・託児所の統一的制度を作るよう要望する．

(2) 戦時中の保育

1) 戦時中の幼稚園

　1926（大正15）年の「幼稚園令」制定を機に，幼稚園教育は次第に充実し，1942（昭和17）年まで幼稚園数も上昇の一途をたどっている．しかし満州事変（1931），日中戦争（1937），続く太平洋戦争の勃発（1941）によって，幼稚園も次第に戦時色を濃くし軍国化が進む．1938（昭和13）年12月，教育審議会は「国民学校師範学校及幼稚園ニ関スル件」の答申の中の「幼稚園ニ関スル要綱」において，幼稚園の社会教育的機能の発揮を強調するとともに，幼稚園を国民教育，義務教育の基礎機関として承認している．1941（昭和16）年には保育問題研究会就学前委員会が「国民幼稚園要綱試案」を発表し，幼稚園と託児所を一元化して皇国の道に則った幼児全般を対象とする国民幼稚園の設置を唱えている．

　1943（昭和18）年には「高等女学校規程」（文部省令）が改正されて，高等女学校に幼稚園または託児所の付設が奨励される．戦時中の幼稚園は皇国民錬成の基礎機関として，国民幼稚園の名の下に一層徹底した国家統制管理を受けている．さらに戦争の激化によって幼児の疎開や幼稚園の戦時託児所への転換，空襲による園舎の破壊などで幼稚園は保育を行うことが困難となり，東京では1944（昭和19）年ついに「幼稚園閉鎖令」が出され，1945（昭和20）年8月15日終戦を迎えるのである．

2) 戦時中の託児所・保育所

　1938（昭和13）年に厚生省が発足し「社会事業法」が制定されて，託児所（保育所）は社会事業施設として位置づけられる．託児所の普及状況を見ると，託

児所数は 1920（大正 9）年 87，1922（大正 11）年 99，1926（昭和元）年 273，1935（昭和 10）年 879，1940（昭和 15）年 1,552 か所を数えるに至っている．

　大正期から昭和期にかけての託児所は，都市の低所得者対策の意味を越えるものではなかったが，戦局が緊迫するとともに託児所も軍事目的と結びつくようになる．軍需工場の生産量の増大と人手不足の解消のために女子労働を獲得する必要から職場託児所が設けられ，農村では母性保護と乳幼児の保護のために農繁期託児所などが開設される．

　1944（昭和 19）年になると戦争が激化して保育が不可能となり，東京都では「幼稚園閉鎖令」が出される．「戦時託児所」規定によって幼稚園や託児所が戦時託児所に再編されたところもある．戦時託児所の目的は「国民皆働の実践態勢に即応し，都民勤労力を戦時生活に寄与せしめる」ことにあり，保育方針も皇国民主義を信奉する小国民の育成を目指す心身鍛練主義であった．この小国民錬成の保育も 1945（昭和 20）年 8 月 15 日の敗戦によって終わりを告げる．

(3)　終戦後の保育
1)　「学校」としての幼稚園の発展

　戦後幼稚園は，1947（昭和 22）年 3 月 31 日公布の「学校教育法」第 1 条の中に規定されて「学校」としてスタートする．学校教育法は幼稚園の目的として「幼児を保育し，適当な環境を与えて，その心身の発達を助長すること」（77 条）と規定し，この目的を実現するために五つの目標（78 条）を掲げている．ここに幼稚園は明治期より終戦まで一貫していた「家庭教育ヲ補フ」消極的な幼稚園教育から幼児の心身の発達に即した独自の教育目的を持つ教育機関となったのである．

　1948（昭和 23）年 3 月，文部省は試案「保育要領―幼児教育の手びき」を公刊し，幼稚園における教育内容の基準を示している．「保育要領」の特色は幼稚園教諭ばかりでなく保育所の保母や一般の母親をもその対象に加え，保育内容として 12 項目を挙げて楽しい幼児の経験や活動を重視し，自由遊びや健康教育，生活指導を中心とする新しい保育を打ち出しているところにある．1947（昭和 22）年には 1,480 園（幼児数 197,623 人，5 歳児就園率 7.4 ％）に過ぎなかった幼稚園数も，折からのもベビーブーム（1947〜1949 年）の波に乗り，

60 第4章 わが国の保育の歴史と現状

1955（昭和30）年には5,426園（幼児数643,683人，5歳児就園率21.8%）に
増加している．

1956（昭和31）年には「保育要領」が全面的に改訂され「幼稚園教育要領」
が公示される．「幼稚園教育要領」の特色は，保育内容について6領域に体系
化し直し，小学校の教育課程との一貫性を持たせるようにしたことである．こ
の1956年の「幼稚園教育要領」も1964（昭和39）年に文部省告示として再度
改訂され，「幼稚園教育要領」は幼稚園における教育課程の国家基準を示すも

表4.1　幼稚園の保育内容の変遷

	保育内容	特徴
1948(昭和23)年 『保育要領―幼児教育の手びき』	12項目 ①見学　②リズム　③休息　④自由遊び　⑤音楽　⑥お話　⑦絵画　⑧制作　⑨自然観察　⑩ごっこ遊び・劇遊び・人形芝居　⑪健康保育　⑫年中行事	・幼稚園教諭・保育所保母・一般の母親を対象 ・幼児の生活経験や活動を重視 ・自由遊び・健康教育・生活指導を重視
1956(昭和31)年 『幼稚園教育要領』	6領域 ①健康　②社会　③自然　④言語　⑤音楽リズム　⑥絵画製作	・幼稚園と小学校の教育課程の一貫性 ・保育内容の系統化（「領域」の概念の導入） ・目標の具体化，指導計画の留意点の明確化
1964(昭和39)年 改訂『幼稚園教育要領』	同上	・教育内容の精選 ・幼稚園教育の独自性の明確化 ・「領域」および「ねらい」の計画の明示
1989(平成元)年 改訂『幼稚園教育要領』	5領域 ①健康　②人間関係　③環境　④言葉　⑤表現	・「ねらい」と「内容」の関係の明確化 ・幼児期の特性を踏まえ，環境を通して行うことを「幼稚園教育の基本」として明示
1998(平成10)年 改訂『幼稚園教育要領』	同上	・教師の役割の明確化 ・幼児期の発達の特性を踏まえた教育課程の編成 ・幼小連携の強化 ・子育て支援活動と時間外教育活動（預かり保育）の推進
2008(平成20)年 改訂『幼稚園教育要領』	同上	・教育基本法，学校教育法の改正を踏まえた改善 ・幼小の円滑な接続 ・家庭と幼稚園との生活の連続性を踏まえた幼稚園教育の充実 ・子育て支援と預かり保育の充実
2017(平成29)年 改訂『幼稚園教育要領』	同上	・幼稚園・保育所・幼保連携型認定こども園における幼児教育を，共通に捉える ・「知識及び技能の基礎」「思考力，判断力，表現力等の基礎」「学びに向かう力，人間性等」を「育みたい資質・能力」として明示 ・「幼児期の終わりまでに育ってほしい姿」（10項目）を明示

（教育制度研究会編『要説教育制度〔新訂第三版〕』学術図書出版社，2011年，民秋言編
『幼稚園教育要領・保育所保育指針の成立と変遷』萌文書林，2008年等を参照し作成）

3. 昭和期の保育　*61*

表 **4.2**　保育所の保育内容の変遷

	保育内容		特徴
1948(昭和23)年「児童福祉施設最低基準」	①健康状態の観察　②個別検査③自由遊び（音楽，リズム，絵画，制作，お話，自然観察，社会観察，集団遊び等　④午睡　⑤健康診断		・教育面よりも養護面に重点
1965(昭和40)年「保育所保育指針」	年齢区分の保育内容の区分		・保育所の保育内容を充実させるために参考として位置付け・幼稚園該当年齢児には幼稚園教育要領に準じた教育の実施
	年齢区分	領域	
	6か月〜2歳未満	①生活　②遊び	
	2歳	①健康　②社会③遊び	
	3歳	①健康　②社会③言語　④遊び	
	4歳5歳6歳	①健康　②社会③言語　④自然⑤音楽　造形	
1990(平成2)年改正「保育所保育指針」	3歳未満児の領域区分の廃止		・養護の側面の重視・養護と教育の一体化・生涯発達の視点からの乳幼児保育の充実・家庭や地域との密なる連携
	年齢区分	領域	
	4歳5歳6歳	①健康　②人間関係　③環境④言葉　⑤表現	
1999(平成11)年改正「保育所保育指針」	年齢区分から発達過程区分へ領域は①健康　②人間関係　③環境　④言葉　⑤表現		・子どもの人権への配慮・異文化の尊重・地域における子育て支援機能の明記・性別役割分業意識の排除
2008(平成20)年改正「保育所保育指針」	6年間を8つの発達区分とする，養護：生命の保持と情緒の安定，教育：5領域から捉える		・告示，「児童福祉施設最低基準」としての位置付け・保育所の役割の明確化・保育内容の改善・養護と教育の一体的な実施・保護者支援・保育の質を高める仕組み
2017(平成29)年改正「保育所保育指針」	養護：生命の保持と情緒の安定乳児，1歳以上3歳未満児，3歳以上児に区分1歳以上児（5領域）①健康　②人間関係　③環境④言葉　⑤表現		・幼児教育を行う施設としての位置づけ・「育みたい資質・能力」「幼児期の終わりまでに育ってほしい姿」（10項目）を明示・3歳未満児の保育の充実・養護と教育の意味の確認・養護と教育の一体性の充実・災害への備えの追加

（教育制度研究会編『要説教育制度〔新訂第三版〕』学術図書出版社，2011年等を参照し作成）

のとして法的拘束力を有することになり，小学校教育とは異なった幼稚園教育の使命と独自性が明確にされたのである．

　昭和40（1965）年代後半から都市化現象の進展や少子核家族化，女性就労の増大など社会情勢の変動にともなって幼児を取り巻く家庭や地域の環境が著しく変化する．幼稚園教育の内容や方法も時代の変化とともに問い直すことが要求されて1989（平成元）年，25年ぶりに「幼稚園教育要領」が改訂されている．

62　第4章　わが国の保育の歴史と現状

2)　児童福祉施設としての保育所の普及

　1947（昭和22）年12月に「児童福祉法」が制定され，従来の託児所は「保育所」に統一されて，保育所は「日日保護者の委託を受けて，その乳児又は幼児を保育することを目的とする」（39条）児童福祉施設の一種として制度化されるのである．厚生省は1948（昭和23）年に「児童福祉施設最低基準」（省令）を，1950（昭和25）年に「保育所運営要領」，1952（昭和27）年に「保育指針」を通知して保育所の確立に努力しているが，その間の1951（昭和26）年に「児童福祉法」が一部改正され，保育所は「保育に欠ける」乳幼児を対象とすることに限定されるのである．

　昭和30（1955）年代に入ると就労女性の増加や児童福祉思想の向上によって，保育所の設立要求が高まり保育所保育も著しい発展が見られる．1947（昭和22）年には1,500か所であった保育所数も1955（昭和30）年には8,392，1960（昭和35）年には9,853か所に増加している．1963（昭和38）年，文部・厚生両省の共同通達「幼稚園と保育所の関係について」が出され，すべての幼児に対する就学前教育の機会均等と心身の発達の保障の見地から，保育所における3歳以上の幼稚園該当年齢の幼児を対象とする保育内容は，「幼稚園教育要領」に準ずることが望ましいとされる．この共同通達に基づいて厚生省は，1965（昭和40）年8月，保育所における3歳以上の幼児の保育を幼稚園教育に近づけるために初めて「保育所保育指針」を通達する．この「保育所保育指針」は保育需要の多様化に対応するために1990（平成2）年4月に25年ぶりに改定される．改定「保育所保育指針」の特徴は，保育所保育の特性が「養護と教育が一体」となって乳幼児の健全な心身の発達を図ることから，乳幼児の発達を生涯発達の視点からとらえ直し，保育所と家庭や地域社会との連携を密にしているところに見られる．

4.　平成期の保育

（1）　少子化問題

　平成期に入ると女性のめざましい職場進出や就労形態の多様化，晩婚化，家庭や地域社会の教育機能の低下，子どもの養育に対する負担感などから子どもを産む女性が減少し，少子化現象が大きな社会問題となる．1949（昭和24）

年の合計特殊出生率（1人の女性が一生の間に産む数の平均）は4.32であっ
た．迷信によって昔から子どもを産まなかった丙午の干支に当たる1966（昭
和41）年の合計特殊出生率は急激に下がり1.58である．その後出生率は回復
し，1971-1973年には，第1次ベビーブーム期に生まれた女性が出産期を迎え
て第二次ベビーブーム期となり，1973（昭和48年）の合計特殊出生率は2.14
になっている．しかしその後出生率は減少傾向となり，1989（平成元）年には
1.57にまで下がってしまったのである．いわゆる「1.57ショック」である．人
口を維持するためには合計特殊出生率の数値は2.08（人口置き換え水準）以上
でなければならない．政府は緊急に少子化対策を策定し施行しているが少子化
現象に歯止めがかかっていない．2005（平成17）年には1.26を示して統計上
最低の数値となっている．その後わずかに回復し2008（平成20）年の合計特
殊出生率は1.37，2018（平成30）年は1.42である．

(2) 子育て支援のための総合計画

　わが国の少子化がこのまま続けば，1500年も経たずに日本人は消滅するとい
われている．少子化は国家の存亡の危機に係わっているのである．
　少子化対策として挙げられるのは，1994（平成6）年12月16日，文部・厚
生・労働・建設の4省大臣の合意によって策定された「今後の子育て支援のた
めの施策の基本的方向について」いわゆる「エンゼルプラン」である．この「エ
ンゼルプラン」は，大蔵・厚生・自治3大臣の合意によって1995（平成7）年度
から，低年齢保育，延長保育，一時的保育，放課後児童クラブ，地域子育て支
援センターなどの整備目標を1999（平成11）年度までに達成する「緊急保育対
策5か年事業」として具体化されているが，厚生省は独自にこの「5か年事業」
を促進するため，地方自治体に児童育成計画（地方版エンゼルプラン）策定の
費用を補助する児童育成基盤整備等推進事業を予算化している．なお「子育て
支援」とは，「親および家庭における子育て（養育）機能に対して，家庭外の私
的・公的・社会的機能が支援的にかかわること」（森上史朗・柏女霊峰『保育用
語辞典[第2版]』ミネルヴァ書房，p.311．本書第9章参照）を意味している．
　「緊急保育対策5か年事業」は1999年度で終わりとなったが目標の達成に
は不十分で多様化する保育要求に対応するために，「重点的に推進すべき少子

64　第4章　わが国の保育の歴史と現状

化対策に具体的実施計画について（新エンゼルプラン）」（2000-2004年度）が，大蔵・文部・厚生・労働・建設・自治の6大臣の合意によって策定されている．

「新エンゼルプラン」の主な内容は，① 保育サービス等子育て支援サービスの充実，② 仕事と子育ての両立のための雇用環境の整備，③ 働き方についての固定的な性別役割分業や職場優先の企業風土の是正，④ 母子保健医療体制の整備，⑤ 地域で子どもを育てる教育環境の整備，⑥ 子どもたちがのびのび育つ教育環境の実現，⑦ 教育に伴う経済的負担の軽減，⑧ 住まいづくりによる子育て支援やまちづくりなどが盛り込まれている．しかし出生率の低下はさらに進んでいる．

2001（平成13）年1月6日から厚生省は改変されて厚生労働省となるが，厚生労働省は2002（平成14）年9月「少子化対策プラスワン」の方針を出している．これを踏まえて政府は2003（平成15）年3月に次世代育成を支援するために「少子化社会対策基本法」を定め，2003（平成15）年7月16日には「次世代育成支援対策推進法」（2005年度から10年間の時限立法）が制定されている．さらに「少子化社会対策基本法」に基づいて「少子化社会対策大綱」（2004年閣議決定）が策定され，これを受けて2004（平成16）年12月「少子化社会対策大綱に基づく重点的施策の具体的実施計画について（子ども・子育て応援プラン）」（2005〜2009年度）が策定されている．

「エンゼルプラン」や「新エンゼルプラン」は保育関連事業が中心であったが，その施策においては少子化が食い止められなったため，続く5か年計画では国全体で「子どもを産み，育てることに喜びを感じることのできる社会」を目指す施策が打ち出された．

その後も「待機児童ゼロ作戦」（2008年），「子ども・子育てビジョン」（2010年）「少子化社会対策大綱」（2015年），「ニッポン一億総活躍プラン」（2016年）などが出されている．

(3) 児童福祉法の改正

1997（平成9）年6月，児童福祉法が女性の就労形態の多様化と保育需要の多様化に対応するために改正され，1998（平成10）年4月1日から施行されている．改正の主眼は保育制度にあり，保育所の入所措置制度から利用施設制度へ

4. 平成期の保育　65

の転換で，保護者が希望する保育所を選択できることになったことが大きな改
正点である．男女雇用機会均等法や労働基準法も改正され，また育児休業法が
全職種に適用され，男女共同参画社会基本法も施行されている．就労と育児を
両立させる女性が増加し，保育ニーズも多様化している．加えて幼児虐待，育
児不安，育児困難など幼児をめぐる問題も深刻化している．このような社会状
況の中で，保育所は現在保育所を利用している保護者だけでなく地域の保護者
にも開かれた保育所としての保育センター的役割が求められるのである．2003
（平成 15）年に「次世代育成支援対策推進法」が制定されたこともあって児童
福祉法は，保育所の育児に関する情報提供や相談助言機能の付加的な役割を規
定する法的整備が行われ，2003（平成 15）年に大幅に改正されている．そして
地域と職場における次世代育成支援対策を推進するために児童福祉法は 2008
（平成 20）年に再度改正，2009 年 4 月から新たに施行されている．

　なお「保母」の呼称は 1999（平成 11 年）年 4 月より「保育士」となり，保
育士は「児童福祉施設において，保育に従事する者」（児童福祉法施行令 13 条
1 項）であったが，2001（平成 13）年 11 月の児童福祉法の改正により「保育
士とは，第 18 条の 18 第 1 項の登録を受け，保育士の名称を用いて，専門的知
識及び技術をもって，児童の保育及び児童の保護者に対する保育に関する指導
を行うことを業とする者」（児童福祉法 18 条の 4）となって，保育士制度が法
定化されたのである．

（4）認定こども園制度の発足

　少子化に伴って幼稚園在園児が減少する一方，都市部では女性の社会参画や
就労の増加，就労形態の多様化等で，保護者の保育要求が高まり保育所の待機
児童が増加している．加えて核家族化による母親の育児不安や孤立，幼児虐待
の増加など子どもをめぐる問題も深刻化している．このような社会的背景の中
で，保護者の就労の有無に関わらず，小学校就学前の子どものための教育・保
育のニーズに適切にそして柔軟に対応する幼児教育・保育制度の新たな「選択
肢」が制度化されるのである．地域において子どもが健やかに育成される環境
が整備されるよう小学校就学前の子どもに対する教育・保育の一体的な提供及
び子育て支援の総合的な提供を推進する措置を講じるために，2006（平成 18）

表 4.3 新認定こども園制度のタイプ

幼保連携型（学校・児童福祉施設）	幼稚園的機能と保育所的機能をあわせもつ単一の施設の認定こども園としてその機能を果たすタイプ
幼稚園型	認可幼稚園が，保育を必要とする子どものための保育時間を確保するなど，保育所的な機能を備えて認定こども園としての機能を果たすタイプ
保育所型	認可保育所が，保育を必要とする子ども以外の子どもも受け入れるなど，幼稚園的な機能を備えることで認定こども園としての機能を果たすタイプ
地方裁量型	幼稚園・保育所いずれの認可もない地域の教育・保育施設が，認定こども園としての必要な機能を果たすタイプ

（内閣府「認定こども園概要・子ども・子育て支援新制度」2019 年 3 月 21 日をもとに作成）

年 6 月 15 日に「就学前の子どもに関する教育，保育等の総合的な提供の推進に関する法律」が制定され，同年 10 月 1 日から施行されて「認定こども園」の制度がスタートしている．

　「認定こども園」の制度とは，幼稚園あるいは保育所等のうち，❶ 就学前の子どもに幼児教育・保育を提供する機能（保護者が働いている，いないにかかわらず幼児を受け入れて，教育・保育を一体的に行う機能），❷ 地域における子育て支援機能（すべての子育て家庭を対象に，子育て不安に対応した相談活動や，親子の集いの場の提供などを行う機能），の 2 つの機能を備え，都道府県が「国の指針」を参酌して条例で定めている認定基準を満たしている施設は，都道府県知事から認定を受けることができる幼児教育・保育の第 3 の制度である．

　2012（平成 24）年には子ども・子育て関連 3 法の一つ「就学前の子どもに関する教育，保育等の総合的な提供の推進に関する法律」（子育て支援法）が改正されて，これまでとは異なった認定こども園制度となっている．

　2014（平成 26）年 4 月には，幼保連携型認定こども園における教育及び保育の内容を示す「幼保連携型認定こども園教育・保育要領」が内閣府・文部科学省・厚生労働省告示として出されている．

4. 平成期の保育　67

表 4.4　認定こども園数の推移（各年 4 月 1 日時点）　　　　　（園）

年度 （平成）	こども 園 数	公私の内訳		類型別の内訳			
		公立	私立	幼保連携型	幼稚園型	保育所型	地方裁量型
24	909	181	728	486	272	121	30
25	1,099	220	879	595	316	155	33
26	1,360	252	1,108	720	411	189	40
27	2,836	554	2,282	1,931	524	328	53
28	4,001	703	3,298	2,785	682	474	60
29	5,081	852	4,229	3,618	807	592	64
30	6,160	1,006	5,154	4,409	966	720	65

（出典　平成 30 年 10 月 10 日内閣府子ども・子育て本部「認定こども園の状況につて」，文部
科学省教育課程/幼児教育課（編）『初等教育資料（平成 30 年度臨時増刊）』2018 年 12 月）

(5)　教育基本法・学校教育法の改正

　戦後 50 年を経て，我が国の教育をめぐる状況は大きく変化した．この変化に対応するために，2006（平成 18）年 12 月 22 日，わが国の教育の基本的な法律である「教育基本法」が 59 年ぶりに改正されたのである．改正教育基本法は，豊かな情操や道徳心，自立の精神や公共の精神，生命や自然の尊重，伝統文化の尊重，国際社会の平和と発展の寄与といった新しい理念を教育目標（第 2条）として規定するとともに，生涯学習の理念（第 3 条），義務教育の目的（第5 条），家庭教育（第 10 条），幼児教育（第 11 条），学校・家庭及び地域住民の相互の連携協力（第 13 条），教育行政（第 16 条），教育振興計画（第 17 条）など，幼稚園教育要領改訂の方向性に係る規定が多く盛り込まれた．この教育基本法の改正の趣旨を踏まえて，2007（平成 19）年 6 月に学校教育法が改正される．これまで「幼稚園」は学校教育法第 1 条において最後尾に規定されていたが，改正によって「学校とは，幼稚園，小学校，中学校と…」と筆頭に記されて，幼稚園は学校教育の第一段階として位置づけられ，その目的も「義務教育及びその後の教育の基礎を培うもの」であることが明記された．

(6)　「幼稚園教育要領」・「保育所保育指針」の改訂

　改正教育基本法第 11 条には「幼児期の教育は，生涯にわたる人格形成の基礎を培う重要なものである」ことが記されているが，就労形態の多様化，家庭

68   第4章　わが国の保育の歴史と現状

や地域社会の教育力の低下の中で，2008（平成20）年3月28日，「幼稚園教育要領」が改訂されている．また「生涯にわたる人格形成の基礎を培う」保育所保育への期待が高まり，「保育所保育指針」も「幼稚園教育要領」と同時に改正されて厚生労働省告示となり，その位置づけや体裁が従来のものとは大きく異なっている．

5.　保育の現状とこれからの保育

（1）子ども・子育て支援新制度の発足

　21世紀に入ると，高齢化，グローバル化，デジタル化，加えて地震や津波，洪水による大災害や原子力発電所の事故など，子ども・子育てを取り巻く社会環境がさらに変化し，子育ての孤立感や負担感を抱く保護者が増大し，子どもの虐待や待機児童の問題がますます深刻になっている．2016（平成28）年2月15日「保育園落ちた，日本死ね!!!」のタイトルの匿名のブログがその後話題を呼び国会でも取り上げられた．

　このような社会状況の中で，質の高い幼児教育保育の提供や待機児童の解消，地域の子ども・子育て支援を充実させるために，2012（平成24）年6月，消費税増税法案とともに児童福祉法の改正を含むいわゆる子ども・子育て関連3法（「子ども・子育て支援法」，「就学前の子どもに関する教育，保育等の総合的な提供の推進に関する法律の一部を改正する法律」，「子ども・子育て支援法及び就学前の子どもに関する教育，保育等の総合的な提供の推進に関する法律の一部を改正する法律の施行に伴う関係法律の整備に関する法律」）が成立し，児童福祉法第24条が改正されて，消費税10％増税は先送りになったものの，子ども・子育て支援新制度は予定通り2015（平成27）年度から発足し，地域における子育て支援サービスの充実が目指されている．

（2）教育・保育の一体化

　2017（平成29）年3月31日，「幼稚園教育要領」「保育所保育指針」「幼保連携型認定こども園教育・保育要領」が同時に改訂された．これらの改訂版の共通の特色は，幼稚園，保育所，幼保連携型認定こども園をともに幼児教育施設として位置づけ，幼児期に育みたい生きる力の基礎となる資質能力を，ねらい

5. 保育の現状とこれからの保育　*69*

及び活動全体によって育み，10 の「幼児期の終わりまでに育ってほしい姿」を示して，小学校教育に円滑に接続されるよう図っていることである．

　平成期は 2019（平成 31）年 4 月 30 日をもって終わる．新時代を生きる子どもたち，「幼児期の教育は生涯にわたる人間形成の基礎を培う重要なものである」．子どもの「教育について第一義的責任を有する」（教育基本法）のは保護者であるが，誰もが子どもの育ちに関係し社会全体で子どもを育てることが必要不可欠である．2019（令和元）年 10 月には，消費税 10 ％増税と，「幼稚園，保育所，認定こども園などを利用する 3 歳から 5 歳児クラスの子供たち，住民税非課税世帯の 0 歳から 2 歳児クラスの子供たちの利用料が無料」（内閣府ホームページ）となるなどの幼児教育・保育の無償化の制度がスタートする．

参考文献

- 山住正己・中江和恵（編注）『子育ての書』1・2・3，平凡社，1976 年．
- 日本保育学会著『日本幼児保育史』（第 1 巻〜第 6 巻）復刻版，日本図書センター，2010 年．
- 内閣府・文部科学省・厚生労働省『幼保連携型認定こども園教育・保育要領解説』フレーベル館，2018 年．
- 全国保育団体連絡会・保育研究所（編）『保育白書』ちいさいなかま社，2017，2018 年．
- 民秋言（編）『幼稚園教育要領・保育所保育指針の成立と変遷』萌文書林，2008 年．
- 文部省『幼稚園教育百年史』1979 年．
- 「幼児教育・保育の無償化：子ども子育て本部—内閣府」
  https://www8.cao.go.jp/shoushi/musyouka/index.html

第5章

乳幼児の理解と発達特性

1. 乳幼児の発達特性

　「保育」という目的を持った行為を行うためには，対象となる相手のことをしっかり理解するところから始めなければならない．その相手が幼児であれば，幼児理解という言葉で示される部分となる．しかし，一言で幼児理解と言ってもそれほど容易なものではない．たとえば，3歳の誕生日を迎えた幼児が，保育施設であまり言葉を発することがないという状況を想像してみてもらいたい．この時の幼児の状態をどのように理解すればよいのだろうか．

　まず基本的なこととして，3歳の幼児はどの程度言葉を発するのかという一般的な理解が必要だ．3歳児の言葉の発達がどういったものかを知らずに，対象を理解することはできない．そのため，保育を実践するうえで発達特性といったものを把握しておくことは重要なのである．次に，一般的な発達特性が分かったからといって，対象となる幼児を単純に一般的な発達のレベルに照らし合わせ，言葉の育ちが遅いとか早いといった判断をするのは早計である．家庭ではよく話すのだが，園では言葉を発しないという場合もある．また，以前はよく話していたのだが，最近話す言葉が少なくなったという場合もあるだろう．このような時，現時点での幼児の状態からのみ幼児理解をすると，誤った判断をしかねない．これまでの成育歴なども参照しながら，今の状態に至る過程を丁寧に見ていくことが必要になる．

　幼稚園教育要領の「幼児理解に基づいた評価の実施」という部分に記された配慮すべき事項として，以下のような記述がある．

> (1) 指導の過程を振り返りながら幼児の理解を進め，幼児一人一人のよさや可能性などを把握し，指導の改善に生かすようにすること．その際，他の幼児との比較や一定の基準に対する達成度についての評定によって捉えるものではないことに留意すること．（傍点引用者）

　ここに記された「他の幼児との比較」というのは，幼児を年齢で横並びにした時の発達の状態がどのようであるかを比較する横断的な視点である．ここには幼児一人ひとりの育ちを時間軸に沿って見る縦断的な視点は欠けている．これまでよく話していた子が最近あまり話さなくなったという実態の背景に，家庭での要因（最近きょうだいが生まれた，両親が離婚した等）がきっかけになっている場合もある．このように考えると，乳幼児の発達を捉える際のポイントは，1つ目に「一般的な発達特性を理解しておくこと」，2つ目には「横断的な視点だけでなく縦断的視点を持つこと」，そして最後に「乳幼児の理解は個の心理的側面からだけでなく社会・文化的な側面も考慮する」といった3つになるだろう．

　これらを踏まえ，本章では乳幼児の発達特性や，乳幼児理解の進め方について記していく．

（1）発達の定義

　「氏」か「育ち」かという言い回しがあるように，子どもの発達にとって遺伝と環境のどちらが重要かということはいにしえからの大きなテーマであった．しかし現在では，「遺伝か環境か」という論の立て方自体があまりにも素朴で単純化しすぎていたとされ，現在のところ発達にとって重要なのは「遺伝も環境も」という部分に落ち着いているようにみえる．ただ「遺伝」という言葉に集約されているものの中には，両親からの遺伝的要因だけではなく，胎児期や周産期の要因（妊娠中のアルコール被ばく，出生時の低酸素など）が含まれている場合もあり，これらをまとめて生物的要因と捉えた方がより現実に近いと考えられる．そのような点から，1972年にスタートしたニュージーランドの縦断的な研究はとても興味深い．約1000人の乳児を対象として，現在も追跡調査が続けられている（シルバ&スタントン，2010）．

72　第 5 章　乳幼児の理解と発達特性

　発達とは時間に伴った変化である．かつての発達観は，その変化が肯定的な方向を目指したものばかりであった．体であれば大きくなること，力であれば強くなること，知識であれば増えることなどである．こういった発達観は，かつては欧米の成人男性を基準としたものであって，ギリシャ彫刻にあるように健康な肉体と精神を持った男性が発達の頂点と考えられていた．

　ところが，そのように考えること自体がゆがんだ人間観や発達観を生み出してしまったという現実がある．それは健康な成人男性ではないものを，未だ劣った存在としてみる見方である．それは子どもであり女性であり，また老人であり障害者であった．スウェーデンの思想家エレン・ケイ（Ellen, K. S. Key）が「児童の世紀」という言葉で表した 20 世紀には次第にこういった考え方が払拭され，発達とは一生涯にわたる時間に伴った変化と考える生涯発達の認識が広まってきた．これら時代的な認識の変化を踏まえ，現在では発達とは「受胎から乳児期，幼児期，児童期，そして青年期，老年期を経て死へと至る心身の構造的，機能的変化の全過程」と提示されるようになった．

（2）発達理論

　発達という現象は，生物的要因のもたらす成熟と社会的要因のもたらす学習の相互作用の結果として現れる．成熟とは生物的要因を基盤にして起こる内的な変化によるものであり，外的な刺激や学習とは関係なく生起するものである．例えば赤ん坊の笑顔は，受胎後 52 週前後（概ね生後 3 ヶ月）頃になると現れ，喜び，悲しみなどの基本的感情は生後 6 ヶ月頃には揃うという（遠藤，2017）．その笑顔とは顔の筋肉の動きが自然と笑みの表情を作るようなもの（生理的微笑）ではなく，養育者や大人とのやり取りの中で現れる社会的微笑のことである．この微笑みは成熟によるものではないかと考えられている（鯨岡，2001）．

　また歩行についても，スウォドリング（図 5.1）という赤ん坊をぐるぐる巻きにする子育ての風習があることを踏まえると，成熟に依存するところが大きいのではないかと考えられる．

　スウォドリングはルソーが活躍した時代のヨーロッパにはすでに存在し，現在はボリビアの先住民などに見られる．この風習は現代の日本人にとってはとても違和感のあるものであるが，このように赤ん坊をぐるぐる巻きにして育て

1. 乳幼児の発達特性   73

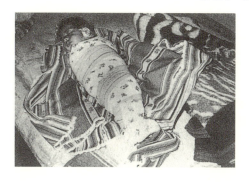

図 5.1
(出典：正高信男『ヒトはなぜ子育てに悩むのか』講談社，1995 年，p. 107)

ていても，1 歳前後になると通常，歩行を始めるようになるという．つまりハイハイなどによる足腰のトレーニングが極端に少なくても，ある時期になればきちんと歩けるようになるというわけである（正高，1995）．

(3) レディネス

　成熟という概念と関連してゲゼル（Gesell, A. L.）のレディネス概念にも触れておきたい．レディネスとは学習するために必要な発達的素地のことである．ゲゼルは発達を考えるにあたり，生物的に同じ条件を持った子どもで実験を行いたいと考え双生児統制法を用いた．これは遺伝的に同じ基盤を持つ一卵性双生児を被験者として発達の違いを調べるものである．その中でも階段登りの実験（図 5.2）はよく知られている．

　この実験では双生児の一方には階段登りの練習をさせ，もう一方の子どもには練習をさせずにおいた．被験児（女児）の 2 人は生後 46 週の時点では階段に登れる兆しは全くなかった．その後 46 週から練習を始めた T 児は，52 週目には 26 秒で 5 段の階段を登りきることができるようになっていた．しかしこの時点で双子の C 児は，階段には登ろうとはするが登りきることができない状態であった．

　53 週になって今度は C 児が階段登りの練習を始めた．この時点で C 児は階段登りの練習をまだ開始していないのに 45 秒で階段を登りきることができる

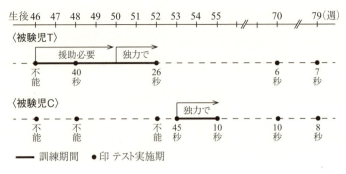

図 5.2 双生児統制法による階段のぼりの実験
（Gessell & Thompson, 1941 に基づき作成）

ようになっていた．さらにその後2週間の練習を経て，C児はわずか10秒で階段を登れるようになったのである．これらの実験の結果からゲゼルは，学習するにはそれに適した時期があり，レディネスが整った状態になってから始めないと教育にはあまり効果がないと考えたわけである．

このゲゼルのレディネス観は後に非常に静的なものであると批判された．ブルーナー（Bruner, J. S.）は，成熟する時期まで学習を待たなくてはいけないという考え方は環境による成熟の促進を全く考慮していないとし，「発達のどの段階のどの子どもにも効果的に教えることができる」（ブルーナー，1963）とした．一方でこの考え方が，早い時期からでも教育することができるという早期教育の考え方を裏から支えることとなった側面もある．

（4）乳幼児の発達過程

次に人の発達に見られるいくつかの特性について触れながら，乳幼児の発達過程について記していく．

（5）発達原理

発達にはどのような原理があるか，それを順にあげていきたい．

1）発達の順序性

乳児期の発達には一定の順序がある（図5.3）．

1. 乳幼児の発達特性　75

図 5.3　各種動作の発達順序（Shirley, 1931）

この発達の順序に従って子どもは自らの動きを獲得していくが，発達には個人差があることも十分考慮する必要がある．これらがどの時期に現れるかということは一つの目安に過ぎない．

2) 発達の連続性

発達は絶え間ない変化の連続である．しかし，変化が常に見てわかるということではなく停滞しているように見えることもあるのだが，心身ともにわずかずつでも発達していると考えてよい．

3) 発達の個人差

発達はその生物的要因，社会的要因を基盤としながら進展していくが，乳幼児期にはその個人差がとりわけ大きい．そのため4月生まれから3月生まれまでが一緒に生活している幼稚園，保育所の同じクラス内でも，体の大きさや精

76   第5章　乳幼児の理解と発達特性

神面の発達で大きな差が生じている場合が多い．だがこれらの差も生涯発達の
1時点と考えれば，それほど気にする必要はなく，発達が進むにつれて次第に
その差は縮まっていく．特に3歳児未満であれば，4月から3月という年度に
こだわることなく，発達の進み具合によって柔軟にクラス編成をしても良いだ
ろう．

(6) 発達段階

ピアジェ（Piajet, J.）は乳幼児から児童期にかけて起こる認知の発達的変化
を発達段階で示した．発達段階とは，発達的に起こる大きな変化をいくつかの
年齢区分とそのステージに分けて示したものである．表5.1は，ピアジェの発
達段階を4段階に示したものである．

ピアジェの発達段階を見ると，乳児から幼児期にかけて表象（イメージ）が
発生することや，またその表象を用いて遊ぶ見立て遊びをする3歳児の様子が

表5.1　ピアジェの発達段階

感覚－運動期 （0～2歳）	感覚と運動とのあいだの関係の発見に忙殺される．物を把握するために自分の手はどのように働くか，テーブルの端にある皿を押すとどんなことが起こるか，などについて知るようになる． この期は次の六つの下位段階に区分されている： 　　段階1〈反射の行使〉　　　　段階2〈一次循環図式の形成〉 　　段階3〈二次循環図式の形成〉　段階4〈二次循環図式の協応〉 　　段階5〈三次循環図式の形成〉　段階6〈図式の内面化〉
前操作期 （2～6歳）	表象が発生し，象徴的な行動が発達してくる．〈意味するもの〉と〈意味されるもの〉の関係が生まれ，言語が思考に介入し始める．概念化が進み，推理も生じるが，なお知覚に支配されていて直感的である
具体的操作期 （6～11歳）	具体的に理解できるものは，論理的操作を使って思考する．たとえば，高さや重さで物を系列化することはできる．また，以前のように知覚に惑わされることも少なくなる．しかし具体的な対象を離れると論理的に思考することができない
形式的操作期 （11歳～成人）	命題に対して論理的操作を加える．結果が現実と矛盾してもかまわない．典型的なものとしては，科学における仮説検証のための演繹的手続きがある

（出典：村田孝次『教育の心理学』培風館，1987年，p. 25）

目に浮かぶ.

この発達段階を見ると，ある時期になると子どもは自然とこれらのことができるようになると感じるかもしれない．しかし実際には，子ども達は周囲の働きかけや社会的資源（リソース）を活用しながらこれらのことを達成している．乳幼児は 1 人きりで自分の能力を高めているわけではないのである．

(7) 社会・文化的発達

ヴィゴツキー（Vygotsky, L.S.）は，子どもが 1 人でできること（現時点での発達水準）と，1 人ではできないが大人や周囲の助けを借りればできること（潜在的な発達可能水準）との間の部分を「発達の最近接領域」（Zone of proximal development）とよび，この範囲が指し示すところが最も教育にとって重要な部分であると指摘した．また子どもが発達していくのに対し，大人が子どもの手がかりとなるような仕掛け（足場）を用意していることを足場がけ（scaffolding）という概念で示した．このように乳幼児はもとより，人は周囲の手がかりを参考にしながら少しずつ自分の能力を拡張していると考えた．このような社会との関わりの中で，言語という心理的な道具を媒介としながら人は発達していくというヴィゴツキーのような考え方を「社会・文化的発達理論」という．乳幼児の保育・教育や発達を考える際，この社会・文化的発達理論にうなずかされる側面は大きい．

ヴィゴツキーの影響を受けたアメリカの発達心理学者ロゴフ（Rogoff, B.）は，学校教育が普及していない地域で子どもの発達について調査をしながら，興味深いエピソードを紹介している（ロゴフ，2006）．アフリカにあるコンゴ民主共和国のエフェの子どもたちは，生後 11 か月ほどで鉈を使うことを報告している．またニューギニアのフォレの赤ちゃんは，歩けるようになる頃までにはナイフと火を扱えるようになると紹介している．これらは日本で生活する我々にとっては驚くべきことであるが，日頃より大人が鉈やナイフを使っている様子を見ているコンゴやニューギニアの子どもたちは，それを遊びの中に取り入れ，次第に生活の道具として活用できるようになっていくのだ．またそれを見ている大人も，危ないからとすぐに禁止するのではなく，子どもを見守りながらそれらの道具を使わせているというところが，日本とは大きく異なること

ある．逆に日本の子どもたちは，小さな頃からパソコンやスマートフォンに触れており，遊びの中でもそれらの道具を自分たちで作ったりしている．ある幼稚園でレストランごっこをしている5歳児を見ていた時のこと，注文をとる際にメニューと共に小型の機械（ハンディターミナル）を持ってお客さんの所へ行き，飲み物はドリンクバーからセルフで取ってくるというやりとりをしていた．レストランごっこでのこのようなやりとりは，筆者が子どもの頃（1970年代）には見られなかったものである．

このように，大人の生活をよく見ている子どもたちは，大人のやることに刺激を受けながらそれらを注視し，日々の遊びの中に魅力的な大人の姿を取り入れている（観察学習）．そして，そういった遊び自体が子どもたちの学びにつながっている．そのように考えると，園生活の中でどのような大人の姿を見せるのが良いのか，子どもを取り巻く社会としてどういった環境を子どもの周りに用意したら良いのか，きちんと意識しておかなくてはならないと気づかされる．ロゴフは，子どもたちがこのようにして「さまざまなかたちで文化コミュニティの実践や価値観に参加し導かれながら学ぶこと」を「導かれた参加」（guided participation）と呼ぶ．子どもは大人の意図に関わらず，大人の世界や周囲の社会に導かれて学びを積み重ねていく．保育者がこのことを自覚しておくことは，子どもの最も身近な大人である自分たちはどう振舞うえば良いのか，非常に有益な示唆を与えてくれるだろう．

2. 乳幼児理解の重要性

家庭での子育てにしろ，幼稚園や保育所で集団を対象に行う施設保育にしろ，保育を行う際には保育をする側の「ねがい」というものがある．各家庭では，「健康に育ってほしい」，「優しい子になってもらいたい」というような素朴な育ちへの「ねがい」から，「プロスポーツ選手になって欲しい」，「有名な大学に入ってもらいたい」などというより具体的な「ねがい」を持っているかもしれない．しかし園で働く保育者としては，複数のそして様々な発達の段階にいる乳幼児を担当しているので，ひとつの具体的な価値観に縛られた「ねがい」を持つわけにはいかない．全ての子どもに共通するような，将来大人になった時の根幹に関わるような「ねがい」を乳幼児期に育んでもらいたいと考えること

だろう.

(1) 目的ある行為としての保育

そういったねがいの土台となる部分は，幼稚園教育要領や保育所保育指針に示されている．最も基本となるのは乳幼児期というのが「生涯にわたる人格形成の基礎を培う重要なもの」（幼稚園教育要領：総則）であるということであり，そのためには保育者と乳幼児との間で安定した関係を築いていく必要があるということだ．そしてすでに述べた通り，乳幼児期には発達の個人差というものが大きく表れるので，それぞれの発達に応じた指導，援助を行っていかなくてはならない．

幼稚園教育要領の総則「幼稚園教育の基本」には，「幼児一人一人の特性に応じ，発達の課題に即した指導を行うようにすること」と記されている．また保育所保育指針の第1章総則「保育所保育に関する基本原則」に示された保育の方法においても，「一人一人の子どもの状況や家庭及び地域社会での生活の実態を把握するとともに，子どもが安心感と信頼感を持って活動できるよう子どもの主体としての思いや願いを受け止めること」（傍点引用者）とある．

このように乳幼児それぞれの育ちを大切にし，一人ひとり発達の特性や家庭の背景が違うことを踏まえた上で保育することは欠くことのできない大前提である．一方で保育の中にねがいがあるということは，保育がしっかりとした目的のある行為であるということを示している．これらの要点を十分理解しておくことは，大変重要でかつ難しいことでもある．

2017年，3法令が告示され，幼稚園，幼保連携型認定こども園だけでなく，保育所も「幼児教育を行う施設」として定められた．それに伴い，「育みたい資質・能力」（3つの柱）と「幼児期の終わりまでに育ってほしい姿」（10の姿）が，幼児教育を行うすべての施設に共通して掲げられたことになる．これらについて理解した上で幼児教育・保育のイメージを持ち，各園，「教育課程」（カリキュラム）や「全体的な計画」を考えていくことが望ましい．

(2) 反省的実践家としての保育者

小学校以上の学校のように，教育課程の中に具体的な目標が示されていると，教育の目的は常に意識せざるを得ない．しかし，0歳児などを対象とする乳児保育や，好きな遊びを中心とした保育・幼児教育の中で，常に保育・教育の目的を意識しておくことは案外難しいことかもしれない．保育者は日々子どもたちと関わっていくという生活の中で，目の前の子どもに関わる行為（保育）が日常と化してしまい，それが目的的行為というよりも日常のルーティン化された行為になってしまってはいないだろうか．保育者は目の前の問題に対処しながらも，常に保育・幼児教育の目的という所に立ち戻る必要がある．

ショーン（Donald, A. Schon）は教師のことを「反省的実践家」と呼んだ．これは専門職としての教師を，他の技術的合理性を追求するような専門職と分けて示した言葉である．教師という仕事は，目の前で起こる不確実で予想し難い問題に日々対処していかなくてはならない．もちろん教師は最大限，できる限りの予測をしているはずだが，それでも何が起こるか分からないという部分が多くある．保育者が乳幼児を対象として行う保育・教育実践においてはなおさらである．そういった予想をつけにくい問題に対し，保育者は「実践知」で対応している部分も数多くあるだろう．じっくりと対応について考える時間もないままにその場での対処を迫られるので，これまで経験してきた実践の蓄積から，最も良いと思われる対応をとっさに判断して行うしかないわけである．だがこれをただ毎日繰り返していくだけならば，単に行き当たりばったりの保育を積み重ねただけにすぎない．とっさの場合の対応も含め，自らの日々の実践について振り返り反省することを常に忘れず，自己の専門的な力量を高めていくのが保育者や教師といった「人を相手にする仕事」をする者の役割である．

先ほどより保育には「ねがい」，目的が存在するということを述べてきた．その目的を達成するためには，現時点において目の前の子どもがどの程度その目的まで近づいているのかを把握しなくてはならない．相手のことを理解せずに目的だけ掲げても，それは現実離れしたものになってしまう．保育を担当する者としての自分が，目の前の子どもたちと関われる期間を考慮に入れ，その中で乳幼児が到達できるであろう目標をしっかりと見据えることが必要になってくる．現時点における子どもの様子を把握することで，目的的行為としての保

育をどのように進めていけばよいかが見えてくるはずだ.

(3) 乳幼児の内面の理解

　ではどのように乳幼児の理解を進めていけばよいのか，いくつかに項目を分けて考えてみたい.

　乳幼児を理解しようとする際に，その子が自らの言葉で表せない内面の変化を捉えることは重要である. 幼児期の後半であれば自分の気持ちを言葉に表すことも可能となってくるが，乳児期であればまだまだ言葉にすることは難しい.

　乳児の場合，まずは言葉になる前の言葉，泣きやクーイング（喃語になる前の喉を鳴らすような音），そして表情やしぐさに注目してみるのが良いだろう. 泣きは乳児に備わった自己表出の方法である. 乳児が快の表現を泣きで示すことはまずないだろうが，不快を表すことはできる. 乳児期初期の泣きは特定の誰かに向けてのものではなく，自らの不快な状態を外に示すものとされる. ところが養育者は，それがあたかも自分に向けられたサインのように感じ，あれやこれやと世話をする. お腹が空いているのだろうか，それともオムツが濡れているのではないか. そうやって不快のサインに養育者が関わっていくことで，次第に乳児は不快を取り除いてくれる存在としての養育者を認識するようになっていくのである. 園の保育者であれば，複数の乳児をいっぺんに担当することになっているだろうが，そういった時にあたかも自分に向けられたサインであるかのように乳児と関わっていくことが，その子との関係性を徐々に深めていくことになる.

　3歳以降になっても，言葉ではない所に子どものサインを見つける視点を持っておくことは重要である. 保育者が子どもに何らかの関わりを持とうとする際，その場面だけを見たのでは適切な援助や指導は行えない. その日までの子どもたちの様子をしっかりと観察し，それを記録としてまとめながら子どもたち一人ひとりの理解を深めていくことでより適切な援助ができるようになる. ただ，そういった積み重ねをしたからといって，必ずしも間違いのない援助だけを行えるようになるわけではないのが保育の難しいところなのだが，だからこそ，先ほど述べたように保育者や教師には反省や振り返り（リフレクション）というものが欠かせない. 反省的実践家であるという職業特性を認識しておか

なければならないのである.

(4) 乳幼児の社会・文化・歴史的背景の理解

　きょうだいや保護者のこと，家庭環境や地域の様子などは実際に保育者になってから見えてくるものである．やはりそういった部分も幼児を理解する上では重要な要素となる.

　年長の男の子 Y 児は，保育所ではとてもやんちゃな子だが母親が迎えに来るとひどくおとなしくなる子であった．園では年下の子や保育者に対していつも威張り散らしている．Y 児の母親はとても教育熱心で，バイオリンや外国語をはじめいくつもの習い事を Y 児にさせていた．そして習い事の教室で出された課題にしっかりと取り組ませようとして，母親は家庭で厳しく Y 児に当たっていたそうである．そのため，Y 児は母親には全く逆らえない状態であった．もしかすると，そういった家庭でのフラストレーションを保育所でぶつけていたのかもしれない.

　乳幼児が保育施設で見せる一面は，普段の生活を背景にしたものである．乱暴な様子にしても，極度な引っ込み思案にしても，そこには何らかの要因が考えられる．それは生物的な要因かもしれないし，社会的な要因かもしれない．いずれにしろ，保育者は様々な可能性を考えつつ，子どもたちの気になる行動の背景を検討しなくてはならない．みんなの中にうまく入っていけないのはその子の持つ性格的な特性なのか，それともきっかけがうまくつかめないだけなのか．本当は遊びに入りたいのだろうか，それとも最初から入りたくないのだろうか．いろいろな場合を想定しながら，子どもたちに対する適切な援助を選択していくのが保育者の仕事である.

　ただし気をつけなければならないのは，全てを子どもや家庭の要因と解釈して，保育者としての役割をあきらめてしまうことである．「この子はこういう性格だからしょうがない」，「お母さんが変わってくれないのだから仕方ない」と考え，保育者が何も手を尽くさないようであれば，それは保育者としての職務を放棄しているようなものだ．様々な個性を持った子どもたちが集まっている保育施設では，子どもたちの個性を尊重しつつ，自分には何ができるのかを常に考えるのが子どもの育ちを支える援助者としての保育者の役割だ．子ども

たちの内面や家庭的な背景に目を配ることはとても重要である．だが，その先の手段を講じないのであればせっかくの幼児理解も意味がなくなってしまう．自分たち保育者にできることは何なのか，しっかりと考えていくことが必要不可欠である．

(5) 変わりうる存在としての乳幼児

　乳幼児期は一生涯の中で最も劇的な発達をとげる時期である．その育ちの過程に寄り添える保育者は幸せ者と言ってよいだろう．この激動の時期を子ども達と共に生活しているのが保育者なのだが，毎日の子ども達への関わりの中でついその変化を感じにくくなることがある．一緒に暮らしている親よりも，久々に会った祖父母の方が孫の育ちをより強く感じるのと同様に，毎日子ども達と生活している保育者もその育ちを感じる部分が鈍感になってしまいがちである．

　忘れてほしくないことだが，日々着実に子ども達は発達している．それは発達に遅れのある子どもでも同様である．ところがその発達を実感できないままに，毎日毎日同じ関わりを子どもたちにしてしまっていないだろうか．保育という仕事は日々の生活の場を作ることであるために，ついルーティン・ワークになってしまう．子どもの情緒を安定させるために毎日同じペースで生活していくことは重要だが，一方で子どもの発達の時期に適した投げかけをしたり，子どもの興味を引き出す環境を用意することも求められる．昼食の時間など何かを食べる時，乳児の頃は保育者が手伝いながら食べさせることが多い．ところが1歳前後になると，子ども自身が手やスプーンを使って自ら食事をしたがるようになる．こういった子どもが何かをしようとする気持ち（自発性）が現れてきている時は，発達の絶好の機会である．保育者はそのタイミングを見逃がさず，子ども自身に行動させる場面を適時作っていくことが重要だ．そのためにも，おおむねいつ頃にどういうことができるようになるのかという発達の流れを知っておくことも必要となってくる．その理解により，発達の遅れについても「子育ての専門家」として早期に対応することが可能となる．

（6）共感的な理解

　ここまで述べてきたように，保育者にとって乳幼児の理解は欠かすことのできないものである．乳幼児の理解をしっかりと行うためには，子どもたちの育ちを心理的，社会的，そして歴史的側面から冷静に捉えようとする態度が必要だ．しかしその一方で，子ども達を共感的に理解しようとするまなざしも保育者にはぜひ持っていて欲しい．これは子育ての専門家として客観的に評価（アセスメント）しようとする科学的理解の視点と，保護者と共に子育てをしていくパートナーとしての共感的理解の視点，その両方を持っていなくてはならないということでもある．保育の中ではカウンセリング・マインドの重要性が謳われるが，それは子どもに対してはもちろんのこと，保護者に対して，そして同僚に対しても求められ態度である．自分たちよりもずっと幼い乳幼児，若い母親，そしてまだこれから学ぶ点の多い実習生など，自分とは異なる能力や視点を持つ人たちに対して，その異質さを包み込むような共感的理解ができるかどうかがこれからの保育者に求められる能力だろう．

参考文献

- 遠藤利彦『赤ちゃんの発達とアタッチメント』ひとなる書房，2017 年．
- 鯨岡峻「乳児期におけるコミュニケーションの発達」秦野悦子（編）『ことばの発達入門』大修館書店，2001 年．
- 厚生労働省『保育所保育指針解説』フレーベル館，2018 年．
- ドナルド・ショーン『専門家の知恵』ゆみる出版，2001 年．
- フィル・A・シルバ，ワレン・R・スタントン『ダニーディン　子どもの健康と発達に関する長期追跡研究』明石書店，2010 年．
- 高橋恵子・波多野誼余夫『生涯発達の心理学』岩波書店，1990 年．
- 正高信男『ヒトはなぜ子育てに悩むのか』講談社，1995 年．
- 村田孝治『教養の心理学』培風館，1987 年．
- 文部科学省『幼稚園教育要領解説』フレーベル館，2018 年．
- バーバラ・ロゴフ『文化的営みとしての発達』新曜社，2006 年．

第6章

保育の目的・目標とねらい及び内容

　本章では，保育者は「何のために」保育をするかについて，法制と実際の両面から示す．幼稚園教育要領，保育所保育指針，幼保連携型認定こども園教育・保育要領に示された目的・目標とねらい及び内容は，わが国における就学前の教育・保育施設のカリキュラムの大綱的基準の根幹にあって，全体的な計画を立てる際に法制上，念頭に置くべきものである．1でそれを概観する．

　ただし実際の保育においては，さらに具体的，日常的に「何のために」保育を展開するのかが保育者にとって重要である．現場で保育の目的・目標をどのように捉えたらよいか，また何が課題となっているかについて2で論述する．

1.　法制上の保育の目的・目標とねらい及び内容

（1）保育の目的・目標

1）幼稚園教育の目的・目標

　わが国において教育全体の目的は，教育基本法第1条で「教育は，人格の完成を目指し，平和で民主的な国家および社会の形成者として必要な資質を備えた心身ともに健康な国民の育成を期して行わなければならない」と規定され，第2条で5項目の目標が示されている．また幼児期の教育については，同法第11条で「生涯にわたる人格形成の基礎を培う重要なもの」とされている．

　各学校の教育の目的・目標は，学校教育法に規定されている．同法第1条に規定される学校は，幼稚園，小学校，中学校，義務教育学校，高等学校，中等教育学校，特別支援学校，大学及び高等専門学校である．このうち幼稚園につ

86 第6章 保育の目的・目標とねらい及び内容

いては第22条で「幼稚園は，義務教育及びその後の教育の基礎を培うものとして，幼児を保育し，幼児の健やかな成長のために適当な環境を与えて，その心身の発達を助長することを目的とする」とされ，第23条ではこの目的を実現するための目標として次の5項目が示されている．

> 一　健康，安全で幸福な生活のために必要な基本的な習慣を養い，身体諸機能の調和的発達を図ること．
> 二　集団生活を通じて，喜んでこれに参加する態度を養うとともに家族や身近な人への信頼感を深め，自主，自律及び協同の精神並びに規範意識の芽生えを養うこと．
> 三　身近な社会生活，生命及び自然に対する興味を養い，それらに対する正しい理解と態度及び思考力の芽生えを養うこと．
> 四　日常の会話や，絵本，童話等に親しむことを通じて，言葉の使い方を正しく導くとともに，相手の話を理解しようとする態度を養うこと．
> 五　音楽，身体による表現，造形等に親しむことを通じて，豊かな感性と表現力の芽生えを養うこと．

　これらは，2007（平成19）年の同法改正により，後述の保育5領域にほぼ対応するものとなっている．また同法第25条を受けた同法施行規則第38条の規定「幼稚園の教育課程その他の保育内容については…文部科学大臣が別に公示する幼稚園教育要領によるものとする」により告示された同要領の前文において，教育基本法第2条の目標が改めて示されている．

2) 保育所保育の目的・目標

　児童福祉法第1条では，「全て児童は，児童の権利に関する条約の精神にのっとり，適切に養育されること，その生活を保障されること，愛され，保護されること，その心身の健やかな成長及び発達並びにその自立が図られることその他の福祉を等しく保障される権利を有する」とされている．また，第2条で「全て国民は，児童が良好な環境において生まれ，かつ，社会のあらゆる分野において，児童の年齢及び発達の程度に応じて，その意見が尊重され，その最善の利益が優先して考慮され，心身ともに健やかに育成されるよう努めなければならない」とされている．

　同法第7条に示される児童福祉施設は，助産施設，乳児院，母子生活支援施設，保育所，幼保連携型認定こども園，児童厚生施設，児童養護施設，障害児

1. 法制上の保育の目的・目標とねらい及び内容　　87

入所施設，児童発達支援センター，児童心理治療施設，児童自立支援施設及び児童家庭支援センターである．このうち保育所については，同法第39条で「保育所は，保育を必要とする乳児・幼児を日々保護者の下から通わせて保育を行うことを目的とする施設（利用定員が二十人以上であるものに限り，幼保連携型認定こども園を除く．）」とされている．

保育所の保育の役割と目標については，児童福祉施設の設備及び運営に関する基準第35条「保育所における保育は，養護及び教育を一体的に行うことをその特性とし，その内容については，厚生労働大臣が定める指針に従う」の規定を受けて告示される保育所保育指針の冒頭に示されている．保育所は児童福祉施設の一つとして「入所する子どもの最善の利益を考慮し，その福祉を積極的に増進することに最もふさわしい生活の場でなくてはならない」とされ，その目的を達成するために，「保育に関する専門性を有する職員が，家庭との緊密な連携を図りながら，入所する子どもの状況や発達過程を踏まえ，保育所における環境を通して，養護及び教育を一体的に行う」とともに，「家庭や地域の様々な社会資源との連携を図りながら，入所する子どもの保護者に対する支援及び地域の子育て家庭に対する支援等を行う」ものとされている．そして「保育所は，子どもが生涯にわたる人間形成にとって極めて重要な時期に，その生活時間の大半を過ごす場である．このため，保育所の保育は，子どもが現在を最も良く生き，望ましい未来をつくり出す力の基礎を培うために，次の目標を目指して行わなければならない」として，6項目が示されている．

（ア）　十分に養護の行き届いた環境の下に，くつろいだ雰囲気の中で子どもの様々な欲求を満たし，生命の保持及び情緒の安定を図ること．

（イ）　健康，安全など生活に必要な基本的な習慣や態度を養い，心身の健康の基礎を培うこと．

（ウ）　人との関わりの中で，人に対する愛情と信頼感，そして人権を大切にする心を育てるとともに，自主，自立及び協調の態度を養い，道徳性の芽生えを培うこと．

（エ）　生命，自然及び社会の事象についての興味や関心を育て，それらに対する豊かな心情や思考力の芽生えを培うこと．

（オ）　生活の中で，言葉への興味や関心を育て，話したり，聞いたり，相手の話を理解しようとするなど，言葉の豊かさを養うこと．

> （カ） 様々な体験を通して，豊かな感性や表現力を育み，創造性の芽生えを培うこと.

　（ア）は養護に関する目標であり，（イ）以下は教育に関する目標である．後者は保育5領域に対応し，幼稚園教育のそれと比較的近似した内容である.

3) 幼保連携型認定こども園における教育・保育の目的・目標

　児童福祉法第1条に規定される幼保連携型認定こども園は，就学前の子どもに関する教育，保育等の総合的な提供の推進に関する法律第2条第7項において，「義務教育及びその後の教育の基礎を培うものとしての満三歳以上の子どもに対する教育並びに保育を必要とする子どもに対する保育を一体的に行い，これらの子どもの健やかな成長が図られるよう適当な環境を与えて，その心身の発達を助長するとともに，保護者に対する子育ての支援を行うこと」を目的とする施設とされている．そして同法第9条で「子どもに対する学校としての教育及び児童福祉施設…としての保育並びに保護者に対する子育て支援事業の相互の有機的な連携を図りつつ，次に掲げる目標を達成するよう当該教育及び当該保育を行うものとする」とされ，6項目が示されている.

> 一〜五　　（略）
> 六　快適な生活環境の実現及び子どもと保育教諭その他の職員との信頼関係の構築を通じて，心身の健康の確保及び増進を図ること.

　一から五までの教育に関する目標は幼稚園教育のそれと同一であり，六は幼保連携型認定こども園独自の目標である.

　同法第10条第1項では「幼保連携型認定こども園の教育課程その他の教育及び保育の内容に関する事項は…主務大臣が定める」とされ，幼保連携型認定こども園教育・保育要領が内閣府・文部科学省・厚生労働省の大臣名により共同で告示されている．同要領ではこれらの目標について，「発達や学びの連続性及び生活の連続性の観点から，小学校始期に達するまでの時期を通じ，その達成に向けて努力すべき目当てとなるものであることから，満3歳未満の園児の保育にも当てはまることに留意するもの」とされている.

(2) 幼児教育で育みたい「資質・能力」と「幼児期に終わりまでに育ってほしい姿」

このような目的・目標に加え，新たに標記の目的・目標（いわゆる「3つの柱」と「10の姿」）が示されている．その背景と内容を概観する．

1) 「3つの柱」＝資質・能力の明示が求められた背景

わが国の学校教育政策において隣接校種間の接続に向けた施策は1995（平成7）年から開始されている．1999（平成11）年に中等教育学校が，2006（平成18）年に幼小接続の前提となる幼保一体化への第三の道として認定こども園が，2016（平成28）年には義務教育学校が制度化された．今回の一連の教育課程の改訂は，学校間の接続を学校体系上の整備だけでなく教育内容レベルで具体化しようとするものとして位置づけられる．

中央教育審議会教育課程部会の下に今回初めて設置された教育課程企画特別部会が2016（平成28）年に示した資質・能力の「3つの柱」は，全学校段階を通貫すべきカリキュラム・デザインのための概念として示されている．その内容は，「知識・技能（何を知っているか，何ができるか）」「思考力・判断力・表現力等（知っていること・できることをどう使うか）」「学びに向かう力・人間性等（どのように社会・世界と関わり，よりよい人生を送るか）」であった．

2) 幼児教育で育みたい「資質・能力」

この「3つの柱」が就学前教育・保育施設のカリキュラム・デザインにも導入される．文部省の中央教育審議会教育課程部会幼児教育部会，厚生労働省の社会保障審議会児童部会保育専門部会，内閣府の幼保連携型認定こども園教育・保育要領に関する検討会のいずれもが「3つの柱」を採用し，就学前の乳幼児の発達や教育・保育の特性を勘案しながら，幼稚園教育要領，保育所保育指針，幼保連携型認定こども園教育・保育要領の総則等に，それを同一の記述で反映させることになった．

それぞれの「資質・能力」の最終的な記載は次のようになっている．

- 豊かな体験を通じて，感じたり，気付いたり，分かったり，できるようになったりする「個別の知識・技能」
- 気付いたことや，できるようになったことなどを使いながら，考えたり，試したり，工夫したり，表現したりする「思考力・判断力・表現力等の

90 第6章 保育の目的・目標とねらい及び内容

基礎」

- 心情，意欲，態度が育つ中で，よりよい生活を営もうとする「学びに向かう力，人間性等」

3) 「幼児期に終わりまでに育ってほしい姿」

「3つの柱」の内容が抽象的であるのをより具体的にイメージし「指導を行う際に考慮」できるように，また就学時に期待される具体的な姿として小学校教師とも共有できるように，2010（平成22）年の幼児期の教育と小学校教育の円滑な接続の在り方に関する調査研究協力者会の報告に含まれていた「幼児期の終わりまでに育ってほしい具体的な姿（参考例）」の12項目をリバイズして示されたのが，「幼児期に終わりまでに育ってほしい姿」である．

それは，（ア）健康な心と体，（イ）自立心，（ウ）協同性，（エ）道徳性・規範意識の芽生え，（オ）社会生活との関わり，（カ）思考力の芽生え，（キ）自然との関わり・生命尊重，（ク）数量・図形，文字等への関心・感覚，（ケ）言葉による伝え合い，（コ）豊かな感性と表現の10項目からなる．これらは一般に「10の姿」と呼ばれるようになり，保育5領域とともに幼稚園幼児指導要録，保育所児童保育要録，幼保連携型認定こども園教育・保育要録の最終年度の部分にも記載されている．いずれも就学時点に想定される広義の保育の目的・目標として示されたのであるが，各項目の内容はどれについても，幼児の育まれつつある「姿」として記述されていることに留意する必要がある．

(3) 保育のねらい及び内容

以下，幼稚園教育要領，保育所児童保育要領，幼保連携型認定こども園教育・保育要領における保育のねらい及び内容の概要を示す．いずれについても，内容以下の記述は巻末資料を，また趣旨はそれぞれの解説書[1]を参照してほしい．

1) 幼稚園教育のねらい及び内容

a. ねらい及び内容の意義

幼稚園教育要領第2章において，保育5領域のそれぞれについてねらい，内容，内容の取扱いが示されている．ねらいは「幼稚園教育において育みたい資質・能力を幼児の生活する姿から捉えたもの」，内容は「ねらいを達成するために指導する事項」であり，5領域は幼児の発達の諸側面である「心身の健康に

関する領域『健康』，人との関わりに関する領域『人間関係』，身近な環境との関わりに関する領域『環境』，言葉の獲得に関する領域『言葉』及び感性と表現に関する領域『表現』としてまとめ，示したもの」とされている．そして各領域の内容の後に，「幼児の発達を踏まえた指導を行うに当たって留意すべき事項」として「内容の取扱い」が示されている．この記載の仕方は学習指導要領の各教科等における目標以下と近似するものとなった．

しかし各領域は就学後の諸教科とは異なり，幼児の発達の諸側面を便宜上区分したものであるから，総合的に捉えられなければならない．領域ごとのねらいは「幼稚園における生活の全体を通じ，幼児が様々な体験を積み重ねる中で相互に関連をもちながら次第に達成に向かうものであること」，そして内容は「幼児が環境に関わって展開する具体的な活動を通して総合的に指導されるものであること」に留意すべきものとされている．

また「幼児期の終わりまでに育ってほしい姿」については，「ねらい及び内容に基づく活動全体を通して資質・能力が育まれている幼児の幼稚園修了時の具体的な姿であることを踏まえ，指導を行う際に考慮するもの」とされている．

b. 5 領域のねらい及び内容

【健康】は「健康な心と体を育て，自ら健康で安全な生活をつくり出す力を養う」領域であり，ねらいには「明るく伸び伸びと行動し，充実感を味わう」「自分の体を十分に動かし，進んで運動しようとする」「健康，安全な生活に必要な習慣や態度を身に付け，見通しをもって行動する」の3つがあげられている．内容として10項目，内容の取扱いについては6項目があげられている．

【人間関係】は「他の人々と親しみ，支え合って生活するために，自立心を育て，人と関わる力を養う」領域であり，ねらいには「幼稚園生活を楽しみ，自分の力で行動することの充実感を味わう」「身近な人と親しみ，関わりを深め，工夫したり，協力したりして一緒に活動する楽しさを味わい，愛情や信頼感をもつ」「社会生活における望ましい習慣や態度を身に付ける」の3つがあげられている．内容として13項目，内容の取扱いについては6項目があげられている．

【環境】領域は「周囲の様々な環境に好奇心や探究心をもって関わり，それらを生活に取り入れていこうとする力を養う」領域であり，ねらいには「身近

92　第6章　保育の目的・目標とねらい及び内容

な環境に親しみ，自然と触れ合う中で様々な事象に興味や関心をもつ」「身近な環境に自分から関わり，発見を楽しんだり，考えたりし，それを生活に取り入れようとする」「身近な事象を見たり，考えたり，扱ったりする中で，物の性質や数量，文字などに対する感覚を豊かにする」の3つがあげられている．内容として12項目，内容の取扱いについては5項目があげられている．

　【言葉】は「経験したことや考えたことなどを自分なりの言葉で表現し，相手の話す言葉を聞こうとする意欲や態度を育て，言葉に対する感覚や言葉で表現する力を養う」領域であり，ねらいには「自分の気持ちを言葉で表現する楽しさを味わう」「人の言葉や話などをよく聞き，自分の経験したことや考えたことを話し，伝え合う喜びを味わう」「日常生活に必要な言葉が分かるようになるとともに，絵本や物語などに親しみ，言葉に対する感覚を豊かにし，先生や友達と心を通わせる」の3つがあげられている．内容として10項目，内容の取扱いについては5項目があげられている．

　【表現】は「感じたことや考えたことを自分なりに表現することを通して，豊かな感性や表現する力を養い，創造性を豊かにする」領域であり，ねらいには，「いろいろなものの美しさなどに対する豊かな感性をもつ」「感じたことや考えたことを自分なりに表現して楽しむ」「生活の中でイメージを豊かにし，様々な表現を楽しむ」の3つがあげられている．内容として8項目，内容の取扱いについては3項目があげられている．

2)　保育所保育のねらい及び内容

a. ねらい及び内容の意義

　保育所保育指針第1章において，保育所の生活全般にわたって行われる養護について，その理念，ねらい及び内容が示されている．

　また同指針第2章においては，保育のねらい及び内容が示されている．ここでねらいは「保育の目標をより具体化したものであり，子どもが保育所において，安定した生活を送り，充実した活動ができるように，保育を通じて育みたい資質・能力を，子どもの生活する姿から捉えたもの」，内容は「『ねらい』を達成するために，子どもの生活やその状況に応じて保育士等が適切に行う事項と，保育士等が援助して子どもが環境に関わって経験する事項を示したもの」とされている．乳児・1歳以上3歳未満児・3歳児以上の3期に区分し，各期

1. 法制上の保育の目的・目標とねらい及び内容　　93

の発達的特徴を含む基本的事項，保育のねらい及び内容，保育の実施に関わる配慮事項が，乳児期は後述の3つの視点から，1歳以上3歳未満児・3歳児以上の時期は5領域ごとにそれぞれ示されている．

　各領域の意義については，幼稚園教育要領と同様に記されている．また「幼児期の終わりまでに育ってほしい姿」についても，「ねらい及び内容に基づく活動全体を通して資質・能力が育まれている子どもの小学校就学時の具体的な姿であり，保育士等が指導を行う際に考慮するもの」とされている．

b. 養護と教育

　ただし保育所保育指針においては，養護の視点と教育の視点の双方が必要とされていることが幼稚園教育要領と異なる．ここで保育における「養護」とは「子どもの生命の保持及び情緒の安定を図るために保育士等が行う援助や関わり」であり，「教育」とは「子どもが健やかに成長し，その活動がより豊かに展開されるための発達の援助」とされている．そして「保育所における保育は，養護及び教育を一体的に行うことをその特性とするもの」であり，また「保育所における保育全体を通じて，養護に関するねらい及び内容を踏まえた保育が展開されなければならない」とされている．

　養護に関わるねらい及び内容は，「生命の保持」「情緒の安定」の双方で示されている．

　【生命の保持】のねらいには，「一人一人の子どもが，快適に生活できるようにする」「一人一人の子どもが，健康で安全に過ごせるようにする」「一人一人の子どもの生理的欲求が，十分に満たされるようにする」「一人一人の子どもの健康増進が，積極的に図られるようにする」の4つがあげられている．またその内容として4項目があげられている．

　【情緒の安定】のねらいには，「一人一人の子どもが，安定感をもって過ごせるようにする」「一人一人の子どもが，自分の気持ちを安心して表すことができるようにする」「一人一人の子どもが，周囲から主体として受け止められ，主体として育ち，自分を肯定する気持ちが育まれていくようにする」「一人一人の子どもがくつろいで共に過ごし，心身の疲れが癒されるようにする」の4つがあげられている．またその内容として4項目があげられている．

94　第6章　保育の目的・目標とねらい及び内容

c. 乳児保育に関わるねらい及び内容

　乳児期の発達の特徴を踏まえ，身体的発達に関する視点「健やかに伸び伸びと育つ」，社会的発達に関する視点「身近な人と気持ちが通じあう」及び精神的発達に関する視点「身近なものと関わり感性が育つ」からそれぞれのねらい及び内容，内容の取扱いがまとめられ，示されている．またその保育の内容は，「養護における『生命の保持』及び『情緒の安定』に関わる保育の内容と，一体となって展開されるものであることに留意が必要」とされている．

　【健やかに伸び伸びと育つ】は「健康な心と体を育て，自ら健康で安全な生活をつくり出す力の基盤を培う」視点であり，そのねらいには，「身体感覚が育ち，快適な環境に心地よさを感じる」「伸び伸びと体を動かし，はう，歩くなどの運動をしようとする」「食事，睡眠等の生活のリズムの感覚が芽生える」の3つがあげられている．内容として4項目，内容の取扱いについては2項目が示されている．

　【身近な人と気持ちが通じ合う】は「受容的・応答的な関わりの下で，何かを伝えようとする意欲や身近な大人との信頼関係を育て，人と関わる力の基盤を培う」視点であり，そのねらいには，「安心できる関係の下で，身近な人と共に過ごす喜びを感じる」「体の動きや表情，発声等により，保育士等と気持ちを通わせようとする」「身近な人と親しみ，関わりを深め，愛情や信頼感が芽生える」の3つがあげられている．内容として5項目，内容の取扱いについては2項目が示されている．

　【身近なものと関わり感性が育つ】は「身近な環境に興味や好奇心をもって関わり，感じたことや考えたことを表現する力の基盤を培う」視点であり，そのねらいには，「身の回りのものに親しみ，様々なものに興味や関心をもつ」「見る，触れる，探索するなど，身近な環境に自分から関わろうとする」「身体の諸感覚による認識が豊かになり，表情や手足，体の動き等で表現する」の3つがあげられている．内容として5項目，内容の取扱いについては2項目が示されている．

d. 1歳以上3歳未満児の保育に関わるねらい及び内容

　この部分は，今回の改訂により5領域のそれぞれにわたり示されることになった．ここにおいても，既述のように「養護における『生命の保持』及び『情

1. 法制上の保育の目的・目標とねらい及び内容　95

緒の安定』に関わる保育の内容と，一体となって展開されるものであることに留意が必要」とされている．

【健康】は「健康な心と体を育て，自ら健康で安全な生活をつくり出す力を養う」領域とされ，そのねらいには，「明るく伸び伸びと生活し，自分から体を動かすことを楽しむ」「自分の体を十分に動かし，様々な動きをしようとする」「健康，安全な生活に必要な習慣に気付き，自分でしてみようとする気持ちが育つ」の3つがあげられている．内容として7項目，内容の取扱いについては4項目が示されている．

【人間関係】は「他の人々と親しみ，支え合って生活するために，自立心を育て，人と関わる力を養う」領域とされ，そのねらいには，「保育所での生活を楽しみ，身近な人と関わる心地よさを感じる」「周囲の子ども等への興味や関心が高まり，関わりをもとうとする」「保育所の生活の仕方に慣れ，きまりの大切さに気付く」の3つがあげられている．内容として6項目，内容の取扱いについては3項目が示されている．

【環境】は「周囲の様々な環境に好奇心や探究心をもって関わり，それらを生活に取り入れていこうとする力を養う」領域とされ，そのねらいには，「身近な環境に親しみ，触れ合う中で，様々なものに興味や関心をもつ」「様々なものに関わる中で，発見を楽しんだり，考えたりしようとする」「見る，聞く，触るなどの経験を通して，感覚の働きを豊かにする」の3つがあげられている．内容として6項目，内容の取扱いについては3項目が示されている．

【言葉】は「経験したことや考えたことなどを自分なりの言葉で表現し，相手の話す言葉を聞こうとする意欲や態度を育て，言葉に対する感覚や言葉で表現する力を養う」領域とされ，そのねらいには，「言葉遊びや言葉で表現する楽しさを感じる」「人の言葉や話などを聞き，自分でも思ったことを伝えようとする」「絵本や物語等に親しむとともに，言葉のやり取りを通じて身近な人と気持ちを通わせる」の3つがあげられている．内容として7項目，内容の取扱いについては3項目が示されている．

【表現】は「感じたことや考えたことを自分なりに表現することを通して，豊かな感性や表現する力を養い，創造性を豊かにする」領域とされ，そのねらいには，「身体の諸感覚の経験を豊かにし，様々な感覚を味わう」「感じたこと

や考えたことなどを自分なりに表現しようとする」「生活や遊びの様々な体験を通して，イメージや感性が豊かになる」の3つがあげられている．内容として6項目，内容の取扱いについては4項目が示されている．

e. 3歳以上児の保育に関わるねらい及び内容

この部分は，幼稚園教育要領第2章の内容にほぼ準じたものとなっている．ここにおいても，再び「養護における『生命の保持』及び『情緒の安定』に関わる保育の内容と，一体となって展開されるものであることに留意が必要」とされている．

3) 幼保連携型認定こども園における教育・保育のねらい及び内容

幼保連携型認定こども園教育・保育要領においては，養護に関わるねらい及び内容は特に記されていない．教育・保育のねらい及び内容は，第2章に示されている．乳児期の園児と満1歳以上満3歳未満の園児の保育のねらい及び内容については保育所保育指針の記載と，また満3歳以上の園児の教育・保育のそれについては幼稚園教育要領の記載とほぼ同一のものとなっている．

2. 実際面からみた保育の目的・目標とねらい及び内容

(1) 保育の目的・目標とねらい及び内容の意義と問題

1. でみてきたように，法制上示された保育の目的・目標とねらい及び内容は，幼稚園，保育所，幼保連携型認定こども園において子どもたちに期待される育ちの姿の，包括的な見取図とでもいうべきものとなっている．それは，園生活全体を通して，子どもたち一人ひとりに寄り添いながら「生命の保持」「情緒の安定」を図るべき養護や，彼らの育ちのさまざまな側面を視野に収めて取組まれるべき就学前における教育の方向性を示している．

「心身ともに」「知・情・意」といった言い習わされたことばに含意される調和的発達のアイデアは，近代以降，公教育の目的・目標の根幹にあり続けてきた．現在もなお，各地の自治体，学校や園の目的・目標は「かしこい子ども」「やさしい子ども」「がんばる子ども」等の複数の標語を列記する形をとっている．子どもの育ちは一面的であってはならず，多面性やバランスに留意した教育・保育が望ましいという調和的発達のアイデアは，こうしたさまざまな標語とともに現場でもすでに共有されているといえる．特に要領・指針においては，

保育がめざすべき子どもの姿が，一般的な育ちの過程をふまえながら包括的に示されている．それは，日々の生活のなかで周囲にあるモノや自然や人々とかかわり合う体験を十分に与え，彼らに潜在するさまざまな可能性をできる限り伸ばしてあげたいという保育者の思いを代弁し得るものであるといってよい．

ただし文書で抽象的に示された保育の目的・目標と，日常的に出会う子ども一人ひとりの姿やそれをめぐって保育者によって語られる具体的なことばとの間には距離がある．それらはもっともなこととして受けとめられながら，迂遠なものになりがちなのである．保育者にとって本来，保育の目的・目標はどのような意味をもつのか，保育の実際に即してあらためて見直す必要がある．

(2) 一斉指導場面における保育者の目的と授業モデル

そもそも保育者は，日常的に子どもたちを前にして，どのように方向性をもちながら環境構成や援助を行なっているのか．つまり保育者の内面において，最も具体的な目的であるはずのベクトルの先端は，個々の実践場面ごとにどのように産出されているであろうか．

図 6.1 藤岡氏の授業モデル（1989）

ここでは就学後の授業モデルを手がかりにそれを検討してみよう．かつて藤岡（1989）は，教師の信念構造として「教育内容」「教材」「教授行為」「学習者」の4つのレベルを示してそれを説明した．「教育内容」は「何を教えるか」であり，「教材」は「どういう素材を使うか」であり，「教授行為」は「子どもにどのように働きかけるか」であり，「学習者」は「それによって子どもの状態はどうなるか」のレベルである[2]（図 6.1）．

授業者はその内面で，いずれかのレベルに焦点をあてながら授業を進めている．見えない概念や法則等の「教育内容」を，やはり見えない「学習者」の内側に向けて伝達したり，そのための学習活動を賦活したりすることが授業者の役割である．授業者はその役割を，見える現象やモノとしての「教材」や，指示，発問，板書等の「教授行為」を工夫して，「学習者」に向けて果たそうとする．授業のなかで授業者はこれら4つのレベルの間を行き来しながら，刻々とみずからの方向性を見出している．授業後，各場面で生起した情報を集めてこ

98　第6章　保育の目的・目標とねらい及び内容

れらのレベルを用いて検討してみる．すると，場面ごとに授業者の目的＝「何のために」，何をしたのかが一定程度，構造的に説明できるのである．

このモデルは，保育に対しても示唆を含む．比較的年齢の進んだ幼児に対する読み聞かせの場面を想起しよう．保育者は，登場する人や動物に共感してもらいたい，絵本のストーリーを伝えたい，そしてできれば他者に対する優しさの大切さを知らせたい等の，「教育内容」に該当する思いとしての「内容」をもつであろう．そして，子どもたちを前に「教材」に該当する絵本を手に，まなざし，しぐさ，つぶやき等を手掛かりに子どもたち一人ひとりの思いを受けとめながらページをめくったり，必要に応じてイラストを指差したりするであろう．また，文章を抑揚やメリハリをつけて読み上げるだけでなく，暮らしのなかの経験を思い出させるために保育者なりの言葉がけをしたり，場面に応じて表情や声調を変えたり，特に意識的にではなくても，さまざまな「行為」にうったえるはずである．保育者の内面において場面ごとの目的は，絵本に込められた保育者自身の思いを反映させた「内容」と，「子ども」一人ひとりの様相の理解との間で，揺らぎながら推移していくといえるのである．

このモデルは，一斉指導場面で有効である．「環境構成」は一連の指導を支える装置としての遊具や道具やその配置を含んだモノとしての「教材」のレベルに，保育者の問いかけや指示，示唆，促し等の言葉がけ，はたらきかけ等のさまざまな「援助」は「教授行為」のレベルに対応する．子どもたちに何か明確なことがらを伝えたい場面や，彼らを一斉に動かさなければならない場面をめぐって，一応の見通しを立てたり検討を加えたりするために意味をもち得ると考えられる．

（3）　自由な遊びを支える保育場面における保育者の目的

しかし，実際の保育場面は多様である．保育のコアとなる子どもの自由な遊びを援助する場面の，保育者の役割は情報の伝達や集団の誘導にとどまらない．このモデルはリバイズを要する．次の事例をもとに考えよう．

1）　電車ごっこの事例

「3歳児クラスで，大型積木のいくつかを縦に並べ，A男とB男が電車ごっこをしている．A男は積木の一つを前方に載せ『運転手…』と言う．電車の

運転台に見立てて遊び始めたようである．それを見た B 男がそれなら自分も
と運転台に登り，A 男と少しもみ合いとなる．

　この場面で保育者は，まず A 男・B 男ともに『順番か，一緒に運転手をし
てほしい』と考えた．そしてそのために B 男には『自分が運転手になりたい
ことを言葉にしてほしい』，A 男には『運転手になりたい B 男の気持ちに気
づいてほしい』『今の自分の気持ちを我慢してほしい』という願いをもった．

　電車ごっこを一緒に行う場合に備えて保育者はもう一つの積木を持って
ゆっくり近寄り，B 男に『B ちゃんはどうしたいのかな』と聴き出す．B 男
は小さな声で『運転したい』とつぶやく．それを受けて保育者は A 男に穏や
かに『運転手になりたいんだって』と伝える．しかし A 男は譲らない．そこ
で保育者は A 男に『困ったなあ，じゃあどうしたらいいんだろうね』と尋
ねた．」

　このあたりの年齢の子どもたちの取り合いの場面で，保育者の多くが意図す
るのは子どもに互いの気持ちをわかってもらうこと，つなぐこと，そしてどの
ようにしたら直面する問題を解決できるかできる限りで気づかせ，できたら褒
めることであろう．その際，当該の子どもの月齢や性格，言語能力や相手との
関係性，保育の経緯等についての既存情報をもとにおよそのスタンスが定まり，
さらにその時その場の子どもの状況やそれまでの行為の文脈，周囲の雰囲気等
を読みとりながら，見守ったり介入したりするのが一般的であると考えられる．

　この場面で保育者は，みずからの思いや願いを反映した「教育内容」と「学
習者」との狭間にあるかにみえる．積木という「教材」を新たに持ち出し対処
している．また取り合いを通して期待される学びに向けた言葉がけ等の「行為」
もみられる．先述のモデルを適用して差し支えないかのようである．

　しかし，一斉指導場面のようにはしっくりとこない．それはなぜだろうか．

2）望ましい「姿」としての「保育内容」と保育モデル

　一斉指導場面ではまず「教育内容」があり，「学習者」はそれを伝達すべき対
象となる．健康や安全を確保したり，人権の意味を可能な範囲で感じとったり
するために，子どもたちに確実かつ効率的に必要な情報を伝達しなくてはなら
ない局面は，保育の中にもある．学習が必要な局面で「教育内容」以下の 4 つ

のレベルをめぐる実践上の工夫は，就学前後ともに必要である．

しかし，自由な遊びを支える保育場面では，当該場面の外部から「教育内容」が与えられているというよりは，子どもの方から望ましい「姿」としての「保育内容」が浮かび上がり，保育者の目的がその都度生まれるといった方があたっている．このことについて述べよう．

電車ごっこの事例でいうならば，保育者の「順番か，一緒に運転手をしてほしい」というアイデアをめぐって彼女がまず最初に看取しようとするのは，眼前の子どもにそれが「できる」かどうかということである．だから先述の場面で保育者は，まだ幼い B 男には「自分が運転手になりたいことを言葉にしてほしい」，イニシアチブをもち得るとみた A 男には「運転手になりたい B 男の気持ちに気づいてほしい」等のそれぞれの願いをもったのだった．

「順番か，一緒に運転手をしてほしい」のようなルールの意味に気づくことは，領域「人間関係」の「友達と楽しく生活する中できまりの大切さに気付き，守ろうとする」の記述にあるような，3歳以上児に期待される「保育内容」の一つである．ただしこの場面で保育者は，その「内容」を「学習者」に理解させるために直接「教材」を用いているわけではない．保育者は「運転手になりたい」という B 男の思いを受けとめたうえで，B 男自身がその思いを実現できるレベルに最も近接した，「自分が運転手になりたいことを言葉にしてほしい」という，より具体的な「保育内容」を浮かび上がらせている．つまり最終的に「できる」ことの期待される，少し遠い「保育内容」はとりあえず括弧にくくられ，いまここで個々の子どものやりたいことを実現できる望ましい「姿」とは何かが，その時その場で想定されるとともに，その近い未来の「姿」と眼前の実際の姿の理解との間で，保育者の目的が定まってくるのである．

また保育者の「行為」は，この目的に向けた子どもとのやりとりによって規定される．B 男が自分の要求を言葉にするのをためらったのをみて，保育者は「B ちゃんはどうしたいのかな」と尋ねたり，A 男にそれを伝えた方が楽しく遊べそうだという期待感をもたせたり，励ましたりの言葉がけや動作を行なった．表情も変えた．その結果，B 男のつぶやきが生まれたのである．そして A 男がそれを認めたくなさそうなのをみて，次に「じゃあどうしたらいいんだろ

2. 実際面からみた保育の目的・目標とねらい及び内容　*101*

うね」と尋ねたのだった．上述の事例の続きをみよう．

　「そこにそれまでの経緯をみていたＣ男がやってきて，小さな声で『順番こ』
と呼びかける．しかしＡ男は運転台の上から少し振り返ったものの，また前
を向いて『出発進行』などとつぶやきながら運転手を続けている．
　　それをみた保育者は持ってきた大型積木の一つを黙ってＢ男に手渡す．す
るとＢ男はＡ男の向きとは反対方向にその積木を乗せて運転台を設けた．そ
してＣ男と一緒に電車ごっこを始める．Ａ男は次第にそれを気にし始め，つ
いにはそちらの運転台に移動し，交代で運転手になって遊び始めた．」

　ここで大型積木は「教材」ではなく子どもたちの遊具になった．保育者が「順
番か，一緒に運転手をしてほしい」というメインの目的に向けて，電車ごっこ
の展開を期待して提供した結果，意味を与えられたといえよう．

　このように日常，保育者は，子どもたちによって進行しつつある遊びの内部
にまず入り込み，「いまここで個々の子どものやりたいことを実現できる望ま
しい『姿』とは何か」を想定する．そして問いかけや示唆，励まし等の「援助」
や，遊具・道具等の提供など遊びや作業の条件づくりを含むさまざまな「環境」
の構成を行なっている．どのようにはたらきかけ，「環境」を再構成するかを
めぐる次の判断が，時系列的にサブの目的を産出していくのである．

　このことから「保育内容」は，授業等の一斉指導場面で扱われるような，子
どもたちが日常的に織りなす多様な状況や文脈に先立って外部からその習得や
応用が期待される，所与の内容としての「教育内容」とは異なることがわかる．
それは，子どもの日々の生活や経験の内部から生まれる要求を受けとめ，それ
をその時期に求められる育ちや学びに向けて，よりよく実現するための望まし
い「姿」として，近い未来の「〜する」の形で示される行為の系列である．こ
れが縦方向に構成された「4つのレベル」のモデル適用がしっくりこなかった
理由である．自由な遊びや活動を支える保育場面における目的は，まず現在の
「子ども」理解を反映させた近い未来の子どもの「姿」としての「保育内容」か
ら導出され，さらにそれと「援助」「環境」のアイデアとの間で刻々と生成する
ものであるといえよう．先述のモデルは図6.2のように置き換えられる．

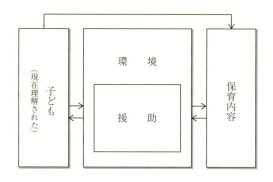

図 6.2 自由な遊びを対象とした保育モデル

3) 実際の保育場面における目的は保育者から

では,最初のベクトルの先端となる「保育内容」はどこから生まれるのか.

それは保育者自身の内側にすでにある.日ごろ保育者は本人の意図を超えて,眼前の子どもの姿をめぐる理解内容と,自分自身が抱く内側の子どもが本来こうあってほしいという望ましい「姿」としての「保育内容」とを,絶えず照らし合せながら保育をしているといってよい.双方が合致していれば,保育者は見守ったり頷いたり,励ましたりする以上のことはしない.しかし,遊びが停滞しそれをより展開させたいと感じた時,あるいは何らかの問題状況が生じた時,つまり現前する子どもの姿と自分の「保育内容」が乖離する局面に立ち至った時,保育者は自らの「保育内容」に向けて,状況を変えようと動く.

遊びの流れの必然性を損なわないように,その子どもができそうなことをやってみようと促したり,手立てを示唆したり提供したりして,はたらきかける.こうして「環境」や「援助」のレベルにもベクトルが向けられていくのである.

(4) 「保育の目的・目標とねらい及び内容」と保育者

このように現場における保育の目的は,保育者の内側にある「保育内容」を母体に行為の系列で示され,展開する.それは家庭でわが子に接する時の親のスタンスのとり方にも近似している.親となってからわが子に対してわが親と同様に振舞っている自分に気づくように,日常的な保育の目的は,何らかの抽

象的な理念から演繹的に導出されたものというよりは，それまで形成されてきた保育者自身の人格からあらわれ，生成していくものといえる．

それでは，1.でみたような法制上フォーマルに示された「目的・目標とねらい及び内容」の記述は，現場の保育者にとってどのような意味をもつのか．最後にそれを意味づけ，活用していくための課題について略述する．

1) 子どもの育ちの包括的な見取図として

「保育内容」を入園時から就学時までの子どもの発達過程と園生活の内容に即して想定し，より抽象的・包括的なものから具体的・限定的なものへと構造化すれば，保育の目的，目標，ねらい，内容の一連の系列があらわれてくるだろう．要領・指針はその全体の骨格を提案したものであり，既述のように子どもたちに期待される育ちの姿の包括的な見取図として受けとめることができる．それは，保育者だけでなく家庭や地域の人々と共有されることによって，狭隘な視野，恣意的な意図のもとで保育がなされることを防ぎ，また保育の基本をふまえ，子どもたちの育ちの諸側面を視野に収めた総合的な指導の望ましい在り方を鳥瞰するとともに，一貫した見通しを立てるために有用である．

2) 社会変化に対応する目的を含むものとして

保育の目的は，子どもの要求や発達課題に応えることと，社会変化に応えることの二つの側面から導かれる．後者について，いま障害のある子ども，海外から来る子どもや日本語の習得に困難のある子どもなど，特別な配慮を要する子どもへの対応が切実な課題となっている．また子育ての孤立化，所得格差の拡大，早期のメディア接触等の社会問題を背景に顕在化しつつある子どもの変化への対応が不可避にもなっている．近年の社会変化から来るこれらの要請に対しては，子どもの一般的な育ちから導かれた目的を基軸にしながら，実際の保育においては個別の目標・ねらい等を設定して対応する必要がある．

3) 小学校教育との接続・連携を促す契機として

既述のように「教育内容」と「保育内容」は異なる．抽象的に記号化された「教育内容」を伝達しようとする授業者のアイデアと，具体的な子どもの姿の次の姿に期待する「保育内容」に向けて遊びや活動を援助しようとする保育者のそれとの間には懸隔がある．双方の違いは，就学前後の学校・保育文化の相違を反映して歴史的に形成され，定着してきたものである．新たに示された「10

104 第6章 保育の目的・目標とねらい及び内容

の姿」についても，小学校教師と保育者の解釈にはズレの生じている場合があるだろう．相互の交流や連携，カリキュラムの接続に実質を与えるためには，就学後の生活の多くを占める授業を担う小学校教師に「保育内容」の意味を伝え，このアイデアの教育的な意義を共有していく必要がある．

4) 保育の社会的意義も視野に──みずから語り目的を意味づけること

保育の目的は直接には見えず，現場の保育者自身を通して刻々とあらわれるが，その先には，さらにより包括的な目的が予感される．電車ごっこにおける「順番か，一緒に運転手をしてほしい」という願いの先には「友達と楽しく生活する中できまりの大切さに気付き…」という「内容」があり，さらに「社会生活における望ましい習慣や態度」をめぐる「ねらい」がある．保育は，子どもたちが自発的な活動としての遊びのなかで試行錯誤を重ねながら，そうした望ましい「姿」に徐々に接近し，社会生活へとコミットしていくことを支える取組みである．そしてそれは究極的には，民主主義社会に必須なシチズンシップの基盤形成という課題に，養護と教育の両面から棹さす取組みでもある．

時には，「何のために」保育するのかについて，保育者一人ひとりが自分自身の言葉で臆せず語り，意味づける機会があってよい．子どもたちへの数多くの思いや願いを保育者どうし，保護者，地域の人々が率直に語り合い，共有することを通して，抽象的に示された「目的・目標とねらい及び内容」の一つひとつに，より広く明瞭な意味が与えられていくはずである．

参考文献

1) 文部科学省「幼稚園教育要領解説」2018年，厚生労働省「保育所保育指針解説」2018年，ならびに内閣府・文部科学省・厚生労働省「幼保連携型認定こども園教育・保育要領解説」2018年．（いずれも各府省のHPで閲覧可能である．）

2) 藤岡信勝『授業づくりの発想』日本書籍，1989年．

第7章

保育の計画

1. 保育の計画

(1) 保育の計画とは

　保育は，子どもの日々の生活を，安定した情緒の下で発展させ，望ましい発達の援助をするものである．そのためにも，幼稚園や保育所において，あらかじめ計画を立案し，それに基づいて保育を展開することは，きわめて重要とされている．

　こうした計画が**カリキュラム**（curriculum）であり，幼稚園においては「**教育課程**」，保育所および幼保連携型認定こども園においては「**全体的な計画**」といわれている．

　カリキュラムという英語は，もとはといえば，ラテン語のクレーレ（currere）という動詞から派生したもので，本来は，スタートからゴールに至る陸上競技用の走路ないしは競争を意味するところのものであった．アメリカなどでは，元来そのような意味をおびていたはずのカリキュラムという語が，学校教育の分野でいつしか，学校に入学した子どもたちがそこを卒業するまでにたどることになる計画されたコース（course）を指すものとして転用されるようになり，ついには，わが国でも，その語が教育課程として訳出され，使用されるに至ったのである．

　さて，この語源に即していえば，幼稚園・保育所・幼保連携型認定こども園におけるカリキュラムとは，保育者の援助のもとに，子どもが進んでいく走路とかコース，すなわち，園における活動経験の系列を意味する．言い換えれば，

「教育課程」や「全体的な計画」とは，教育（保育）目標を達成するために，取捨選択された活動内容を，整理して編成した，全体的な教育（保育）計画であるといえる．

(2) カリキュラムの特徴

カリキュラムを典型的な2つの傾向に大別すると，**教科カリキュラム**と**経験カリキュラム**に分けることができる．

教科カリキュラムは，子どもに必要と思われる一定の知識・技術を，園という集団の場を通して，系統的・効率的に伝達していくことを目的としたカリキュラムである．したがって，保育者の主導性のもとに，文字や数，基本的知識などを一定の系統性で整理し，教え込もうとすることなどが多くなる．これに対して，経験カリキュラムは子どもの直接的な経験，具体的な生活から出発したものである．どのようにして子ども自身の興味・関心に基づいて，有意義かつ自発的な経験をさせるかということを目的としたカリキュラムである．

『幼稚園教育要領』『保育所保育指針』『幼保連携型認定こども園教育・保育要領』における5領域とカリキュラム

A：教科カリキュラム
- 知識，技能伝達型
- どちらかというと保育者中心
- どちらかというと画一的な教え込み
- 教えることに取りこぼしは無いが，やり方次第では，教わる側に落ちこぼれができる可能性がある．
- 小学校教育→国語，算数などの教科

B：経験カリキュラム
- 体験，経験重視型
- どちらかというと子ども中心
- どちらかというと自発的（興味，関心）重視
- 自発的に学べる可能性が高いが，やり方次第では，覚えることにむらができる可能性がある．俗にいわれる，学力低下の問題も….
- 小学校教育→生活科，総合学習などの教科

1. 保育の計画   107

図 7.1
5領域を教科カリキュラム的に捉えてみる
↓

図7.1は，幼稚園教育・保育所保育の基本である遊びを，いわゆる小学校教育における教科のように（例：1時間目に国語，2時間目に図工…というように），あえて，縦割りに捉えたものである．
つまり，1時間目に言葉の遊び，2時間目に表現の遊びというように保育を計画すると想定した場合である．

図 7.2
5領域を経験カリキュラム的に捉えてみる

図7.2は，中心統合法的なものであるともいえる．
　多少，具体的に解説するならば，仮に，図の中心部の「遊び」と書かれた部分に「砂遊び」を入れてみると，
人間関係…友達とのかかわり，等々．
　　　　　（砂山でトンネルを掘る際のやりとり，ままごとでのやりとり，等々）．
健康…戸外で体を動かす，等々．
環境…自然，物の性質（砂団子作り，砂場に湖を作る）等々．
言葉…友達との言葉でのやりとり，等々．
表現…自分なりのイメージで創作する，等々．

　そこであえて，幼稚園教育要領，保育所保育指針，幼保連携型認定こども園教育・保育要領における5領域を"教科カリキュラム的""経験カリキュラム的"と捉えてみると，図7.1，図7.2のようになる．
　1989（平成元）年，幼稚園教育要領は四半世紀ぶり改訂・告示され（保育所保育指針は1990年），遊びを中心に環境を通して行う教育であることを前面に打ち出し，領域も改め，6領域から5領域とし，小学校の教科とは異なることを明確に示した．それは，知的学習を中心に据えた保育，知能や技術的能力を早期に開発しようとする保育，能力主義教育観（知的・技術的能力至上主義）に基づいた保育等への反省に基づくものであった．ちなみに，1989（平成元）年に告示された幼稚園教育要領以降，改訂は行われてはいるが，幼稚園教育要領，保育所保育指針，幼保連携型認定こども園教育保育要領は，

108 第7章　保育の計画

現在も経験カリキュラム的スタンスに基づいているといえる.

　しかしながら, 保育におけるカリキュラムのスタンスはその時代背景等によって, 振り子のごとく, 行きつ, 戻りつを繰り返していることも理解しておく必要がある.

(3) 保育の計画の必要性

　平成の時代, 代々続く有名な老舗日本料理店が廃業に陥った. その原因は利益優先で緩慢かつ, ずさんな料理を提供したことによるものであった.

　山田敏はかつて, 保育の目的・内容・方法等を料理に例えたが, 料理と保育は酷似している. 料理店における目的は本来, いかに楽をしてたくさんのお金を得るかよりも, いかに汗をかいてお客さんの満足を得るかにある. 保育も同様である. 保育の計画は料理でいうならば, いわゆるレシピである. 料理人は何の計画も無く, 行き当たりばったりで料理を作っているわけではない. 素材の厳選から始まり, 焼くか煮るか蒸すか, 味付けはどうするか, 調理器具は?

　複数の料理人がいる場合, それぞれの役割分担は?　段取りは?. 保育も同様である. 無責任な料理を提供することによって, 客を死に至らしめることがある. 保育も同様である.

　保育の計画は保育者の意図を子どもに押し付け, 子どもの主体性が損なわれるとの見方も無くはない. しかしながら, 保育者はむしろ, 子どもが主体性を十分発揮できる発展的な計画を作成する責任があるのである. 子どもの主体性を尊重する保育とは, 子どものやりたい放題をすべて認める保育ではない. したがって, 子どもの主体性の尊重と計画性のある保育は, 矛盾するものではない.

　以上, 述べてきたことを踏まえて, 保育の計画の必要性をまとめると以下のようになる.

① 保育者が園の保育目標や保育方法等について共通理解を図り, 子どもの興味や関心に即した保育を展開するため.

② 子どもの発達の実態を捉えどのような経験を促すべきかを検討し, 子どもが主体的に取り組む保育内容を構築するため.

③ 保育者の得意な活動に偏ることなく, 調和のとれた保育内容を選択し,

適切な保育活動を展開するため.

④ 保育の混乱・行き詰まり・不慮の事故を防ぐために，保育者が見通しをもって準備を整え，発展的に保育を進めるため.

⑤ 保育者が，実践した保育を反省したり，評価したり，また他の人から批評してもらう際の資料として活用し，自らの保育の改善を図るため.

計画を立てることは手間のかかることである．だが，愛する子どもの喜びに満ちあふれた姿を予想し，計画を立案し，その結果，効果的に子どもの健全かつ総合的な成長が促されたならば，それは保育者としての喜びであり，やりがいであり，明日への活力となる．したがって，園の責任者は，保育者が心のこもった保育を計画するための余裕（精神的余裕・身体的余裕等）が十分確保される職場環境を提供できるよう配慮する必要がある.

（4）保育の計画が必要な根拠

幼稚園教育要領では，「各幼稚園においては，教育基本法及び学校教育法その他の法令並びにこの幼稚園教育要領の示すところに従い，創意工夫を生かし，幼児の心身の発達と幼稚園及び地域の実態に即応した適切な教育課程を編成するものとする」（第1章　総則　第3　教育課程の役割と編成等　1　教育課程の役割）と明記され，「教育課程」を編成することや，編成する際の基準が示されている.

また，保育所保育指針においても，「保育所は，1の（2）に示した保育の目標を達成するために，各保育所の保育の方針や目標に基づき，子どもの発達過程を踏まえて，保育の内容が組織的・計画的に編成され，保育所の生活全体を通して，総合的に展開されるよう，全体的な計画を作成しなければならない」（第1章　総則　3　保育の計画及び評価　（1）　全体的な計画の作成　ア）と明記され，「全体的な計画」を作成することや，作成する際の基準が示されている.

そして，「教育課程」「全体的な計画」とは，それぞれの園が掲げる子どもの幸福を願う教育（保育）目標を具現化させるための入園から修了までの全期間を通す包括的・大綱的な計画をあらわしたものである．「教育課程」「全体的な計画」は，それぞれの園での教育（保育）活動の基本方針であり，必ずしも毎年更新されていくものとも限らないが，慎重に編成することはもちろん，教育

110　第7章　保育の計画

（保育）実践の中で常に検討を重ねていくことが必要である．また，園における教育（保育）期間全体を見通した計画であるということから，どの時期にどのようなねらいを目指してどのような指導（援助）を行ったらよいのかを全体的にあきらかにするために，子どもの発達や興味・関心を予測した，具体的な「ねらい」と「内容」が組織・配列されることになる．

　なお，一般的に幼稚園教育における教育課程は「curriculum」と英訳され，保育所保育における全体的な計画は「curriculum of care and education」と訳される．つまり保育所保育における全体的な計画においては教育の他，養護におけるコースが示されているものであるということになる．

2.　「教育課程」「全体的な計画」の編成

（1）教育課程の編成

　教育課程編成の手順には一定したものはないが，その一例を以下に示す．

具体的な編成の手順について（参考例）

① 編成に必要な基礎的事項についての理解を図る．
- 関係法令，幼稚園教育要領，幼稚園教育要領解説などの内容について共通理解を図る．
- 自我の発達の基礎が形成される幼児期の発達，幼児期から児童期への発達についての共通理解を図る．
- 幼稚園や地域の実態，幼児の発達の実情などを把握する．
- 社会の要請や保護者の願いなどを把握する．

② 各幼稚園の教育目標に関する共通理解を図る．
- 現在の教育が果たさなければならない課題や期待する幼児像などを明確にして教育目標についての理解を深める．

③ 幼児の発達の過程を見通す．
- 幼稚園生活の全体を通して，幼児がどのような発達をするのか，どの時期にどのような生活が展開されるのかなどの発達の節目を探り，長期的に発達を見通す．
- 幼児の発達の過程に応じて教育目標がどのように達成されていくかについて，およその予測をする．

④ 具体的なねらいと内容を組織する．

2. 「教育課程」「全体的な計画」の編成　*111*

- 幼児の発達の各時期にふさわしい生活が展開されるように適切なねらいと内容を設定する．その際，幼児の生活経験や発達の過程などを考慮して，幼稚園生活全体を通して，幼稚園教育要領の第2章に示す事項が総合的に指導され，達成できるようにする．

⑤　教育課程を実施した結果を反省，評価し，次の編成に生かす．

- 教育課程の改善の方法は，幼稚園の創意工夫によって具体的には異なるであろうが，一般的には次のような手順が考えられる．
  - ア．　評価の資料を収集し，検討すること
  - イ．　整理した問題点を検討し，原因と背景を明らかにすること
  - ウ．　改善案をつくり，実施すること

『幼稚園教育要領解説（平成30年3月）』より

　また，幼稚園及び保育所におけるカリキュラムにおいては，一般的に小学校以上のカリキュラムに比べて行事にかかわる活動が多いようである．行事保育という俗称が存在するように，行事を割り振ることだけでカリキュラムを成立させてしまう園もあるのではなかろうか．行事は平常の生活とは異なる刺激によって新たなる成長を促すために必要なものではあるが，行事（保護者うけをねらった行事・園児募集のための行事・何となく毎年行っている行事）を成功させるための内容に終始することがないように，子どもにとって何が本当に必要な行事であるのか，また必要な行事を行うにあたって，どのようなねらいで，どのような内容を行うのが望ましいのかを十分に検討し，精選する必要がある．

(2)　全体的な計画の編成

　全体的な計画は，施設長や園長の責任のもとに全職員が可能な範囲で参画し，共通理解と協力体制のもとに創意工夫して編成することが大切である．教育課程同様，全体的な計画においても編成の手順には一定したものはないが，その一例を以下に示す．

全体的な計画作成の手順について（参考例）

①　保育所保育の基本について職員間の共通理解を図る．
- 児童福祉法や児童の権利に関する条約等，関係法令を理解する．
- 保育所保育指針，保育所保育指針解説の内容を理解する．

112　　第 7 章　保育の計画

② 乳幼児期の発達及び子ども，家庭，地域の実態，保育所に対する社会の要請，保護者の意向などを把握する.

③ 各保育所の保育理念，目標，方針等について職員間の共通理解を図る.

④ 子どもの発達過程を長期的に見通し，保育所の生活全体を通して，第 2 章に示す事項を踏まえ，それぞれの時期にふさわしい具体的なねらいと内容を，一貫性をもって構成する.

⑤ 保育時間の長短，在所期間の長短，その他子どもの発達や心身の状態及び家庭の状況に配慮して，それぞれにふさわしい生活の中で保育目標が達成されるようにする.

⑥ 全体的な計画に基づく保育の経過や結果について省察，評価し，課題を明確化する. その上で改善に向けた取組の方向性を職員間で共有し，次の作成に生かす.

『保育所保育指針解説（平成 30 年 3 月）』より

　保育所及び幼保連携型認定こども園は，児童福祉法に基づく，児童福祉施設であることから，「全体的な計画」を作成するにあたっては，教育的視点に加え福祉や養護の視点をふまえて作成することが必要である.

3.　指導計画

（1）指導計画とは

　幼稚園には「教育課程」が，そして保育所及び幼保連携型認定こども園には「全体的な計画」がある. しかし，現実の問題としては，幼稚園・保育所・幼保連携型認定こども園も，それだけでは，日々の保育実践を有効に展開することはできない. それを可能にするために，幼稚園や保育所・幼保連携型認定こども園は，教育課程や全体的な計画に沿って，さらに具体的なねらいや内容，環境の構成，活動の予想，保育者の援助などといった指導の順序や方法を明らかにしていかなければならない. そのためには，教育課程・全体的な計画を基にして，子どもの発達や生活の実態に照らし合わせながら，さらにより具体的で実践的な指導計画を作成する必要がある.

　ここで，これまで学んだことを踏まえてまとめると次のようになる.

3. 指導計画　　*113*

教育目標・保育目標（方針）

↓具体化

教育課程・全体的な計画…基本的・大綱的な計画

↓具体化

指導計画…具体的・実践的計画

さらに指導計画には，

・長期指導計画…年間指導計画（1年間）→期間指導計画または期案（3〜4ヶ
　　　　　　　月程度・あるいは学期）→月間指導計画または月案（1ヶ月）

　↓具体化

・短期指導計画…週案（1週間）→日案（1日）

と具体化される．こうした指導計画は，単独で作成されるとは限らない．週の
計画は日の計画や月の計画と重なってくる．また，月の計画は期の計画や年間
の計画とも重なってくる．こうした重なりをそのまま生かした計画の作成の仕
方もあり，年間指導計画を期案や月案と組み合わせたものもある．

(2) 指導計画の作成

　指導計画の中で，最も直接的に保育実践にかかわる計画が一日の指導計画で
ある．そこで，一日の指導計画（日案）の作成にあたって必要とされることに
ついて考えてみる．

　指導計画作成上必要な要素としては，

[①] 子どもの姿　[②] ねらい・内容　[③] 環境構成　[④] 予想される活動
[⑤] 援助　の5つの要素が考えられる．

　第一に子どもの姿を捉えることが必要である．つまり，事実（ありのままの
姿）『昨日までの遊びや生活がどのような様子であったか．どこにいて，どのよ
うな表情で，だれと何をしていたか．』を観察・把握・理解する必要がある．な
お，「子どもの姿」の表記については「前日までの子どもの姿」「発達の姿」「前
週の子どもの姿」と示す場合や，その時期の子どもの事例を示す場合もある．

　第二に，具体的な「ねらい」「内容」の設定である．子どもに対して「育てた

114 第7章 保育の計画

いもの」は何かを示すのが「ねらい」である．そのために「経験させたい」と思うものが「内容」である．

「ねらい」「内容」は，教育課程・全体的な計画及び前日までの子どもの姿をふまえて設定される仮説（保育者の予測や願い）といえる．つまり，今，興味のある遊びは何で，今日の遊びはさらに続いていくであろう，あの遊びは続いて発展してほしいなど，明日の子どもの姿をイメージして書く．この仮説を立案するにあたっては，教育課程・全体的な計画の確認はもとより，保育者の自己研鑽（教材研究・研究保育への参加・日々の保育における省察の積み重ね）や園内協力（チームワーク・わからないことは相談し合える体制…職員会議・週案打ち合わせなど）が必要となる．

「ねらい」と「内容」について混同されやすいが，「内容」とは「ねらい」を達成するために子どもに経験させたいものであることから，＜経験させたい＞という言葉を補って矛盾がなければよいと考えると解りやすいようである．

　例えば，　　「ねらい」…◎園に親しみ，安定する＜ようになる＞

　　　　　　　「内容」…〇好きな遊びをみつける＜経験をさせたい＞

　　　　　　　　　　　　〇保育者との出会いを楽しむ＜経験をさせたい＞

（富山大学教育学部付属幼稚園編『子どもが主役の園生活―プラン＆アイディア資料集―』GAKKEN，1997）となる．

第三に「環境の構成」である．環境の構成は先に計画した「ねらい」や「内容」の実現を目指したものとなる．ただし，保育における活動は，子どもが主体的に活動しようとすることが中心となることが原則であることを忘れてはならない．したがって，子どもの関心が何に向いているのかを再確認し，それを満足させる環境を構成することが大切である．また，何を・どこに・どのように準備・設定するかなどの物的環境，実際に保育をする保育者自身などの人的環境の他，その時期やその瞬間においてかもしだす雰囲気なども環境となる．なお，環境の構成における安全面への配慮は十分に行われなければならない．

第四に「予想される活動」である．予想される活動とは，保育者が構成した環境の中で，子どもたちがどのように遊びを展開するかを予測することである．幅広く活動を予測することが必要であるが，しかし，状況によっては予測と異なる活動が展開されることもありうる．保育者は，予想された活動というシナ

リオ通りに活動を強制するのではなく，柔軟な対応も必要である．また，子どもの遊びや活動は総合的なものであるから，実際の保育は領域の枠を超えて総合的に行われなければならない．

第五は「援助」である．援助とは，予想される活動において，保育者が子どもに対してどのように援助（手助け・見守り・励まし・留意…）するかを具体的に計画することである．その際，どのような方法で活動のきっかけを作るのか，どのように活動を進めていくのか，どうやって次につなげていくのかという保育の流れを意識する必要がある．援助の項目の表記については「援助のポイント」「保育者の援助」「援助」など園によってさまざまである．

4. 教育課程・全体的な計画と指導計画の評価

指導計画の評価は，指導計画の立て方やその実践の結果に対して行われるが，注意すべきは，計画通り保育が進められたかどうかが一番大切なことではないことである．大切なことは，指導計画の前提である，子どもの発達及び姿の理解，ねらい・内容の設定，環境の構成，予想される活動などが子どもにとって無理がなかったかどうかと問いただすことである．また，実践に対しては，保育者の援助が適切であったかどうかを，具体的に振り返りながら省察することである．そして，教育課程及び全体的な計画は，指導計画の基となる基本的・大綱的指針であることから，教育課程及び全体的な計画と指導計画の関係は常にフィードバックして検討される必要がある．また，子どもの実態，地域の状況を背景として組み立てられたものであることから，そうしたものが変化すれば，当然，教育課程及び全体的な計画も検討され改善されなければならない．

教育課程・全体的な計画・指導計画は，子どもの実態把握を把握した上での計画→実践→評価→改善→子どもの実態を把握した上での計画…といったサイクルを通して見直されてはじめて，役立つものである．長年の保育経験を経ても，保育（及び保育者）の質が向上されない原因の一つにこのサイクルのどこかが不十分である可能性が高い．

116　第 7 章　保育の計画

5.　教育課程・指導計画の実際

（1）教育課程の実際（富山市 A 園）

5歳児	期	VI		VII		
	月	4	5	6	7	8
子どもの姿		・年長児になった喜びをもち、いろいろなことに挑戦する。 ・年少児の世話をすることに喜びを感じている。 ・新しい保育室などの環境に慣れ、遊びの場が園全体に広がる。		・友だちの遊びを見て学んだり、困っている友達に教えたりする。 ・大きな素材に取り組み、力を合わせて作り上げていこうとする。 ・身の回りでおきるできごとに興味をもって知ろうとする。		
ねらい		・年長児になった喜びや自覚をもち、園生活を楽しむ。		・友だちとのつながりを深め、遊びを広げていく。		
内容		・広がった環境に進んでかかわり、自分達の生活を作っていく。 ・年長児になった自覚をもち、年少児を誘って一緒に遊ぶ。 ・身近な動植物に触れたり、愛情をもって世話したりする。		・自分の考えを出したり、友達の考えを受け入れたりして遊ぶ。 ・運動遊びや伝承遊びなどを通し友達とかかわる。 ・身の回りの自然や社会の事象に関心をもち、よく見たり考えたり、知っていることを話しあったりする。		
環境や援助への配慮点		・年少児に親しみがもてるような話をしたり一緒に遊んだことを聞いたりして、年長児になった喜びがふくらむようにする。 ・園での生活に必要なことについて考えさせ、自分からすすんでやろうという意欲がもてるようにする。 ・遊びの時間を十分にとり、ゆとりをもって生活できるようにする。 ・子どもと一緒に動植物の世話をしながら、生命の存在と尊さを知るようにする。		・遊びを見つけ出し、じっくり取り組めるように、天候や子どもが持ち込んでくる物を考えて環境を準備する。 ・友達とのつながりが深まるように材料、用具の種類、大きさ、数や出し方などを工夫する。 ・伝承遊びやルールのある運動的な遊びを取り入れ、集団で遊ぶ楽しさが味わえるようにする。 ・汗の始末や衣服の調節、適切な休息の取り方に気を配る。 ・困っている友達に親身になって声をかけたり、教えたりしている姿を認め、広げていく。 ・いろいろな事象に対する興味、関心をとらえ、共感したり伝え合ったりする場を持つようにする。		

5. 教育課程・指導計画の実際　117

	VIII			IX		
9	10	11	12	1	2	3
・遊びをおもしろくしようと思い、意見を出し合ったり、互いのよさを認め合ったりしてすすめていく。 ・感じたこと、考えたことを友達と一緒に表現することを喜ぶ。 ・グループの仲間意識が強くなり、競い合う遊びを好む。 ・トラブルを自分たちなりに解決しようとする。				・友だちのおもしろい遊びに共感し、力を合わせて発展させ、何日も遊びを続ける。 ・一年生になるという期待と喜びをもち、積極的に遊びや仕事に取り組み、やり遂げる。 ・知っている文字や数、図形を友達同士遊びの中に取り入れて使おうとする。		
・友達と力を出し合い、試したり、工夫したりして遊びを深めていく。				・グループやクラスの友達と共通の目的をもち、力を出し合って遊びを進めていく。		
・意見を出し合い、工夫して遊ぶ。 ・感じたこと、考えたことを友達と一緒にいろいろな方法で表現する。 ・運動的な遊びやチームが協力しながら競う遊びを楽しむ。 ・秋の自然を取り入れて遊ぶ。				・友達の面白い遊びに共感し、力を合わせて遊びを発展させ、遊びこむ。 ・積極的に遊びや仕事に取り組み、やり遂げる。 ・知っている文字や数を取り入れて遊ぶ。		
・遊びを深め、充実感が味わえるように、子ども同士で話し合う場や共感し合う場を大切にする。 ・やってみたい、できるようになりたいという個々の気持ちを大切にする。 ・必要に応じて、欲しいものが子どもたちで取り出せるように、遊びの様子をみながら環境を準備していく。 ・子どもたちなりの表現を認め、ふくらませる雰囲気をつくる。 ・ルールのある運動的な遊びを取り入れ、集団で遊ぶ楽しさが味わえるようにする。 ・自然の美しさや変化に感動し、試したり、工夫したり、遊びの中に生かしたりできるように、自然とふれ合う機会を多くもつ。				・自分たちの力で遊びをつくる楽しさ、充実感が味わえるように、子どもたちに任せていく。また、必要に応じて相談にのる。 ・お正月に経験した遊びやルールのある遊びを積極的に取り入れるようにする。 ・一年生への期待と意欲をもって生活できるように、一人一人の実態をしっかりと把握する。また、自分の生活を振り返る機会を持てるようにする。 ・修了に向けての準備は、余裕をもって取り組めるように時間や日数の配分に配慮する。		

（細井房明他編『保育の理論と実践』学術図書出版社より）

118　第7章　保育の計画

(2) 指導計画の実際（札幌市立らいらっく幼稚園：1区1園制により閉園）

「一緒に〜しよう」
気の合う友達との遊びを翌日も続けたいという気持ちをもつ。「友達が来てから一緒にする」など、友達と一緒に行動したい、友達と同じようにしたいという気持ちが芽生える。気の合う友達と誘い合って数名の友達と遊ぶことが楽しくなる時期

4期　年少（2年保育4歳児）9月上旬〜10月下旬の指導計画

幼児の姿
- いろいろな運動遊びに挑戦したり、友達と競争したりする楽しさが分かるようになり、何度も繰り返し挑戦し満足するまで取り組む姿が見られる。
- 友達との遊びの中で個々にイメージをもちながらお互いの言葉や動きを受けてやり取りを楽しむようになる。また、自分の思いを出せるようになると共にトラブルも増えてくる。
- 虫や花、落ち葉や木の実など身近な自然に興味をもち遊びに取り入れるようになる。

かもしだす雰囲気
「2階建ての家にしよう」などといつも自分の考えを出す幼児とそれを受け入れている幼児がいる。自分たちだけで話合うことは難しく、教師が入ることで、友達の意見も取り入れようと相談できるようになる。気温も低くなり、大好きだった水遊びが減少。その分砂場での遊びが多くなる。

ねらい
- ◎ 自分の気持ちや考えを出しながら、友達とかかわって遊ぶことを楽しむ。
- ◎ 戸外で体を動かして遊ぶことを楽しむ。
- ◎ 秋の自然に触れながら、戸外で遊ぶ楽しさを十分味わう。

内容
- ● 好きな遊びを楽しみながら、友達とかかわったり触れ合ったりする。
- ● 自分の気持ちや考えを表しながら友達とかかわる。
- ● 力いっぱい走ったり、音楽に合わせて動いたりする楽しさを感じる。
- ● たくさんの友達と一緒に遊ぶ楽しさを味わう。
- ● 身近な自然に親しみ、虫取りをしたり木の実などを集めたりして遊ぶ。

5. 教育課程・指導計画の実際

(出典：札幌市立らいらっく幼稚園『教育課程及び指導計画』平成19年9月6日発行)

120 第7章 保育の計画

(3) 指導計画の実際（札幌市 A 園）

週日案　　　　　　　　　　2年保育　年少○○組

前週（9月2週〜4週）

前週の ◎ねらい ○内容	9月7日〜9月25日の幼児の姿・反省考察
◎運動会を楽しみにして取り組み、体を動かす楽しさを十分に楽しむ。 ○自分からかけっこやすずわり、バルーンなどに取り組み、友達と一緒に行う楽しさや運動遊びの楽しさを味わう。	・好きな遊びでかけっこを取り入れたところ、**チ男、ソ男、コ子、セ子、ス男、オ男、ツ男、シ子、ト子**が積極的に取り組み、繰り返し楽しむ姿が見られた。**ウ子**は、1度走ったきりで、あとは実習生と一緒にゴールのタンバリンを持つ係を楽しんでいた。しっぽ取りでも消極的だったことから、運動遊びに苦手意識があるようだ。 ・**ア子とイ子**はもともと走ることが好きで、かけっこに取り組み始めた頃は、躊躇することなく走ることを喜んでいた。しかし、名前を呼ばれて返事をしてから走る、というのが嫌だったようで、徐々に参加をためらうようになった。運動会当日は、緊張で普段の伸び伸びと取り組む様子は見られなかったが、教師が一緒に走ると自分なりに精一杯走って取り組む姿が見られていた。
◎好きな友達と一緒にごっこ遊びに取り組む中で、楽しさを共感し満足感を味わう。 ○おうちごっこや戦いごっこを通して、先生や友達とやり取りする楽しさを十分に味わう。	・ホールに作ったおうちでは、**ソ男、チ男、オ男、ツ男、キ男**が中心になって、焼肉ごっこやキャンプごっこをしたり、お兄ちゃんやお父さんなど好きな役になってやり取りする姿が見られた。途中から入りたい幼児が入れない様子が見られたため、男児5人と話し合い、「みんなのおうちであること」「『いれて』と言えば誰でも入れること」を確認した。 ・男児5人の中では、**ソ男・チ男・オ男**が3人で固まって行動しようとする姿が時々見られていた。戦いごっこの際に、**キ男**と**ツ男**を悪者（泥棒）にしようとしていたときに、教師が仲立ちに入り、二人の気持ちを聞くように促したところ、**ソ男**が自分から泥棒になり解決したが、教師の介入がなければ**キ男**と**ツ男**は不満が残ったと思われる。特に**チ男・ソ男**は自分達の思い通りに進めようとしたり、相手の気持ちを聞かずに行動してしまう傾向があるので、今後は、相手の気持ちに気付き考えを合わせていけるようにしていきたい。 ・女児はカラー積み木でプリキュアのおうちを作り、好きなプリキュアになりきって友達同士のやり取りを楽しんでいた。平技台をテレビに見立て、好きな番組を絵に描いて楽しむ様子も見られた（**セ子・ウ子・ケ子**）。しかし、おうちが壊されることが多くその度に作り直していた。今後は大型積み木で作ることを提案したい。
＊その他の姿	・**シ子**の母から、**セ子**との関係が気になっているという相談を受けた。「かけっこの待ち時間に、**シ子**が『背中に砂を入れられた』と言っていたので様子を見て欲しい」ということだった。確かに以前も、**シ子**が**セ子**に「（踊りを）踊っちゃダメ」と言われたりすることがあった。その日は特にトラブルはなかったが、**セ子**は強く思いを通そうとする面があり、一方**シ子**は嫌なことがあっても相手に気持ちを言えない、という実態がある。今後も二人の様子を細かく把握していくようにしたい。

9月5週〜10月2週　　　　　9月28日〜10月16日

◎ねらい　○内容	・予想される姿や遊び　　＊環境構成、教師の援助
◎好きな友達と一緒にごっこ遊びを楽しみ、なりきったり楽しさを共感し満足感を味わう。 ○いろいろなごっこ遊びを通して、先生や友達とやり取りする楽しさを十分に味わう。	・**おうちごっこ**　・**ヒーローごっこ**　・**美容室ごっこ**　・**病院ごっこ** ・**かくれんぼ**　・**鬼ごっこ（氷鬼、助け鬼）** ・いろいろなごっこ遊びに取り組めるよう環境を整え、遊びの中で好きな役になってやりとりできるようにしていく。やりたい役や使いたいものを取り合ってトラブルになったときは、お互いの気持ちを出せるようにし、みんなが気持ちよく遊べるような方法を提案していく。 ＊友達と誘い合って遊び始める姿を認めながら、仲間に入りたそうにしている幼児には教師が他の幼児と一緒に誘いかけ、一人一人が友達と言葉や物をやり取りする楽しさを十分に味わえるようにしていく。 ＊戸外ではナナカマドのジュース作りを楽しんでいるので、お店屋さんにしてお客さんとのやりとりを楽しめるようにしていく。葉っぱやトマトなど、身近な自然物を取り入れられるよう、教師が作って見せるなどしてイメージが膨らむようにしていく。

| ◎秋の自然に触れ、遊びに取り入れることを楽しむ。
○○○○神社に散歩に行き、散策したり自然物を拾ったりして、秋の自然を感じる。
○遠足に期待をもって参加し、梨もぎや散策を楽しむ。
○自然物を使ってごちそう作りや製作遊びをすることを楽しむ。 | ・園外保育（○○神社）　・秋の遠足（梨もぎ）　・壁面製作
・にんじんの収穫　・戸外遊び（自然物・泥・砂を使ったごちそう作り）

＊○○神社への散歩を通し、どんぐりや落ち葉を拾ったり境内を散策したりし、秋の自然を感じられるようにする。拾ってきた自然物は、観察しやすいよう環境を整えたり、絵本を通して興味がもてるようにしていく。
＊遠足を楽しみにできるよう、写真を見せたり探検カードで歩くコースを確認したりしていく。当日は、安全面に十分注意しながら、梨の収穫を楽しめるようにしていく。
＊壁面製作では、○○神社で拾ってきた落ち葉を押し葉にしたり、折り紙でどんぐりを作ったりして、秋の自然をイメージしながら取り組めるようにしていく。
＊ナナカマドを使ってジュースを作ったり、畑の野菜の残り（にんじんの葉っぱ、青いトマトなど）をごちそう作りに使ったりして、イメージが膨らむようにしていく。

手遊び「カレーライス」うた「だれにだってたんじょうび」「むしのこえ」「きのこ」 |

＜その他の配慮事項＞
＊戸外遊びの後や弁当前のうがい・手洗い・消毒は引き続き徹底していく。
＊ほとんどの幼児は身の回りのことができるようになってきたので、10月からシール帳にシールを貼るのは朝、自分で行うようにしていきたい。また、お茶運びなどは自分たちでできるという意識をもたせ、自分から行えるように促していく。

28日（月）	29日（火）	30日（水）	10月1日（木）	2日（金）
おやつ	（ちゅーりっぷ組） カレーパーティー お見月の話	園外保育（○○神社） シール帳回収 月刊絵本持ち帰り	全日実習① おやつ：お月見饅頭	全日実習② 壁面製作 13:35 集会実習 上靴持ち帰り
5日（月）	6日（火）	7日（水）	8日（木）	9日（金）
おやつ	遠足探検カード	（視力再検査）		
12日（月）	13日（火）	14日（水）	15日（木）	16日（金）
（祝）体育の日		秋の遠足（梨もぎ）	避難訓練	遠足の経験画

友達とのかかわりに関するエピソード
*セ子*の母から、「最近、*ウ子*ちゃんに泣かれて困っているみたいなんです。*ウ子*ちゃんが*セ子*のこと大好きなのは、分かると嬉しいんですけど、*セ子*がその場を離れようとしただけで、*ウ子*ちゃんが泣いてしまうので、*セ子*はほかの子と遊びたくても遊べないみたいなんです。」と、話があった。話しているそばから、「もう*ウ子*ちゃんとは遊ばない！」と、*セ子*。「お互いの思いをじっくり聞いて話し合ってみたいと思います」と答え、母がいなくなってから二人に話をした。 *セ子*は自分ではうまく言えないということだったので、担任から「*セ子*ちゃんは*ウ子*ちゃんのこと好きなんだけど、*セ子*ちゃんがほかのところに行こうとすると*ウ子*ちゃんが『わーん』で泣いちゃうから、*セ子*ちゃんはちょっと困ってるみたいなんだ。*セ子*ちゃんは、*ウ子*ちゃんのこと好きだけど、ほかのお友達とも遊んでみたいんだって。二人で遊ぶより3人、3人より4人、4人より5人のほうが楽しいでしょ？先生の言ってることわかる？」と話したところ、*ウ子*が担任の手を真似て「うん、（みんなで遊ぶと）お花みたいになるね」と一言。「そうだね。*ウ子*ちゃん、素敵なこと言ってくれたね」「つくしさんには、9人も女の子がいるんだから、みんなで遊んだらもっと楽しくなるよね」「じゃあ、今度からいろんなお友達と遊ぶことにしようね」と担任がまとめて、その場は終わった。*セ子*も*ウ子*も納得した様子で、その後は大きなトラブルやお母さんからの訴えもなく、過ごしている。 しかしその後、*ウ子*は朝お母さんと離れたがらないことがよく見られている。運動会の総練習に遅れて参加したのもそのためだった。母の話では、「家で『誰も*ウ子*と遊んでくれない』って言ってて、自信をなくしているみたいなんです。もしかしたら、弟が生まれて気持ちが不安定になっているのかも？」ということだった。 下の子が生まれたことは、*ウ子*にとっても大きな出来事だったと思われるので、その影響が出ているとしても不思議はない。幼稚園では今後、友達とつないでいくことで自信をもち、*ウ子*のよいところを見つけて褒めたり認めたりすることで、自己肯定感を高めていくことが大切と考えている。

122　第7章　保育の計画

(4) 指導案の実際（札幌市A園）

○○組　指導案　＜指導者＞○○○○　○○○○

＜日時＞　平成○○年○○月○日（○）8：50～11：50
＜幼児＞　2年保育4歳児　男児11名　女児9名　計20名
　　　　　　（（障がいのある幼児など　男児5名を含む）

前日までの幼児の姿

・職員室の前に**ク男**がおうちを作ったことから、**ソ男、チ男、オ男、キ男、ツ男**が仲間に入った。**ク男**は初め「おうち」のイメージをもっていたが、**ソ男**や**チ男**は「ヤッターマン」のイメージをもっていたため、「基地」ということになったようだ。みんなでドアを作ったときには、**キ男**と**ソ男**はうまく意思の疎通ができていない様子だったが、教師の仲立ちでドアには好きな絵を描くということで、解決した。**キ男**と**ソ男**は、言葉でのやり取りでは、意思の疎通ができにくいため、互いに理解し合うには教師が間に入りうまく伝え合えるようにしていく必要がある。その後、基地ごっこの食べ物作りをきっかけに、レストランごっこに発展し品物をやり取りすることを楽しんでいる。

・**ト子**が鍵盤ハーモニカを弾いていたことから、周りの幼児も刺激を受け、自由に弾いたり「チューリップ」を弾いたりして楽しんでいる。**ト子**が学級で発表をしたことから、**シ子、コ子**も発表への意欲がわいてきている。タイミングを逃さず、発表の場を作り、満足感や自信に気付くようにしていきたい。

・戸外では、泥でココアを作ったりせっけんで泡のクリームを作ったりして、それを教師に食べてもらうことを喜んでいる。**ケ子、キ男、ト子**は大きなケーキを作っているうちに、おうちごっこに発展し、お姉ちゃんなど好きな役になって友達や先生とのやり取りを楽しんでいた。みんなで一つのものを作ることや、一緒に作った喜びを共感することを楽しんでいたようだ。また、畑の野菜をごちそう作りの材料として出したところ、自分で刻んで「トマトごはん」や「トマトジュース」、プリンなどを作って、レストランを開店しお客さんとのやり取りを楽しむ姿が見られた。

・男児も女児もヤッターマンやプリキュアなど、好きな役になって、教師（悪者＝ホネホネマン）との戦いごっこを楽しんでいる。以前は、教師との触れ合いを楽しんでいたが、最近では、友達と力を合わせることや、ホネホネマンが途中からプリキュアに変身するというストーリーを楽しんでいる。

・**コ子、サ子、セ子、ウ子、ケ子**は、カラー積み木でおうちを作り、プリキュアになったり踊りや戦いごっこなどの拠点にしたりして、遊びに取り組んでいる。今週になって、また新たにおうちを作り直し、テレビや「公園」なども自分たちで作っていた。また、いろいろなごっこ遊びを経験できるように美容室ごっこを提案したところ、女児のおうちにつなげてお店ができ、男児も興味をもって遊びに入ってきた。みんなで相談して、「とこやさん」として開店すると、お客さんやお店の人など、好きな役になってやり取りを楽しむ姿が見られた。

本日のねらいと内容

◎好きな遊びの中で、友達とやり取りする楽しさやつながりを感じる心地好さを味わう。
○レストランごっこやとこやさんごっこなどに取組み、好きな役になって友達とやり取りすることを楽しむ。

評価の観点

● 好きな遊びの中で、友達とやり取りする楽しさを感じたり、つながりを感じる心地好さを味わうことができるような教師の援助・環境構成ができていたか。

5. 教育課程・指導計画の実際

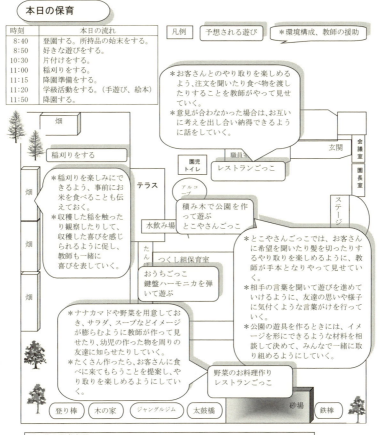

124   第7章　保育の計画

(5) 指導案の実際（札幌市 A 園）

○○組障がいのある幼児などの指導案　＜指導者＞　○○○○

＜日　時＞　平成○○年○月○日（○）　　　　　＜幼　児＞　2年保育4歳児　男児※名　計※名

前日までの幼児の姿

○A男～年長児の泥遊びに入ってスコップで泥を跳ねさせて周りが反応するのを楽しんだり、戸外でA教諭と畑を掘ってジャガイモを探したりすることを楽しむ。また、ホールではよさこいを踊って楽しむ姿も見られる。着替えやお弁当の片付けなどは担当を呼び、手伝ってもらおうとする姿が見られる。

○B男～ホールにある基地に担当が誘ったことで、「これはB男の家」と言って意識している姿が見られる。その後、基地をレストランに作り変えて「いらっしゃい」と声を掛けながら客を呼ぶことを楽しむ姿が見られた。

○C男～担当とホールに基地を作った。他児が仲間に入り、同じ場を共有して遊ぶ姿が見られたが、イメージを共有することは難しい。その後、基地をレストランに作り変えて、食べ物を作ってお客さんに出すことを楽しんでいる。

○D男～朝から戸外に出て中村Tと畑を掘り、ジャガイモを探すことを楽しむ。見つけたジャガイモはポケットへ入れて大事にしている姿が見られる。また、ホールではカラー積み木を並べてそれを渡ったりして遊ぶ姿が見られる。

○M男～朝は教師と電車に乗って、ホールを走り回ることを楽しんでいる。戸外では土に触れ、感触を楽しんだり、自転車に乗って遊んだりする姿が見られる。滑り台や縄梯子にも興味を持って取り組む姿が見られる。

幼児名	ねらい	内容
A男	◎教師や友達とやりとりする楽しさを感じる。	○　ジャガイモを探す遊びの中で、教師や友達と言葉のやり取りを楽しみ、自分の思いを表したりしながら遊ぶことを楽しむ。
B男	◎安定した気持ちで自分の好きな遊びに取り組む。	○　教師と一緒に基地ごっこに取り組む中で、自分のやりたいことを言葉で表したりする。
C男	◎教師と一緒に友達と同じ場で遊ぶことを楽しむ。	○　教師の仲立ちで同じ場で遊ぶ友達の思いを知ったり、自分の思いを表したりしながら遊ぶことを楽しむ。
D男	◎ジャガイモを探しながら、教師とのやり取りを楽しむ。	○　自分のやりたい遊びを自分なりに表現し、教師へと伝える。
M男	◎教師と一緒に遊ぶことを楽しむ。	○　教師とともに、自転車に乗ったり、電車ごっこをしたりして幼稚園での遊びを楽しむ。

本日の生活の流れ

時刻	本日の流れ
8:40	登園する。所持品の始末をする。
8:50	好きな遊びをする。
10:30	片付けをする。
11:00	稲刈りをする。
11:15	降園準備をする。
11:20	学級活動をする。（手遊び、絵本）
11:50	降園する。

配慮事項
＊　稲刈りがあるので、あらかじめホワイトボードで分かりやすく提示し、不安のないよう一人ひとりに分かる言葉で説明し、クラスの活動に取り組めるよう配慮する。
＊　D男・M男はクラスの活動に入らない時がある。早めに次に何があるか知らせながら、興味があるようであればタイミングを見て待ち時間が少なくなるように誘い掛ける。活動に入らないようであれば、A教諭に安全把握をお願いし、連携をとっていく。
＊　M男は静かな場所で遊ぶことを好むので、本児の思いを汲み取りながら落ち着ける場所へ誘いかけたりしていく。

5. 教育課程・指導計画の実際　　125

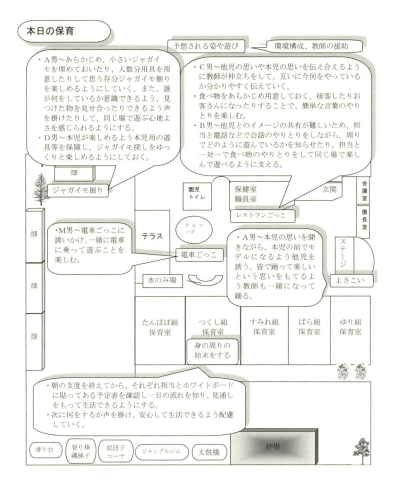

126　第 7 章　保育の計画

参考文献

- 厚生労働省『保育所保育指針解説　平成 30 年 3 月』フレーベル館，2019 年.

- 文部科学省『幼稚園教育要領解説　平成 30 年 3 月』フレーベル館，2019 年.

- 山田敏編『保育内容総論』明治図書出版社，1978 年.

- 細井房明・野口伐名・木村吉彦共編『保育の本質と計画』学術図書出版社，2000 年.

- 細井房明・野口伐名・大桃伸一共編『保育の理論と実践』学術図書出版社，2010 年.（山口宗兼：第 9 章担当）

- 民秋言他編『幼稚園教育要領・保育所保育指針・幼保連携型認定こども園教育・保育要領の成立と変遷』萌文書林，2017 年.

- 千葉武夫・那須信樹共編　公益財団法人児童育成協会監修『新基本保育シリーズ⑬　教育・保育カリキュラム論』中央法規出版，2019 年.（山口宗兼：第 2 講担当）

第8章

保育の方法

1. 保育方法の基本原理

　保育を実践するためには，保育のねらいをもとに「どのような環境・形態で」「どのような援助・配慮をして」実践するのかといった保育の方法を考える必要がある．実際に園でも，保育方針，ねらい，内容と密接に関連させながら，具体的な方法を用いて保育を行っている．以下に挙げる原理は，保育の方法を考える際の基本となるものである．

(1) 自由の原理

　活動や表現に自由が保障されると，子どもたちは積極的に環境に関わり，自己を表現することができる．保育者の共感的な理解と受容的な態度，すなわち「見守る姿勢」が，子どもたちに自由をもたらし，創造的な活動を促す．しかし，時には安全性や倫理的なことで制約することもある．この時，子どもたちが納得できるように理由を伝えたり，一緒に考える機会とすることが大切である．

(2) 自発性の原理

　子どもたちは自ら学び成長しようとする力を持っている．子どもたちは常に活動的で，自ら積極的に環境に関わって自己を作り上げていこうとする．この内面から生ずる衝動，すなわち自発性を十分に発揮できるような保育者の関わりや環境が必要である．

128　第8章　保育の方法

(3) 興味の原理

　子どもたちの意欲的な活動は自発性にもとづき，その自発性の原動力は興味である．活動における最も有効な動機づけは興味によるものである．活動が始まり持続し展開していく，すなわち「遊び込む」ために，保育者は子どもたちが何に興味を持っているのかを見極め，教育的意図を考慮し，活動の中に取り入れていく．何をどのように保育活動に取り入れるかは，保育者の価値観に影響される．

(4) 経験の原理

　子どもたちは具体的な経験（実際に体験すること）によって身体諸機能を発達させ，言葉やものの概念を獲得し，人間関係を築く術を身につけていく．したがって，体を使って遊ぶ，人と関わって遊ぶ，多様な環境の中で遊ぶ，といった直接体験を大切にしたい．

(5) 機会の原理

　子どもたちは今この瞬間を生きている．その瞬間その瞬間で思考も興味の対象も変化する．保育者は日常生活の中で適切な機会を捉えて関わることが求められる．また，子どもたちからは生ずることがない多様な経験ができるように，保育者が意図的に活動を設定することも必要である．

(6) 練習の原理（反復の原理，繰り返しの原理）

　子どもたちは周囲の人を見て「できるようになりたい」という意欲を持つ．何かの能力や習慣を身につけるには何度も繰り返し行う必要があり，保育者は子どもたちの意欲を引き出し，丁寧に根気よく子どもたちに関わることが大切である．一生懸命に練習してできた時の達成感や充実感は，より高い水準に挑戦しようとする意欲につながる．

(7) 個性（尊重）の原理（個性化の原理）

　人は唯一無二の存在である．子どもたち一人ひとりの性格や能力，興味や関心，考え方や感じ方，家庭環境や経験は異なる．一人ひとりの子どもが持つ個

性を尊重し，比較や否定をせず，一人ひとりが愛され生かされることが大切である．

(8) 社会化の原理

人は社会的な存在である．子どもたちは人と関わることによって他者と共存し社会で生きていく術を身につけていく．また，社会生活を営む上で必要な知識や態度を身につけていく．基本的な生活習慣を身につける，きまりや約束を守る，お互いを尊重する，役割や責任を遂行する，生活する社会や地域の風土や文化に触れる，などを遊びや生活を通して経験できるようにしたい．

エピソード1：やりたい気持ちを叶える（十坂こども園）

ホールで3歳以上児たちが太鼓の練習をしている姿を3歳未満児たちはあこがれを持ってずっと見ていました．以上児たちが練習している間は，ホールの入り口は柵や戸で遮られ，入ることができません．柵にしがみつき，戸にくっついて見ています．未満児の保育室には，おもちゃの太鼓や保育者の手作り太鼓が準備され，以上児の真似をして叩いて遊んでいました．

ある日，未満児たちにも太鼓遊びが解放されました．皮を張り替える時期がきたため，その前に太鼓を叩く経験をさせたいという，保育者の思いからでした．これまでは見ることしかできなかった太鼓．触ることもできなかった太鼓．近づいて，そっと叩き，思い切り叩き，以上児になりきって叩き… 未満児にとって大満足の日となりました．

写真 8-1

写真 8-2

このエピソードには，先に挙げた保育方法の基本原理がちりばめられています．以上児たちの太鼓を叩く姿を見て太鼓に「興味」を持つ，興味を持った太鼓を叩く「機会」が与えられる，太鼓を叩く「経験」をする，「自由」に太鼓を叩く，やってみたいと「自発」的に太鼓を叩く，「個性」が尊重されて叩きたい方法で叩く，何度も太鼓を叩いて「練習」して上手に叩くことができるようになる，太鼓を譲り合いな

130 第8章 保育の方法

がら「社会」を知っていく … 「原理」と言われると難しいと思ってしまいますが，エピソードを取り上げて考えてみると分かりやすいですね.

2. 保育と環境

幼稚園教育要領に「幼児期の特性を踏まえ，環境を通して行うものであることを基本とする」，保育所保育指針にも「子どもの状況や発達過程を踏まえ，保育所における環境を通して，養護及び教育を一体的に行うことを特性としている」と記されており，園では「環境を通しての教育」を行っている. また，「子どもは，様々な環境との相互作用により発達していく. すなわち，子どもの発達は，子どもがそれまでの経験を基にして，環境に働きかけ，環境との相互作用を通して，豊かな心情，意欲及び態度を身に付け，新たな能力を獲得していく過程である（平成20年告示保育所保育指針）」とあるように，保育における環境は子どもたちの発達に大きく影響を与えるという考え方が根底ある.

(1) 保育の環境

保育の環境には，「人的環境」「物的環境」「自然や社会の事象」などがあり（保育所保育指針），これらの環境が相互に関連し合ってひとつの環境を作りだしている. 園では子どもたちの生活が豊かなものとなるよう，計画的に環境を構成して保育をしている.

1) 人的環境

人的環境とは，保育者や子どもたち，さらには地域の人たちのことをいう. 園では発達段階を踏まえて，「子ども‐特定の大人」の関係から「子ども‐特定の子ども」「子ども‐複数の子ども」「子ども‐地域の大人」と，計画的に人的環境を広げていくようにしている.

子どもたちは周囲の人たちを観察したり模倣をすることでさまざまな経験や学びをしていく. したがって，保育者は子どもたちの見本となることが求められる. また，子どもたちが活き活きと活動できるように，遊びに誘導したり，認めたり励ましたりするなど，一人ひとりに応じた援助をすることが求められる. 子どもたちは子どもたち同士でも他児の存在を意識しながら学び合い，互

いに成長し合っている．子どもの年齢が高くなるにつれて集団活動を通した子どもたち相互の学び合いができる活動を意識的に取り入れたい．また，地域の人々との交流は人的環境の多様化につながり，経験の機会を広げることができるため，積極的に取り入れたいものである．

2） 物的環境

園における物的環境には，施設や設備，遊具や用具，教具や素材に至る広範囲のものを含む．また，施設内での採光，換気，保湿，清潔など保健的環境についても含まれる．安全で保健的な環境によって子どもたちの生命が保持され，情緒が安定する場が整う．

さらに，子どもたちが遊びを展開するなかで必要な教材を保育室や園庭などにどのように配置して環境を構成するかということは，指導計画を立てるうえで重要である．空間（保育室，園庭，遊戯室など）と教材（教具，用具，教具，素材など）の整え方によって，子どもの活動が豊かに展開されるかが決まるからである．また，保育や遊びの展開に沿って物的環境を変化させたり，作り直したりといった「環境の再構成」をすることも大切である．

> **事例1：園庭の小屋の環境を再構成する（十坂こども園）**
>
> 動物を飼っていた小屋だったが，動物がいなくなって以降，物置になっていた（写真8-3）．園庭の一空間のため，子どもたちが遊ぶことができる空間にしようと考え，中の物を移動させた．
>
>
>
> 写真 8-3
>
> 小屋の中で遊ぶことができるように棚や机を置いた．子どもたちは他の場所に置いてあるスコップやお皿を持って来て小屋の中に入って遊んだり（写真8-4），砂地の空間に寝転んだりするが（写真8-5），しばらくすると小屋を離れてしまい，この

空間での遊びは充実することはなかった．

写真 8-4

写真 8-5

　小屋の中でままごとができるように，キッチンカウンターや棚を増やし，園が所有しているスコップや型抜きなどに加えて，保護者に提供いただいた使わなくなったキッチン用品を分類して棚に置いた（写真8-6）．すると，小屋の空間イメージが台所となり，子どもたちは「料理を作る」遊びに集中していった．砂や石，水を食材に見立て，鍋やフライパンなど多様な道具を使ったり（写真8-7），ボウルに入れた砂と水を泡立て器でかき回したり，ポットから製氷皿の1つ一つの穴に水を注ぐ手つきは生活者そのものであった（写真8-8）．キッチンカウンターは冷蔵庫のイメージで，遊びの終わりに扉を開けて作ったものを入れる様子があった（写真8-9）．午前中の外遊びの片づけの時間まで，小屋でのままごとに熱中していた．

写真 8-6

写真 8-7

写真 8-8

写真 8-9

　この事例は，子どもたちが遊びに熱中する（遊び込む）ためには，集中できる空間（小屋）と，その遊びに必要な教材（砂や水，キッチン用品など）を豊かに準備

2. 保育と環境　　*133*

すること，さらに，遊ぶ空間に教材を子どもたちが使いやすいように整理して置くという環境の構成，の全てがそろうことが必要であることを示している．

3）　自然や社会の事象

　子どもたちは自然に関わることによって自然の法則や摂理を学ぶ．さらに，多様な環境をつくりだす自然は，子どもたちにとって非常に重要な環境である．子どもたちは自然と関わることによって，視覚，聴覚，嗅覚，味覚，触覚といった五感を育み，自然とのかかわりは，子どもたちから多くの感覚や情動，言葉を引き出す．また，日常生活で接する社会と関わることによって，子どもたちは自分を取り巻く社会を知り，社会の一員であることを自覚していき，自分の世界を広げていく．

事例 2：自然との出会いと関わり（中平田保育園：H30 年度やまがたみんぽセミナー資料より）

2018.07.06～

　池で様々な経験をして欲しいと考え保育者が地面を掘り始めたところ，2～5 歳児の子どもたちが「ぼくもやる」「てつだっていい？」などと言いながら地面を掘る活動に加わり（写真 8-10），その日のうちに，保育者と子どもとの協働作業によるため池が完成した．

　その後，池の水を絶やさなかったことで，カエルが卵を産み付けた．子どもたちはオタマジャクシが生息していることに気づいてから，日々，ボウルやおたまなどを使って捕まえることを楽しんでいた（写真 8-11）．動きが素早く捕まえることが難しいようすもあったが，ねらいを定め何度も挑戦していた．オタマジャクシを捕まえると水槽に入れ（写真 8-12），「はやくカエルにならないかな」と成長を楽しみにして世話をしたり（写真 8-13），絵に描いたりし（写真 8-14），興味やあそびの広がりが見られた．5 歳児の中には，「さいしょはあしがはえて，そのあとかえるになるんだよね」と，成長に関心を抱き，オタマジャクシやカエルの絵を描いて，どの子も見ることができるように池の近くの棚に飾る子もいた（写真 8-15）．

　「いけのなかになにかいるのではないか」という思いはその後も子どもたちの間で続き，戸外に出るとじーっと水面をのぞき込む姿が秋になるまで見られた．池にはミズカマキリ，ヤゴなども現れ，ヤゴはトンボに羽化するまで見届けることができた．

写真 8-10　掘って池を作りました　　写真 8-11　オタマジャクシいたよ　　写真 8-12　水槽で飼ってみよう

写真 8-13　水を入れ替えよう　　写真 8-14　絵を描いてみよう　　写真 8-15　かわいいなぁ

　この事例は，子どもたちが興味をもって自然に触れ生態を学んでいくためには，その自然（カエルやオタマジャクシ）に長い期間継続して関わること，また，その背景には，自然が存在し続けるように保育者が場の整備をし続ける（池に水を絶やさず入れ続ける）ことが必要であることを示している．この園の周辺は田んぼであるが，池に卵を産み付けたことは偶然であり，保育者も予想していなかった．子どもたちの自然との出会いは偶然であることが多く，その偶然の機会をどのように子どもたちの経験につなげていくかは，保育者の自然に対する知識と感性による，と言ってもよいだろう．

（2）環境の構成

　子どもたちが「身近な環境に主体的に関わり，環境とのかかわり方や意味に気付き，これらを取り込もうとして，試行錯誤したり，考えたりするようになる（幼稚園教育要領）」ために，子どもたちの経験や成長にふさわしい保育環境をどのように構成していくか検討することが大切である．環境の構成を考える場合，常に子どもたちの発想を大切にし，その変化に応じて環境が適切なものとなるようにするために，まず，子どもたちが持っている興味や欲求は何かを理解し，次にその興味や欲求を遊びへとつなげていくためにはどのような環境

が必要なのかを考えていく必要がある.

　また, 子どもたちの状況の変化や遊びや生活の展開に合わせて環境をさまざまに変化させる「応答性のある環境」にしていくこと, 園と家庭での生活を合わせた1日24時間全体を子どもの生活と捉え, 活動の静と動のバランスを考慮し, くつろげる時間と空間が保障された環境と体を動かして意欲的に活動できる環境の両方を整えることも重要である. さらに, 園では集団生活の場であるという特徴を活かして, 子どもたちが自ら周囲の人と関わっていくことができる環境にすることも大切である.

3. 保育の形態

　保育の営みは, 保育者と子どもたち, 子どもたち同士の活動の中から自然に生み出されていくものであり, 流動的である. 一日の生活の中でも活動は変化し, それによって保育形態も変化していく. また, 時期, 活動のねらいや内容によってふさわしい形態は異なる. 多様な保育形態をとることは, 変化に富んだ幅広い活動となるため, さまざまな状況に応じ, その場面にふさわしい形態で活動することが望まれる.

(1) 保育を展開していく上での形態

　保育の展開から保育形態を分類すると, 「自由保育」と「一斉保育」に大別される. 園の保育方針によって一日の主活動をどちらの形態で行うかの傾向はあるが, 一日の園生活の各活動において, 子どもたちの姿, 活動のねらいや内容に沿って保育者がどちらの形態をとるかを決めている.

1) 自由保育

　子どもたちの自由を尊重し, 自主的・自発的な活動を最大限に保証する保育形態である. 保育の基点を子どもの自由と自主性・自発性に置くため, 遊びのきっかけは子どもたちの興味や関心, 欲求によって始まり, 子どもたちの発想により展開される. また, 保育者が設定した環境に, 子どもたちが主体的に働きかけて活動を展開していく, という特徴を持つ.

　課題は, 保育者が子どもたちの自発性・主体性を尊重するあまり, 子どもたちへの関わりが消極的になり, 保育者の適切な関わりがなされず, 自由放任の

保育になる可能性があることである．また，子どもの興味や主体性を重視する
あまり，活動や経験に偏りが生じ，全体的・調和的な発達を促すことに欠ける
ことがある．さらに，自由保育のもとでの遊びは，内容も集団も常に変化し，
遊びが発展することもあれば，行き詰ったり中断することもある．

そのため，自由保育においては，子どもたちの活動を側面から援助し，見通
しをもって活動を意味あるものに高めていくことが保育者の役割である．保育
者には，子どもたちの自由な活動を尊重しながらも，子どもたちの姿を観察し
て活動を把握し，ねらいや予想される活動を意識しつつ，活動を展開できるよ
うに必要な用具や教材を準備するなど環境を再構成したり，遊びに参加しなが
らさりげなく活動に方向性を与えること，が求められる．

2) 一斉保育

保育者が子どもたちに活動を提案し，子どもたちが同じ時間に，同じ場所で，
同じ方法で，同じ活動をする保育形態である．保育者が活動の計画をし，保育
者が中心となって活動を展開させるため，保育者の計画した意図的な活動が優
先される，という特徴を持つ．保育者側の利点は，事前に活動のねらいや内容
を決め，活動の流れを予測し，援助方法の検討や教材の準備をすることができ
ることである．

一斉保育の長所は自由保育を補うもので，経験の偏りを埋めて経験の幅を広
げる，すべての子どもたちに一時に効率的に伝えることができる，クラス（集
団）の子どもたちが一緒に楽しむ活動をとおして，クラス（集団）意識やクラ
ス（集団）としてのまとまりを付けることができる，ことである．一斉の活動
は入園直後の園生活の過ごし方を伝えたい時期や，新しい用具や遊具の使い方
や遊び方を伝えたい場面，行事を行う際にも適している．

課題は，保育者が計画に忠実に遂行しようとするあまり，命令的，強制的に
なり，活動を押し付けてしまう可能性があることである．子どもたちの興味や
自発性・主体性が考慮なされない場合，子どもたちが一方的，強制的に「やら
されている」という意識を持ち，義務感で活動に取り組むことになる．また，
子どもたちがみんなで一緒に同じ活動をするため，一斉の活動に馴染めず取り
残される子どもは，劣等感を持ち，自信を失うこともある．

そのため，一斉保育においては，保育者が計画した活動のねらいや内容が優

先されたとしても，子どもたちが興味や関心を持って活動に取り組むことができるように援助を工夫することが大切である．まずは，子どもたちの一定でない個々の興味や関心をどのように引き出していくかが重要となる．また，たとえ保育者が提供する活動であっても，子どもたちの個性や発想，創意工夫を引き出し，子どもたちの取り組み方の多様性を認め，どのように取り組んでいるのかという過程を大切にしたい．一斉保育においても，子どもたち一人ひとりの様子を観察しながら，子どもの個性や個人差に基づいた個別的な丁寧に関わりが求められる．

(2) クラス（集団）を編成していく上での形態

保育のクラス（集団）編成から形態を分類すると，「年齢別保育（横割り保育）」と「異年齢保育（縦割り保育）」に大別される．園の保育方針によって主にどちらの形態のクラス（集団）編成で活動するか決めている園もあるが，一日の園生活の各活動において，子どもたちの姿，活動のねらいや内容に沿って保育者がどちらの形態をとるかを決めていくこともある．

1) 年齢別保育（横割り保育）

同年齢の子どもたちでクラスを編成する形態である．幼稚園設置基準に「学級は，学年の初めの日の前日において同じ年齢にある幼児と編成することを原則とする」と記されていることから，多くの園では年齢別にクラスを編成し保育を行っている．3年保育の場合，3歳児のクラスを「年少児クラス」，4歳児のクラスを「年中児クラス」，5歳児のクラスを「年長児クラス」と呼んでいる．年齢を同じにする学級集団は子どもたちの発達課題や能力の差が少なく保育活動をしやすい．

2) 異年齢保育（縦割り保育）

3学年以上にわたる年齢の異なる子どもたちでクラスを編成する形態である．少子化によるきょうだい数の減少や地域における遊び仲間の消失によって，異年齢の子どもたちが一緒に遊ぶ機会が減少したという社会的な背景があり，園においてその機会を提供しようというねらいから，異年齢児のクラス編成が導入された．できるだけ広範囲の年齢の異なる子どもを一つの集団にして保育を行い，異年齢の子どもたちが交流することにより，人間関係の基礎を培うこと

138 第8章 保育の方法

を目的としている.

　異年齢保育（縦割り保育）を行う際の形態として，① 異年齢混合による一クラスを編成し，生活グループとして固定し，通常は異年齢グループで活動する形態，② クラスは同一年齢で編成されているが，自由遊びや保育者が設定した活動において年齢の異なる子どもたちが自然に交流できるよう配慮した形態，③ 特別に計画された活動の中で異年齢グループを編成し，行動を共にしていく中で異年齢児が交流する形態，などがある.

　異年齢保育（縦割り保育）の意義は，異年齢児が生活を共にすることにより，同一年齢児のクラスでは経験することができない多様な人間関係を学べることにある．年長児が年少児の世話をすることにより，年少児の生活を支え，幼いものへの思いやりやいたわりを学ぶ．年少児は年長児から生活の仕方，遊び方を模倣し活動を広げていく．身近な模倣の対象として年長者に対する尊敬の念を抱き，年長児と関わることに喜ぶ.

　異年齢保育（縦割り保育）で一斉保育を行う場合，時間が長くなりすぎると，それぞれの子どもたちの能力を引き出すというより，相互に活動を相殺する場合も起こる．年長児にとっては充実感を得ることができる活動，年少児にとっては安心して過ごせる場の提供が必要である．子どもたちの様子を観察し，適宜，他の保育形態とのバランスを考えながら実践する必要がある.

4.　園における遊び場面の援助方法

（1）日常の遊びの展開

　登園してきたところから，子どもたちの園生活が始まる．そして，園生活の中心は遊びである．遊びたい遊びがあり，すぐに遊び始める子どももいれば，遊びたい遊びを見つけられない子どももいる．また，園で展開される遊びは，あっという間に終わる遊びもあるが，数日間，数週間といった長い期間続く遊びもある．園では「環境を通しての教育」の言葉どおり，子どもたちの遊びが充実するような環境を意図的に構成している．また，保育者の存在も環境の一つであり，子どもたちの心情や興味・関心に沿った関わりや，遊びの広がりや深まりを見通した意図的な援助をしている．計画を立て実践を始めても，子どもたちの発想や環境の変化などで保育者の予想とは異なる展開になることもあ

る。そこで、子どもたちの活動を理解し、その展開に応じて保育の方法を変化させていくことも必要である。

1) 遊びの始まりの援助

園の環境が「いつものとおり」であることは、子どもたちに安心感をもたらす。「いつも同じ場所に、いつも同じものがある」ことは、遊びたい遊びがあるとき、遊ぶ場や遊びに使うものを取りに行く場になり、遊びたい遊びを見つけたいときは、遊びのきっかけを探すために立ち戻る場にもなる。また、「いつもと同じ人がいる」ことは、意思疎通ができて共通のイメージを持って遊び始めることができる存在であり、心が不安定なときにはその気持ちを受け止めてもらい、遊び始めを後押しする存在にもなる。

事例3：遊び始めるきっかけ（十坂こども園）

朝、園庭に出てきた男児が、園庭のあちらこちらを歩いていた。時々、立ち止まって周囲の様子を伺い（写真8-16）、また歩き始める（写真8-17）。保育者の姿を見つけると近寄り、一緒に歩き始めた。「何をして遊ぼうかね？」と声をかけても、「…。」明確な返答はなかったため、遊びが始まっているグループに言葉をかけながら、しばらく一緒にゆっくりと園庭を歩いていると、突然、小屋の中に入り、楽しそうに過ごしている子どもたちの仲間に加わった（写真8-18）。

写真8-16　　　　　写真8-17　　　　　写真8-18

この事例は、遊びたい遊びが見つからなかったり、遊び始めるきっかけをつかむことができなかった子どもの不安定な心を保育者の存在で支え続けることによって、心が安定し、心の準備が整ったところで友達の中に入っていき遊び始めることができる、ことを示している。保育者から「こんな遊びもあるよ」と、遊びに誘ったり、提案することも遊び始めるきっかけになるが、子どもの心が満ちたり、動くのを待つことも大切である。

事例4：いつもと同じ環境（中平田保育園）

朝，保育者がいつもと同じ場所に，いつもと同じものを，いつもと同じように，準備した（写真8-19）．登園してきた男児が園庭に出てくると，すぐにバスマットを取ってきて（写真8-20），2枚並べて敷いて自分の空間を作った（写真8-21）．後から登園してきた女児たちも園庭に出てくると，男児のバスマットの空間の横に，バスマットを敷き，ステップ（木の台）を組み立ててこたつの部屋を作っていった（写真8-22）．しだいに，男児の空間と女児たちの空間が一体化して（写真8-23），一つの大きな空間ができあがった（写真8-24）．

写真 8-19

写真 8-20

写真 8-21

写真 8-22

写真 8-23

写真 8-24

　この事例から，いつも同じ場所に同じものがあるということは，子どもたちがどこに何があるのかを把握できることであり，遊びのイメージを抱き，物を準備し，遊び始めるまでの時間が短い，ということを示している．子どもたちは迷いなくバスマットを取りに行き，園庭に出てきてから遊び始めるまでの時間が短かった．また，遊びの場が短時間にでき上がっていくことで，子どもたちがお互いに遊びの共通イメージを保ったまま遊びを展開することができる（遊び込むことができる）．

　一方で，園の環境が「いつものとおり」であり続けると，園生活のマンネリ化につながる．「いつものとおり」に何か「新しいもの」や「今日は特別なもの」が加わると，子どもたちは好奇心を抱き，これまでの遊びが新たな方向へ展開したり，次の段階に発展したり，遊びが深まったりする．

事例 5：遊び始めの環境の変化（中平田保育園）

　卒園式の数日後，いつものとおり登園後の外遊びが始まった．園庭には，スコップ，お皿，木片，ステップ（木の台），バスマットなどが，いつものとおり準備されていた．遊びが始まってしばらくして，保育者が「卒園式のお花，使っていいよ」と，赤いバラと虹色のカーネーションを砂場の横の机の上に置くと，周辺で遊んでいた子どもたちが寄ってきた．虹色のカーネーションは色が目立ち，数も少ないため，争奪戦が始まり，大切に園庭のあちらこちらに持って行かれ（写真 8-25），たちまち，さまざまな花を使った遊びが始まった（写真 8-26）．

　卒園式で飾られ，自分の旅立ちを祝福していたことを知っている年長児は，赤いバラをそっと触り，外側の傷んだ花びらだけをとり（写真 8-27），色水遊びを始めた．その姿に気づいた年少児も遊びに加わった（写真 8-28）．さらに，朝のおやつを食べ終えて園庭に出てきた未満児も興味を示し，遊びに加わった（写真 8-29）．

　園庭の別の場所では，年長女児がさんまやさんごっこをしていた（写真 8-30）．赤いバラをたくさんお皿に入れて運んでいた年中児は（写真 8-31），年長児のさんまやさんの遊びに加わり（写真 8-32），赤いバラはデザートのいちご，虹色のカーネーションは付け合わせの野菜に変身した（写真 8-33）．

写真 8-25　これ，ぼくの

写真 8-26　お水をあげて育てるの

写真 8-27　きれいなお花残したい

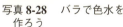

写真 8-28　バラで色水を作ろう

写真 8-29　私もやりたい

写真 8-30　さんま，いかがですか

写真 8-31　赤いバラ，ゲット　　写真 8-32　仲間に入れて　　写真 8-33　いらっしゃいませ

　この事例から，日常の遊びの環境に別の環境（バラとカーネーション）を加えるだけで，子どもたちの遊びが多様になり（栽培，色水，ごっこ遊び），豊かに展開していくこと（異年齢児の関わり，イメージの広がり）を示している．この日は卒園式から数日後の土曜日であり，登園する園児数が少ない日だった．卒園した年長児たちは，登園後いつもの環境の園庭に出てきたが，遊びや遊び相手を探して園内を移動していた．女児たちはこれまで経験してきた遊びを始めたが，遊び込んではいなかった．子どもたちが遊び込む経験をするためには，「いつもと同じ」環境は大切だが，時にはそこに「いつもはない」「新たな」環境を加えることも必要であるといえる．

2）遊びの発展の援助

　子どもたちだけで遊びを広げていったり深めていったりすることもあるが，子どもたちだけでは遊びが停滞することもある．そこから全く別の遊びに移行するのか，もしくは，保育者の関わりによってさらに遊びを広げたり深めていくのか，どちらの選択をするのかは，保育者の遊びの見立てと見通しが必要である．遊びを継続していく場合，その遊びに対するねらいを立て直し，それに伴った環境の再構成と意図的な関わりがさらに必要になる．

事例 6：そり遊びの展開（中平田保育園）

　冬，雪遊びを始めた．子どもたちは継続してそり遊びを楽しんでいたが，雪不足もあり，4，5歳児には物足りない様子が見られるようになった．遊びに変化をつけるためにジャンプ台を作ろうと，保育者が築山の麓に雪を運んでいると，その姿を見た子どもが一緒に雪を運び始めた（写真 8-34）．さらに，ジャンプ台を作ろうとしていることを子どもたちが伝え合い，さらに多くの子どもたちが加わってきた．でき上がったジャンプ台でそり滑りをすると，これまでそり遊びで経験したスピード感に体が浮く感覚が加わり，何度も何度もそり遊びに挑戦する姿が見られるように

4. 園における遊び場面の援助方法　143

なった（写真 8-35）.
　しばらく遊んでいる様子を観察していると，子どもたちは「どこまで遠く滑ることができるか」を競うようになった．そこで，目標となる目印や競い合えるマークを作りたいと考え，絵の具の色水と筆を用意した．子どもたちは，色水を混色してさまざまな色をつくり（写真 8-36），一緒に競い合いを楽しむことができる距離を考えると，色水を運び（写真 8-37），雪上にマークを描いていった（写真 8-38）．その後，自分たちでつけたマークにめがけて滑っていくことを楽しんだり，友達より遠くに滑っていくことに挑戦したりした（写真 8-39）．

写真 8-34　　　　　　写真 8-35　　　　　　写真 8-36

写真 8-37　　　　　　写真 8-38　　　　　　写真 8-39

　この事例は，保育者は停滞していた遊びに対して「まだ遊びは継続できる」と考え，遊びをさらに深めるために環境の再構成を始めたことが，子どもたちの経験が広がり，子どもたちの意欲を引き出し，目標や目的をもって遊ぶことにつながった，ことを示している．保育者から「こんなふうに遊んだらどう？」と，提案することも遊びの発展につながるが，事例の保育者のように，常に子どもたちの遊びの姿を観察することで，子どもたちに内在している遊びのねらいを読み取り，それに沿って環境を再構成していくことで，遊びの発展につなげることもある．

3）遊びの終わりの援助

　遊びの終わりは片づけである．園では，片づけも遊びの一連の流れの一部であると捉えている．しかし，活動と活動の間にある片づけの時間帯は，子どもたちにとっては楽しい遊びの中断を強いられること，次の楽しい活動に早く移

りたいという思いが高まることから，ないがしろにされがちである．

　子どもたちが，片づけは気持ちのいいこと，やりたいこと，と捉えることができるように，子どもたちにとって片づけやすい環境を構成していくことが大切である．そうすると，遊びの時間が終わるときだけでなく，遊びの時間の途中でも，子どもたちは使わなくなったものを元の位置に戻して，次の遊びに移るようになる．また，保育者も子どもたちと一緒に片づける，片づける姿を見せることで，生活の場を整えること，物を大切にする気持ちを伝えていきたい．

事例7：遊びの終わりは毎日の習慣（中平田保育園）

　遊びの終わりの時間が近づくと，保育者は砂場の横に水の入ったたらいを置いた．遊びの終わりの時間になったことを知った子どもたちは，遊びに使っていたものを持って来て，たらいの水で洗い始めた（写真8-40）．保育者も，未満児も一緒に，である（写真8-41）．洗ったものは専用のかごなどに入れていく（写真8-42）．ほうきでバスマットに付いた砂を払い（写真8-43，44），テラスにあがった砂を掃き，三輪車が所定の位置（駐輪場）に戻ってきた（写真8-45）．年長のパトロール隊が園庭を一周して，残されたものがないかを確認して，片づけが終わった．

写真8-40　　　写真8-41　　　写真8-42

写真8-43　　　写真8-44　　　写真8-45

　この事例の園は，物を使う場所に収納があり，一つひとつの物の収納の位置も決まっている（写真8-46）．持ち出した物を戻したくなる工夫である．また，保育者が，日頃から子どもたちとの関わりの中で物を大切にする姿を見せており，物をて

いねいに扱うことが習慣化している．この事例は，片づけの場面を切り取って援助を捉えるのではなく，日頃の物への向き合い方から捉えていくことが，片づけの援助につながることを示している．

写真 8-46

(2) 行事と日頃の遊びの連動

　園での日常生活を「ケの日」とするなら，行事の日は「ハレの日」であり，行事は園生活の自然の流れの中で生活に変化や潤いを与えてくれる．保育者は，行事を通して子どもたちのどのような育ちを願うのかという教育的価値を十分検討し，子どもたちが主体的に楽しく活動できるように，行事までの準備，本番，その後の遊び，という一連の流れを見通して実施計画を立てることが大切である．

　行事には，保護者などを招待する日を目標に，ある一定期間をかけて取り組みを積み上げていくものや，日頃の園生活の中でのちょっとしたイベントのようなものがある．一定期間をかけて取り組みを積み上げていく行事は，子どもたちが目的や目標をもって計画的に少しずつ作り上げていくこと，そのために友達と意見を交換し合い，協力し合いながら団結を深めていくこと，ときには友達とのぶつかり合いの中で自己を調整すること，などを経験する．いずれにおいても，日頃の園生活の流れの中に行事を位置づけ，子どもたちに精神的身体的に負担のないようにすること，また，日頃の遊びと連動させることが大切である．

事例8：食育活動と遊びの連動（十坂こども園）

＜さんま祭り＞
　今日はさんま祭りです．年長さんは，炭をおこし，さんまを並べ，うちわでパタパタ…あ〜いいにおい．さんまの焼けた香りが食欲をそそります（写真8-47）．
　その横では，2歳児さんが，筒状に丸めた新聞紙にアルミホイルを巻いて作ったさんまを網の上に乗せて，うちわをパタパタパタ…．さんまやさんごっこが同時進行していました（写真8-48）．

写真8-47　さんま，焼けたかな？

写真8-48　さんま，焼けていますよ

＜芋ほり＞
　園庭の畑で育てていたサツマイモ．「大きくなあれ，大きくなあれ…」夏の暑い日も，お友達が水をあげた後も，たくさん水をあげました．「まだかな，まだかな…」秋，ようやく収穫の時期がきました．「おいもはどこ？」土を掘り，「あった！」見つけると，さらに土を掘る勢いが増します．「よっこいしょ，どっこいしょ」と引っ張り出し，たくさんたくさん掘り起こしたら，「よいっしょ，よいっしょ…」とテラスに運びました．「何個あるかな？」数えたら紙に書き記します（写真8-49）．サツマイモの蔓は…綱引きが始まりました（写真8-50）．

写真8-49　サツマイモの数，数えます

写真8-50　サツマイモの蔓で綱引き

　翌日，園庭の土を掘って，薪を入れて火を着けたら，うちわで風を送って火をおこし，アルミホイルで巻いたサツマイモを入れて（写真8-51），焼いて食べました．焼けすぎて真っ黒になったお芋もあったね．味は，にがっかった．
　数日後，園庭にコンクリートブロックを組み合わせた「かまど」が登場し，鍋の下

をジョウゴを使って「ふー，ふー」と吹いている女児の姿がありました（写真8-52）.

写真 8-51　焼くぞ，火をおこせ　　写真 8-52　火加減はどうかしら

　この事例は，行事の日までの活動によって生じる気持ちの高まり，さらに，行事の後に経験したことを再現したいという気持ちを見通し，園生活の流れの中で，保育者が関わり，環境を構成していくことの大切さを示している．子どもたちにとって行事と日頃の遊びが連動しており，行事を経験することによって日頃の遊びが豊かになったといえる．

5. 園における生活場面の援助方法

　倉橋惣三の「生活を生活で生活へ」という言葉は，園では子どもたち自身が生活の主体者となって生活を作っていく，ということを意味している．園という集団生活の場では，「みんな一緒に」「みんな一緒で」という場面が数多くあるが，子どもたち一人ひとりの生体のリズム（食事，排泄，睡眠など）や「こうしたい」という気持ちを受けとめた関わりもしていきたい．

事例9：食べたいときに食べる（十坂保育園）

　給食の時間が近づいてくると，お当番さんがランチルームに来て，テーブルの上をふきんで拭き，花を飾る（写真8-53）．お腹が空いた子どもたちは，各々のタイミングでランチルームに来て，食べたい量のご飯とおかずを受け取り（写真8-54），テーブルに向かう．座りたい席に座り，テーブルの席がほぼ埋まるというタイミングで，「いただきます」と言って食事が始まる（写真8-55）．お腹が空いていない子どもたちは，保育室で絵を描いたり，絵本を読んだり，おもちゃで遊ぶなど，好きな遊びをしている（写真8-56）．この時，子どもたちは「○分になったら食べに行く」「○分で食べることができるから，まだ遊ぶ」と，時間を意識している．一定の時間になると，保育者は遊んでいる子どもたちに「そろそろお腹が空いてきませんか？」と言葉をかけて，保育室内の時計を指し示して子どもたちと食事の時間を確

認し，食事を促す．

写真 8-53

写真 8-54

写真 8-55

写真 8-56

　この事例は，子どもたちの生活のリズムを子どもたちに委ねることで，生活者として主体性をもって行動することができるようになることを示している．子どもたちの生体のリズムを尊重することで，子どもたち自身が自分の体を意識し，そのリズムに沿って行動できるようになる．また，自分の気持ちを受けとめられる経験を毎日繰り返すことで，友達の気持ちを受けとめることにもつながる．

エピソード2：物を大切にする気持ち（中平田保育園）

　とても悲しそうな表情で事務室に入ってきた4歳児さん．
　「どうしてにんぎょうさん，けがしたの？」って．
　「うーん，わかんないの．でもケガしていたから，手当してあげたの．だから，もう大丈夫だと思うよ」って伝えました．
　服を脱がしたら大きな傷あとがあって，とても驚いたんだと思います．
　そうだよね．自分のことのように悲しくて，心配だったよね．

写真 8-57　　　　　写真 8-58　　　　写真 8-59

　日頃から物を大切にする気持ちを育てている園のエピソードです．ある日，お人形のりりいちゃんの腕の部分にほころびがあることに気づいた先生が，いつも収納している籠（おうち）に「りりいちゃん，おでかけしています」と写真とともに掲示しました（写真 8-58）．そして，ていねいに当て布をして縫い合わせて修繕し（写真 8-59），またもとの籠に戻していたのです．
　子どもたちが遊ぶ玩具や遊具を大切に扱う保育者の姿を子どもたちは見ています．保育者が大切にしている物は子どもたちも大切に扱います．これが人的環境です．また，大切にしている物はていねいに収納したいという気持ちを引き出します．そのために，子どもの世界観を大切にした収納（このエピソードでは人形のおうちの籠）を準備しておくと，人形で遊び終わった子どもたちは必ず自分から人形を籠に片づけます．これが物的環境です．片づけの基本は，人的環境と物的環境の双方を整えること，このことを教えてくれるエピソードでした．
　物を大切にすることは，人を大切にすることにもつながります．物が豊富にある現在の社会，まずは保育者が一つひとつの物と向き合って大切に扱いませんか．その気持ちが，子どもたち一人ひとりとていねいに向き合う姿になり，その姿が，子どもたちにも伝わっていくと思います．

参考文献

- 文部科学省『幼稚園教育要領』フレーベル館，2017 年．
- 厚生労働省『保育所保育指針』フレーベル館，2017 年．
- 浅見均，田中正浩（編）『保育方法の探究』学事出版，2005 年．
- 久富陽子，梅田優子『保育方法の実践的理解』萌文書林，2008 年．
- 河邉貴子『遊びを中心とした保育』萌文書林，2005 年．

第9章

子育て支援

1. 子育て支援の背景と施策

（1）子育て家庭の現状

1）少子化の進行

　我が国の出生数の年次推移をみると，1949（昭和24）年の269万6,638人をピークに，1975（昭和50）年以降は減少と増加を繰り返しながら減少傾向が続いており，2015（平成27）年は5年ぶりに増加したが，2016（平成28）年より再び減少している（図9.1）。

　合計特殊出生率は，戦後の第1次ベビーブームの時期を過ぎた1950（昭和25）年ごろから急速に低下をはじめ，1950年代半ばから2.1台で推移していたが1975（昭和50）年に2.0を下回ってから再び低下傾向となった。1989（平成元）年には，ひのえうまのためそれまで最低であった1966（昭和41）年の数値を下回る1.57を記録した。（意図的に出産を控える人が多かった1966年のひのえうまの年の1.58を下回り少子化の進行が象徴的になったことを，1990年以降「1.57ショック」と呼んだ。）さらに2005（平成17）年には過去最低である1.26まで落ち込んだ。2006（平成18）年から微増し上昇傾向が続いていたが，2014（平成26）年には低下し，2015（平成27）年は再び上昇し，2016（平成28）年より再び低下している。依然として人口を維持するのに必要な水準（人口置換水準）である2.08を大きく割り込んでいる。

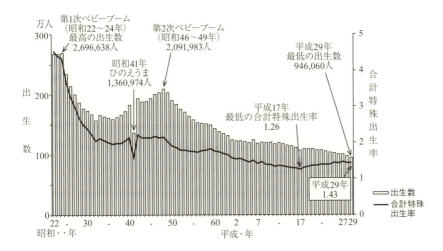

図 9.1 出生数及び合計特殊出生率の年次推移（出典：厚生労働省『平成 29 年（2017）人口動態統計月報年計（概数）の概況』）

2）未婚化・非婚化と晩婚化・晩産化

　少子化の原因の一つに，若い世代の非婚化・未婚化とそれに伴う晩婚化・晩産化がある．生涯未婚率とも呼ばれる 50 歳時の未婚割合は，1970（昭和 45）年は，男性 1.7 %，女性 3.3 %であった．2010（平成 22）年国勢調査では男性 20.1 %，女性 10.6 %，2015（平成 27）年は男性 23.4 %，女性 14.1 %と，それぞれ上昇している．

　未婚化・非婚化の進行とともに，結婚年齢が上昇し晩婚化と晩産化を招いている．第 1 子出生時の母の平均年齢は，1975（昭和 50）年では 25.7 歳であったが，2017（平成 29）年では 30.7 歳に達している（平成 29 年（2017）人口動態統計月報年計（概数）の概況）．この晩婚・晩産化は，親世代の高齢化だけでなく祖父母世代の高齢化も意味している．親世代にとって，祖父母に子育てを助けてもらうことが難しくなるだけでなく，子どもの世話と親の介護を同時進行で担う「ダブルケア」になる場合も少なくないのである．このほか，近年取り組みが始まった定年の引き上げや継続雇用制度の導入により，就労を継続する祖父母世代も多い．そのため現代において，親族間のみで子育てを支えるこ

152　第9章　子育て支援

とは難しく，保育所や幼稚園，認定こども園をはじめとする子育て支援制度の拡充が求められているのである．

3）少子化社会における子育て

前述のように，子育て中の親たちは，自身も少子化社会に生まれ育った世代である．原田（2006）が母親を対象として1980（昭和55）年に大阪，2003（平成15）年に兵庫で行った調査によれば，自分の子どもが生まれるまでに，他の小さい子どもに食べさせたりおむつを替えたりした経験が「なかった」の回答比率が1980（昭和55）年は40.7％，2003（平成15）年は54.5％に増加していた（原田正文，『子育ての変貌と次世代育成支援』名古屋大学出版会，2006）．原田は，子どもに触れたことがない，子どもを知らない，ということは，赤ちゃんや幼児が発するいろいろなメッセージが理解できにくい（「認知」での問題），理解できたとしても，それにどう対処したらいいのか，スキルをもっていない（「対処」での問題）ことであるとし，その結果として子どもへのかかわり方に迷ったり，自分の育児に自信がもてないという事態に陥る可能性が高く，このような状況はきわめてストレスの高い状態であると述べている（同上書）．2013（平成25）年に横浜市が実施した子ども・子育て支援事業計画策定に向けたニーズ調査の結果では，「初めての子どもが生まれる前に赤ちゃんの世話をしたことがない」の回答が74.1％であり，少子化社会に生まれ育った世代が子どもや子育てを知らないまま親になる現状が示されている．多くの場合は，直接的にも間接的にも子育ての経験も学習機会も少ない中で，子どもの育ちに対する見通しも子どもとかかわるスキルも十分でないまま親になるのである．そのため現代の親世代は子育てに対する不安感や負担感を抱きやすいと考えられる．

4）共働き家庭の増加

2017（平成29）年の国民生活基礎調査結果では，子どものいる世帯の母親で「仕事がある」と回答した比率は前年比3.6ポイント増の70.8％で過去最高となった（厚生労働省ホームページ「末子の母の仕事の状況の年次推移」『平成二九年国民生活基礎調査の概況』）．末子の年齢が0歳の母親では仕事をもつ比率が42.4％と低いものの，1歳の母親では53.9％と半数以上が仕事をもっていることがわかる（図9.2）．子どものいる世帯の母親で仕事ありの比率が平成7年

1. 子育て支援の背景と施策　153

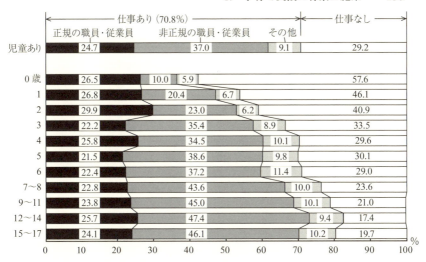

図 9.2　末子の年齢階級別にみた母の仕事の状況（厚生労働省『平成二九年国民生活基礎調査の概況』）

が46.3％，平成13年が52.5％であったことから年々増加していることが明らかである（厚生労働省ホームページ『平成13年度国民生活基礎調査の概況』）．

　平成29年度の育児休業取得率は女性が83.2％で，前回調査（平成28年度81.8％）より1.4ポイント上昇している．男性は5.14％と，前回調査（平成28年度3.16％）より1.98ポイント上昇した．このように共働き家庭が増加し，育児休業を取得し出産後も働き続けられる職場環境が整備されつつあるが，男女の取得率には依然として大差がみられる．

5）父親と母親の育児時間

　家庭における家事育児時間については，父親，母親に大きな差がみられる（図9.3）．平成30年版少子化社会対策白書によると，2016（平成28）年における我が国の6歳未満の子供を持つ夫の家事・育児関連時間は1日当たり1時間23分となっており，2011（平成23）年調査に比べて16分増えているものの，7か国中最低の水準にとどまっている．一方，妻は1日当たり7時間34分と，2番目のドイツより1時間以上も高い値となっている．以前から，家事・

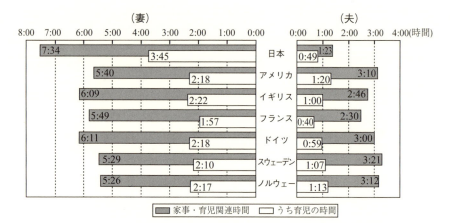

(備考) 1. Eurostat "How Europeans Spend Their Time Everyday Life of Women and Men" (2004), Bureau of Labor Statistics of the U.S. "American Time Use Survey" (2016) および総務省「社会生活基本調査」（2016年）より作成．
2. 日本の数値は，「夫婦と子供の世帯」に限定した夫と妻の1日当たりの「家事」，「介護・看護」，「育児」および「買い物」の合計時間（週全体）である．
資料：内閣府資料

図9.3　6歳未満の子供を持つ夫婦の家事・育児関連時間（1日当たり・国際比較）（平成30年版少子化社会対策白書）

育児時間の国際比較においては我が国の男性の育児時間の短さが顕著であったが，それは父親の長時間労働が大きく影響していると考えられる．就業時間が週49時間以上の男性就業者の割合をみると，29.5％となっており，他国と比較して高い割合となっていることが明らかである（図9.4）．

6) 地域とのつながりの希薄化

少子化の進行により家族を構成する人数が減少している現代では，祖父母世代から親世代へ子育てを伝承することや，親族間で子育てを支えることが難しくなっている．また，NPO法人子育てひろば全国連絡協議会が2015（平成27）年に全国240団体の拠点に依頼し1,175人の母親から回答を得た調査では，自分の生まれ育った市区町村外で子育てをする母親は72.1％を占める結果であった．同調査ではこのような地縁血縁のない土地で子育てをすることを「アウェイ育児」と定義している．「近所に子どもを預かってくれる人がいるか」という質問に対し，自分の育った市区町村で子育てをする母親は69.4％がいると回答しているが，アウェイ育児の母親は28.6％にとどまる結果であった．地域と

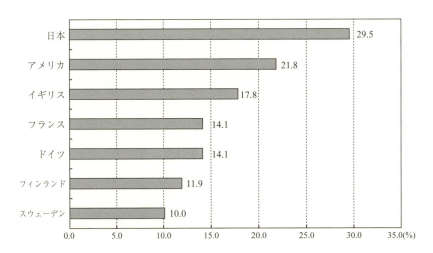

図 9.4　男性就業者の長時間労働の割合（国際比較）（平成 30 年版少子化社会対策白書）

のつながりが薄いため，子育ての手助けが不足しがちな状況であることが明らかである（NPO 法人子育てひろば全国連絡協議会「地域子育て支援拠点事業に関するアンケート調査 2015」）．

(2) 子育て支援施策の流れ
1) 少子化対策と子育て支援

先にのべた 1.57 ショックを機に，少子化の進行が大きな社会問題となり，子育て中の親の不安感や負担感を軽減し子育て家庭を支えるための制度や仕組みがつくられるようになった．大豆生田啓友は著書『支え合い，育ち合いの子育て支援』において子育て支援とは，「子育てという営みあるいは養育機能に対して，私的・社会的・公的機能が支援的にかかわることにより，安心して子どもを産み育てる環境をつくるとともに，子どもの健やかな育ちを促すことを目的とする営みである．」と述べている（大豆生田啓友，『支え合い，育ち合いの

156 第9章 子育て支援

子育て支援』関東学院大学出版会，2006）．また，大豆生田によると「子育て支援」という言葉が制度や社会的な支援システムとして一般的に用いられるようになったのは，比較的新しく，エンゼルプラン策定の頃である（大豆生田啓友（編）『50のキーワードでわかる子育て支援＆子育てネットワーク』フレーベル館，2007）．

1990年代から打ち出されてきたわが国の子育て支援に関する施策は，一貫して少子化対策として位置づけられてきたものである．平成16年度版少子化社会白書によれば，国では，少子化社会への対応を重要な政策課題として位置付けるようになり，エンゼルプランの策定（1994（平成6）年），少子化対策推進基本方針の決定（1999（平成11）年），2003（平成15）年の少子化社会対策基本法の制定や2004（平成16）年の少子化社会対策大綱の決定に至るまで，10年以上にわたり少子化社会対策を講じてきたと記されている（内閣府.平成16年度版少子化社会対策白書）．このように子育て支援施策が，政策的には少子化対策に基づいて推進されてきたとしても，少子化に歯止めをかけ，生まれる子どもの数や出生率を向上させることが子育て支援の本来の目的ではない．

渡辺顕一郎は，少子化対策と子育て支援は必ずしも同義語ではないことを指摘している．本来，子育て支援の実践が目指すものは「親の子育てを支えること」であり，それ自体が目的だとみることもできると述べている（渡辺顕一郎・金山美和子（2015）『家庭支援の理論と方法―保育・子育て・障害児支援・虐待予防を中心に―』金子書房）．急激な少子化・高齢化による子育て環境の変化のなかで，子どもを生み育てる親に敬意を払い，その子育てを見守り必要な支援を行うことが子育て支援において重要である．

2） 子ども・子育て支援新制度

子ども・子育て支援新制度は，2012（平成24）年8月に成立した「子ども・子育て支援法」，「認定こども園法の一部改正」，「子ども・子育て支援法及び認定こども園法の一部改正法の施行に伴う関係法律の整備等に関する法律」の子ども・子育て関連3法に基づく制度で，2015（平成27）年度より実施された．この新制度によって，各市町村は子ども子育て支援事業計画という，5年間の計画期間における幼児期の学校教育・保育・地域の子育て支援についての需給計画を策定し地域の子育て家庭の支援を行うこととなった．

1. 子育て支援の背景と施策

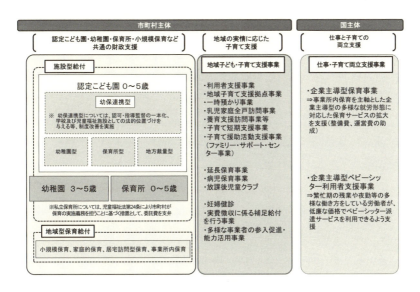

図 9.5 子ども・子育て支援新制度の概要（内閣府ホームページ「子ども・子育て支援新制度について」https://www.cao.go.jp/shoushi/shinseido/outline/pdf/setsumei.pdf 令和元年6月）

図 9.5 のとおり，市町村が主体となって行うのは，認定こども園・幼稚園・保育所・小規模保育など共通の財政支援，地域の実情に応じた子育て支援であり，国主体で行うのは仕事と子育ての両立支援である．

子ども子育て支援法では，教育・保育を利用する子どもについて3つの認定区分が設けられ，これに従って施設型給付等が行われている．保育の必要性の認定（2号・3号認定）に当たっては，保育を必要とする事由，区分（保育必要量），優先利用の3点が考慮されることとなった．実際の運用に当たっては，更に細分化，詳細な設定を行うなど，従前の運用状況等を踏まえつつ，市町村ごとに運用されている．

【保育を必要とする事由】

子ども・子育て支援法を柱とする新しい制度体系においては，これまでの「保育に欠ける」事由7項目は「保育の必要性」の事由として次の10項目となり，このいずれかに該当することが保育の実施基準とされている．

① 就労（フルタイムのほか，パートタイム，夜間など基本的にはすべての

就労に対応）

② 妊娠，出産

③ 保護者の疾病，障害

④ 同居又は長期入院している親族の介護，看護

⑤ 災害復旧

⑥ 求職活動（起業準備を含む）

⑦ 就学（職業訓練校等における職業訓練を含む）

⑧ 虐待や DV のおそれがあること

⑨ 育児休業取得時に，既に保育を利用している子どもがいて継続利用が必要であること

⑩ その他，上記に類する状態として市町村が認める場合

児童虐待や DV，障害などの困難を抱える家庭への支援策として子どもを保育所に入所させる事例はこれまでもみられたが，制度上に規定されることにより，保育所の機能として明確化されたと考えられる．

【区分（保育必要量）】

保育を必要とする事由や保護者の状況に応じ，次のように区分される．

① 「保育標準時間」認定＝最長 11 時間（フルタイム就労を想定した利用時間）

② 「保育短時間」認定＝最長 8 時間（パートタイム就労を想定した利用時間）

【優先利用】

① ひとり親家庭

② 生活保護世帯

③ 生計中心者の失業により，就労の必要性が高い場合

④ 虐待や DV のおそれがある場合など，社会的養護が必要な場合

⑤ 子どもが障害を有する場合

⑥ 育児休業明け

⑦ 兄弟姉妹（多胎児を含む）が同一の保育所等の利用を希望する場合

⑧ 小規模保育事業などの卒園児童

⑨ その他市町村が定める事由

2. 保育と子育て支援

(1) 保育所保育指針における子育て支援

1994（平成6）年策定のエンゼルプランにより，保育所は，子育てと仕事の両立支援を推進するため子育て支援の拠点的な役割を担ってきた．1999（平成11）年10月に改訂された保育所保育指針では地域における子育て支援の役割が明記された．この指針では第13章という新たな1章を設け，保育所における子育て支援のあり方や，それに対応する職員の研修等の重要性が具体的に記されている．同年に策定された新エンゼルプランにおいても，必要なときに利用できる多様な保育サービスの整備や，在宅の乳幼児も含めた地域の子育て支援の充実が図られるようになった．

2008（平成20）年の改定では，「第1章 総則」において保育所の役割として「(3) 保育所は，入所する子どもを保育するとともに，家庭や地域の様々な社会資源との連携を図りながら，入所する子どもの保護者に対する支援及び，地域の子育て家庭に対する支援を行う役割を担うものである．」と記されている．総則に示すことにより，保育所に求められている「子どもを健やかに育てること」と，「子どもの保護者とその家庭を支援すること」の2つの役割がさらに明確化されたのである．「第6章 保護者に対する支援」では，「1 保育所における保護者に対する支援の基本」，「2 保育所に入所している子どもの保護者に対する支援」，「3 地域における子育て支援」の3つの事項から取り組みや留意点が示されている．

2017（平成29）年の改定では，「第1章 総則の保育所の役割」として示された内容は2008年の指針と同様であったが，「第4章 子育て支援」が設けられ，これまでの「保護者に対する支援」の表記が「子育て支援」となった．これは子ども・子育て支援新制度の理念が反映されたものと考えられる．「1 保育所における子育て支援に関する基本的事項」の「(1) 保育所の特性を生かした子育て支援」では，相互の信頼関係を基本に，保護者の自己決定を尊重することが示され，「(2) 子育て支援に関して留意すべき事項」では，保護者に対する子育て支援における地域の関係機関等との連携及び協働を図り，保育所全体の体制構築に努めることが明記されるようになった．

指針の改定により，保育所が子育て支援を担うための地域の関係機関等の連

160　第 9 章　子育て支援

携について具体的な記述が加わった.「市町村の支援を得て, 地域の関係機関
との積極的な連携及び協働を図るとともに, 子育て支援に関する地域の人材と
積極的に連携を図るように努めること.」と記されている. 保育所は, 専門機
関だけでなく, 子どもや子育てに関係する多様な地域の人材との連携・協働の
もと, 子育て家庭を支えることが求められているのである.

(2) 幼稚園教育要領における子育て支援

　1998（平成 10）年 12 月に改訂された「幼稚園教育要領　第 3 章　指導計画
作成上の留意事項」の「2　特に留意する事項」において「幼稚園の運営に当
たっては, 子育ての支援のために地域の人々に施設や機能を開放して, 幼児教
育に関する相談に応じるなど, 地域の幼児教育のセンターとしての役割を果た
すよう努めること.」と, 幼稚園における子育て支援機能の役割が明記された.
また, 1999（平成 11）年に策定された新エンゼルプランの中でも,「幼稚園に
おける地域の幼児教育のセンターとしての機能等の充実」があげられている.
平成 15 年度の文部科学白書では, 近年幼稚園は, 地域の幼児教育のセンター
として, 子育て支援機能を持ち, いわば『親と子の育ちの場』という役割を果
たすことが期待されるようになってきていると述べられ, 通常の教育時間の前
後などに行なう「預かり保育」や, 幼稚園における相談活動や子育てのネット
ワークづくりなどの子育て支援を推進することが打ち出されたのである.

　2008（平成 20）年改訂の幼稚園教育要領では,「第 1 章　総則」の第 3 に教
育課程に係る教育時間の終了後等に行う教育活動などについて基本姿勢が明記
されている. また第 3 章では, 家庭連携に当たっては, 保護者との情報交換の
機会を設けたり, 保護者と幼児との活動の機会を設けたりなどすることを通じ
て, 保護者の幼児期の教育に関する理解が深まるよう配慮することが示されて
いる. その他, 指導計画及び教育課程に係る教育時間の終了後等に行う教育活
動などの留意事項として 5 項目があげられ, 具体的な運用のあり方について示
されている. 適切な指導体制を整備し, 幼稚園が責任をもって保育すること,
幼児期にふさわしい無理のないものとなるようにすること, 教師や家庭との緊
密な連携を図りながらすすめること, 預かり保育の計画を作成するようにする
ことなどが明記された.

2017（平成 29）年の改訂では，「第 1 章　総則　第 3　教育課程の役割と編成等」において，教育課程を中心に，第 3 章に示す教育課程に係る教育時間の終了後等に行う教育活動の計画，学校保健計画，学校安全計画などとを関連させ，一体的に教育活動が展開されるよう全体的な計画を作成するものとすることが示され，幼稚園における預かり保育について教育課程におけるねらいや内容と関連させながら全体的な計画の中で計画し，実施されることが求められている．また，地域の幼児教育のセンターとしての役割を果たすために，「心理や保健の専門家，地域の子育て経験者等と連携・協働しながら取り組むよう配慮するものとする」と具体的な記述が加わった．幼稚園にも保育所同様，地域の多様な機関や人材との積極的な連携・協働が求められているといえよう．

(3) 幼保連携型認定こども園教育・保育要領における子育て支援

　「就学前の子どもに関する教育・保育等の総合的な提供の推進に関する法律」により，幼保連携型認定こども園には在園児および地域の保護者に対する子育ての支援が義務づけられており，これは保育所や幼稚園と異なる点である．

　2014（平成 26）年 4 月 30 日に告示された幼保連携型認定こども園教育・保育要領では保護者に対する子育ての支援について，「第 1 章　総則　第 3　幼保連携型認定こども園として特に配慮すべき事項」としてつぎのように記された．「幼保連携型認定こども園における教育及び保育の基本及び目標を踏まえ，子どもに対する学校としての教育及び児童福祉施設としての保育並びに保護者に対する子育ての支援について相互に有機的な連携が図られるよう，保護者及び地域の子育てを自ら実践する力を高める観点に立って，次の事項に留意するものとする．」そして，「(1) 幼保連携型認定こども園の園児の保護者に対する子育ての支援」と「(2) 地域における子育て家庭の保護者等に対する支援」の2 つの項目から子育て支援の取り組みについて記載されている．園児の保護者に対する支援を実施する際には，保護者の生活形態が異なることを踏まえ，全ての保護者の相互理解が深まるように配慮することが求められている．地域の子育て家庭に対する支援では，「市町村の支援を得て，地域の関係機関等との積極的な連携及び協力を図るとともに，子育ての支援に関する地域の人材の積極的な活用を図るよう努めること．また，地域の要保護児童への対応など，地

162　　第9章　子育て支援

域の子どもを巡る諸課題に対し，要保護児童対策地域協議会など関係機関等と連携及び協力して取り組むよう努めること.」と関係機関との連携・協力の重要性が示されている.

2017（平成29）年の改訂では，「第4章　子育ての支援」と独立した1章として示されるようになった. 内容に大きな変更はないものの，同時期に改定された保育所保育指針同様，地域の関係機関等との積極的な連携及び協働を図ることが明記されている. そして，「幼保連携型認定こども園は，地域の子どもが健やかに育成される環境を提供し，保護者に対する総合的な子育ての支援を推進するため，地域における乳幼児期の教育及び保育の中心的な役割を果たすよう努めること.」と明記されており，子育て支援の中核としての役割が期待されている.

(4) 地域子ども・子育て支援事業

子ども・子育て支援新制度の創設により，市町村は，それぞれの地域の実情に応じた子育て支援を展開することが求められている. 子育て家庭を支えるため，地域子ども・子育て支援事業として13事業が定められている.

① 利用者支援事業

子ども・子育て支援新制度の実施に伴い，子育て家庭が必要な支援を円滑に利用できるようにと創設されたのが，利用者支援事業である. 保育所，幼稚園，認定こども園などの施設の利用の他，地域子ども・子育て支援事業の利用についても実施状況が市町村によって異なることや，各家庭の状況によって必要となる支援も異なる実情に対応するためである.

実施方法はつぎの3つの類型にわけられる.「基本型」は，子どもとその保護者等が，教育・保育施設や地域の子育て支援事業等を円滑に利用できるよう，身近な場所において，当事者目線の寄り添い型の支援を実施することを目的とする. 地域子育て支援拠点や保育所，児童館など親子にとって身近な施設で実施される. 利用者のニーズを把握し，それに基づいて情報の集約・提供，相談，利用支援等を行うことにより，子育て家庭に対する支援だけでなく，関係機関との連絡・調整，連携，協働の体制づくりを行うとともに，地域の子育て資源の育成，地域課題の発見・共有，地域で必要な社会資源の開発などを総合的に行

うことも業務内容に含まれている．具体的には，個々の子育て家庭のニーズを
丁寧に汲み上げ，必要な支援を利用者である親子とともに考え調整し，その家
庭ごとのオーダーメイドの地域子育て支援をつくることである．「特定型」は，
主として市町村窓口で実施される．待機児童の解消等を図るため，行政が地域
連携の機能を果たすことを前提に主として保育に関する施設や事業を円滑に利
用できるよう支援するものである．「母子保健型」は，主として市町村の保健
センター等母子保健に関する相談機能を有する施設で実施される．妊娠期から
子育て期の母子保健や育児に関する様々な悩み等に円滑に対応するため，保健
師等が専門的な見地から相談支援等を実施し，切れ目ない支援体制を構築する
ことを目的としている．

② 地域子育て支援拠点事業

　乳幼児とその保護者が相互の交流を行う場所を開設し，子育てについての相
談や情報提供，助言その他の援助を行う事業である．実施主体は市町村である
が，市町村が認めた者への委託等を行うことができるため社会福祉法人や特定
非営利活動法人などが受託し運営される拠点も多数みられる．すべての子ども
と家庭を対象としているが，「0歳から未就学児」のように子どもの年齢で利用
対象を決めている市町村も多い．

　事業類型は，常設の地域の子育て拠点を設け，地域の子育て支援機能の充実
を図る取組を実施する「一般型」と，児童館等の児童福祉施設等多様な子育て
支援に関する施設に親子が集う場を設け，子育て支援のための取組を実施する
「連携型」の2つがある．

　地域子育て支援事業実施要綱には，基本事業として「1．子育て親子の交流
の場の提供と交流の促進」「2．子育てに関する相談・援助の実施」「3．地域の
子育て関連情報の提供」「4．子育て及び子育て支援に関する講習等の実施」の
4項目が示されており，子育て親子への直接的な支援に加え，地域の子育て情
報の収集や発信，子育てや子育て支援に関する講座やボランティアの養成など
の役割が期待されている（厚生労働省雇用均等・児童家庭局長（2014）地域子
育て支援拠点事業実施要綱）．

③ 妊婦健康診査

　妊婦の健康の保持及び増進を図るため，妊婦に対する健康診査として，健康

164 第9章 子育て支援

状態の把握，検査計測，保健指導を実施するとともに，妊娠期間中の適時に必要に応じた医学的検査を実施する事業である．近年，経済的理由や妊娠に対する知識の欠如から，妊娠しても妊婦健診を受診しない「未受診妊娠」や，健診を受けないまま産気づいたときに医療機関を受診するか救急搬送されるなどして出産する「飛び込み出産」などが社会問題化している．妊婦健診は，安全・安心な出産のために重要であることから，子ども・子育て関連法案では，「地域子ども・子育て支援事業」に位置付けるとともに，市町村計画に見込み量等の記載を義務付けることなどにより，妊婦健診の確実な実施が求められている．

④ 乳児家庭全戸訪問事業（こんにちは赤ちゃん事業）

　保健師や助産師等が生後4か月までの乳児のいる全ての家庭を訪問し，子育て支援に関する情報提供や養育環境等の把握を行う事業である．地域の子育て支援の専門職が訪問することで，産後間もない親の不安や悩みを軽減したり，家庭が必要とする地域の子育て情報を直接提供したりすることが期待される．地域によっては，乳幼児家庭全戸訪問事業に民生委員・児童委員や地域子育て支援拠点のスタッフなどが同行し，地域の子育て支援の利用につなげる取り組みも実施されている．

⑤ 養育支援訪問事業

　養育支援が特に必要であると判断した家庭に対し，保健師・助産師・保育士等がその居宅を訪問し，養育に関する指導，助言等を行うことにより，家庭の適切な養育の実施を確保することを目的とする事業である．

　乳児家庭全戸訪問事業（こんにちは赤ちゃん事業）の実施結果や，母子保健事業，妊娠・出産・育児期に養育支援を特に必要とする家庭に関する保健医療の連携機関による情報提供や関係機関からの連絡・通告等により支援の必要性が認められる．

⑥ 子育て短期支援事業

　保護者の疾病等の理由により家庭での養育が一時的に困難となった児童について，児童養護施設，母子生活支援施設，乳児院，保育所，ファミリーホーム等で必要な保護を行う支援で，つぎの2つの事業がある．

　短期入所生活援助事業（ショートステイ事業）は保護者の疾病や仕事等の事由により児童の養育が一時的に困難となった場合，又は育児不安や育児疲れ，

慢性疾患児の看病疲れ等の身体的・精神的負担の軽減が必要な場合に，児童を児童養護施設等で一時的に預かる事業である．

夜間養護等事業（トワイライトステイ事業）は，保護者が仕事その他の理由により平日の夜間又は休日に不在となることで家庭において児童を養育することが困難となった場合やその他緊急の場合に，その児童を児童養護施設等において保護し，生活指導，食事の提供等を行う事業である．

⑦ 子育て援助活動支援事業（ファミリー・サポート・センター事業）

乳幼児や小学生等の子育て中の保護者を会員として，児童の預かり等の援助を受けることを希望する者（依頼会員）と援助を行うことを希望する者（提供会員）との相互援助活動に関する連絡，調整を行う事業である．平成21年度からは，病児・病後児の預かり，早朝・夜間等の緊急時の預かりなども行っている．相互援助活動の内容としては，保育施設や学校の開始前や終了後の預かり，保育施設までの送迎，保護者の病気や急用等の場合の一時的な預かりなどがある．支援を受けるためには，事前の会員登録が必要である．提供会員は，市町村が実施する講習を修了した後，活動が開始される．事業利用の一般的な流れとしては，まず，アドバイザーが，依頼会員からの依頼内容と提供会員の活動可能な条件を調整し，相互支援活動をコーディネートする．その後依頼会員，提供会員が事前に打ち合せを行い，子どもへの対応の仕方や健康面の留意点など支援の具体的内容について話し合う機会をもつ．その後，相互支援活動がスタートするのが一般的である．

⑧ 一時預かり事業

家庭において保育を受けることが一時的に困難となった乳幼児について，主として昼間，認定こども園，幼稚園，保育所，地域子育て支援拠点その他の場所において，一時的に預かり，必要な保護を行う事業である．

これまで実施されてきた一時保育事業が，子ども子育て支援新制度施行により，事業類型等が再編され一時預かり事業となった．事業の後継である「一般型」（休日の開所，及び1日9時間以上の開所を行う施設に加算される基幹型加算も含む），「余裕活用型」（保育所等において，利用児童数が定員に達していない場合に定員の範囲内で一時預かり事業を実施），「幼稚園型」（幼稚園における預かり保育と同様，在園児を主な対象として実施），「居宅訪問型」（児童

の居宅において一時預かりを実施）である．また，平成 28 年度には，保育の必要性を認定された子どもであって特定地域型保育事業を利用していない場合に，保育所等への入所が決まるまでの間，定期的に預かる「緊急一時預かり」も事業の対象となった．

⑨ 延長保育事業

保育認定を受けた子どもについて，通常の利用日及び利用時間以外の日及び時間において，認定こども園，保育所等において保育を実施する事業である．

⑩ 病児保育事業

保育所，認定こども園，病院，診療所その他の場所に付設された専用スペースにおいて，保育を必要とする乳児・幼児，保護者の労働もしくは疾病その他の事由により家庭において保育を受けることが困難となった小学生で疾病にかかっているものについて，看護師等が一時的に保育等を行なう事業である．対象児はおおむね 10 歳未満から小学生までである．

⑪ 放課後児童クラブ（放課後児童健全育成事業）

民間主導で営まれてきた経緯もあり「学童保育」や「児童クラブ」など自治体により様々な名称で呼ばれてきた．実施場所も多様で，小学校の余裕教室や敷地内専用施設，児童館や児童センター，公的施設，民家・アパート等がある（厚生労働省雇用均等・児童家庭局育成環境課，平成 26 年 11 月 7 日「平成 26 年放課後児童健全育成事業（放課後児童クラブ）の実施状況」）．

保護者が労働等により昼間家庭にいない小学校に就学している児童に対し，授業の終了後や春・夏・冬休みなどの学校休業日に小学校の余裕教室，児童館等を利用して適切な遊び及び生活の場を与えて，その健全な育成を図る事業である．放課後児童クラブは，1997（平成 9）年に放課後児童健全育成事業として児童福祉法に位置付けられた．

出産や育児休業を経て仕事を継続する家庭の増加に伴い放課後児童クラブの利用希望も増加し，近年では放課後児童クラブの待機児童の問題も顕在化している．このような「小 1 の壁」と呼ばれる状況を改善するためにも，放課後児童クラブの拡充は喫緊の課題となっている．

⑫ 実費徴収に係る補足給付を行う事業

保護者の世帯所得の状況等を勘案して，特定教育・保育施設等（市町村長が

施設型給付費の支給対象施設として確認する教育・保育施設である認定こども園・幼稚園・保育所）に対して保護者が支払うべき日用品，文房具その他の教育・保育に必要な物品の購入に要する費用又は行事への参加に要する費用等を助成する事業である．

⑬ 多様な事業者の参入促進・能力活用事業

特定教育・保育施設等への民間事業者の参入の促進に関する調査研究その他多様な事業者の能力を活用した特定教育・保育施設等の設置又は運営を促進するための事業である．

参考文献

(1) 渡辺顕一郎，橋本真紀『詳解　地域子育て支援拠点ガイドラインの手引（第3版）—子ども家庭福祉の制度・実践をふまえて—』中央法規出版，2018年．

(2) 内閣府『少子化社会対策白書平成30年版』日経印刷，2018年．

(3) 渡辺顕一郎，金山美和子『家庭支援論の理論と方法　—保育・子育て・障害児支援・虐待予防を中心に—』金子書房，2015年．

168

第 10 章

保幼小連携と接続
― 「アプローチ・スタートカリキュラム」の意義と作成ポイント
＆生活科の教科特性―

＜シラバス＞
幼児教育や小学校低学年教科の生活科において最も重要なことは，**子ども
の全人的な理解**である．そのとき幼児期から小学校児童期という発達特性
に基づき，「遊びや主体的な活動における子ども理解」の考え方と実践的な
力量が小学校教師に求められる．そこでは，教科書中心ではなく，子ども
が活動や体験を通してどのような資質・能力を身に付け，人間としての成
長が観られるのかを的確に把握する必要がある．本章では，**幼児教育の本
質**から始まり，**遊びの意義**，**幼児教育と小学校教育との異同**，幼児教育と小
学校教育をつなぐ**生活科の教科特性**，そして生活科の教科特性を活かして
幼小連携につながる「アプローチカリキュラム」「スタートカリキュラム」
について，しっかりお伝えする．

1. 幼児教育の本質

　上越教育大学附属幼稚園においては，「幼児教育の本質」をかつての研究テー
マ『幼小をつなぐカリキュラムと指導方法　幼小接続を考える　vol.3』（2013
＜平成 25 ＞年 3 月発行）において，次のように述べている．

「幼児教育は，自由遊びを中心とした自由保育である．そこで得た様々な資質・能力は，小学校以降の教科学習に必ずつながる．」具体的には，［言語リテラシー（国語へ）］［数量リテラシー（算数へ）］［科学リテラシー（理科へ）]」という名称にて教科とのつながりを書き出している．

このように，遊びのもつ意義をしっかり認定しつつ，そこでの資質・能力の意味付けを幼小接続につながるように記述している．

2.　遊びの意義—5歳児と1年生の学びをつなぐ重要な要素

遊びを通して獲得する具体的な資質・能力とはどのような内容であろうか．「砂場遊び」を事例として，記述してみる．幼児達は，［砂］に触れるが，目標として「川を作る」として水が砂場に入ってくるともう一度触れ，「砂がこう変わるのか」と驚いている．この段階で，幼児達は「感性」を身に付けている．そして，「砂場遊び」においては，様々な異年齢交流も多く，3歳児が5歳児（年長児）とのコミュニケーションを通して，多くの日本語（言語）を学んでいる．これは，まさしく「知識」獲得である．「川を作る」「山を作る」などの目標によって，幼児達はスコップをしっかり使っている．これは「技能」を獲得している実態である．さらに，コミュニケーションを通して人間関係力（＝社会性）やコミュニケーション力そのものも育っている．このように，遊びは自分で決めた課題に基づくので，「主体性」が前提であるが，「砂場遊び」を通して，感性・知識・技能・コミュニケーション力・社会性など，様々な資質・能力を幼児達は身に付けていると言える．「遊びの意義」に関して，木村は次の図表を作成している．

```
遊びの意義 ： 自分で決めた課題（内なる課題）を自分の力で解決
           （実現しようとする体験＝自己実現体験（達成感・成就感））
内なる課題
への対応力     ⇒ 自己肯定感（「ぼくだってやればできる」「わたしだってが
                        んばればできる」）
↑↓＜生活科＞
外からの課題   ⇒ 生きる自信（主体性の源）⇒⇒ 「生きる力」（の基礎）
への対応力
              ↑…人生の根本課題に対応するための原体験
```

幼児の生活の中心をなす遊びには，子どもの成長にとってどんな意味がある

だろうか．遊びとは，自分で見付けた課題を自分なりの方法で，自分の力で実現・達成することのできる活動（体験）である．そこでは，自己選択・自己決定・自己実現の機会がふんだんに与えられる．「やったぁ！」という思い，「自分もなかなかやるもんだ」という思い，「ぼくもやればできる」という思い，これらの達成感・自己肯定感が自分づくりの原点である．自分づくり，すなわち「主体性」の源の提供，「主体性の確立のチャンス」の提供，これが遊びのもつ一番の意義である．自分の好きな遊び（自分で決めた課題）に没頭・専念・集中できて自分の力で実現を果たすという自己実現の体験から，「ぼくは，縄跳びが大好きです」「私は鉄棒が得意です」というような，「自分は〜ができます」，「自分は〜が大好きです」「自分は〜が得意です」という自分を意識・自覚することができるようになる．

　一方，「小学校学習指導要領」の国語で言えば，漢字を「1年生ではこれだけ覚えなさい．」「2年生ではこれだけ，3年生では…」というように，課題は自分で決められない．覚える内容が最初から決められていて，常に外からの課題としてやってくる．その課題に自分はどう対応するのかが求められる．それが小学校以上の教育である．もちろん私たちおとなも常に外から課題が与えられて，それにどう応えるかが問われる．「外からの課題」に応える力の前提となる「内なる課題への対応力」をつくるのが幼児教育の遊びであり，生活科の遊び的要素であり，そこではぐくまれる主体性なのである．自分の課題を自分で決めて，その実現に邁進，努力する．その経験の積み重ねが，やがて，外から与えられた課題にも対応できる力へとつながっていく．このような自己実現の体験が，5歳児と小学校1年生に最も必要とされる学びの内容である．

3.　幼児教育と小学校教育の違いと両者をつなぐ生活科の教科特性

はじめに

　子どもにとって小学校への入学とは，遊び中心の生活から（教科）学習中心の生活へと生活スタイルが大きく変わることである．幼児期の子どもたちは遊びながら様々な資質や能力を身に付けているが，小学校以降は，学びや育ちが点数化されたり行動内容によって判断・評価されたりする．どちらも「学び」「育ち」（様々な力を身に付けていく姿）は共通であるが，その質が違っている

と言わざるを得ない.

そもそも, 連携とは「同じ目的を持つ者が互いに連絡を取り, 協力しあって物事を行うこと」である. 保幼小連携の鍵は, 幼児教育と小学校教育について, それぞれの教師がお互いをよく知り, 理解し合うことであり, 単なる「5歳児と小学校1年生だけの問題」ではなく, 双方の子どもの育ちにつなげることである. 異校種間連携にとってのキーワードは, **「相互理解」**と**「互恵性」**（お互いにメリットが見いだせる活動. 具体的には交流授業など）である.

ここでは, 幼児教育と小学校教育の違いを「教育目的論」「教育方法論」「教育評価論」の3観点から明らかにし, 両者をつなぐことで5歳児から小学校1年生への学びの連続性を保つものとしての生活科の特質や遊びの意義を明らかにする.

（1）幼児教育と小学校教育の違い

1）教育目的の観点から

『幼稚園教育要領』や『保育所保育指針』『幼保連携課型認定こども園教育・保育要領』の中の「ねらい」を具体的に見ると, それらは**育てたい子ども像**であり, **子どもを育てる方向性**を示したものである. 例えば『教育要領』と『保育指針』『認定こども園教育・保育要領』での3歳以上の領域「健康」のねらいは次のようになっている. 全て共通である.

（1）明るく伸び伸びと行動し, 充実感を味わう.

（2）自分の体を十分に動かし, 進んで運動しようとする.

（3）健康, 安全な生活に必要な習慣や態度を身に付け, 見通しをもって行動する.

この中の（2）は, 「自分の体を十分に動かし, 進んで運動しようとすることのできる子ども」, つまり運動好きの子どもを育てることを意味している. 幼児教育の場合, サッカーで運動好きになってもよいし, 縄跳びで運動好きの子どもになってもかまわない. また, シュートが上手かどうか, 縄跳びが何回跳べるかは特に問われない. このように, **子どもの育ちの方向性を示す教育目標**のことを 方向目標 と言う.

一方, 小学校ではどうだろうか. 「なわとび名人カード」というものを多く

172　第10章　保幼小連携と接続

の小学校で対応している．教科・体育の目標として「運動好きの人間（子ども）を育てる」という方向目標もあるはずであるが，実際の授業となると，例えば前回り50回以上跳べないと「なわとび名人」のスタンプはもらえない．このような教育目標を 到達目標 と言う．もちろん，どっちがよくてわるくての問題ではない．先ほども述べたように，小学校教育では点数化されたり目に見える行動によって評価されるために，その達成度・到達度を中心に学習が展開される．それに対して，幼児教育ではその子が育っている方向性を大事にし，どこまでできるかの到達目標は基本的に問わないことが教育目的論からの両者の違いである．

2）　教育方法の観点から

幼児教育の基本は「環境を通して行う教（保）育」である．これは，子どもが自分から進んで動き出したくなるような教（保）育環境設定に基づく教育・保育が展開されることを意味する．これを 間接教育 と言う．すなわち，間接教育とは，教（保）育のねらいや目標を学習（保育）環境に反映させることによって，学習者（子ども）の主体的な活動を誘発しようとする教育の方法である．この教（保）育環境には，物的環境と人的環境の2種類がある．具体的な教師や子どもの姿を紹介する．

かつて，附属幼稚園へ保育参観に出かけたとき，5歳児担任の先生が「えい！シュートだ！　やったー，ゴールできた！！」とサッカーの活動を行っていた．その先生の姿を見ていた5歳児と4歳児が「先生，僕たちもサッカーやらせて」「私もサッカーやりたい！」と担任に主張した．その主張を受けて5歳児担任は「10人来てくれたから，5人ずつのチームを組んでサッカー大会やろうね」と語りかけた．すると，幼児達は「イエー！」と喜んでサッカーを始めた．このように，担任の対応が幼児達のサッカーへの意欲を引き出してくれたことがよく分かる．これは，「運動好きの子どもを育てる」という担任教師の方向目標に由来している．そして，サッカーボールやサッカーゴールという「物的環境」の活用と，「こうすればサッカーが上手くできる」という演技の姿は「人的環境」と捉えることができる．このように，間接教育とは，物的・人的環境の両方を活用することで，子どもたちの「やる気」を引き出せる（＝子どもの主体的な活動を誘発する）ことが明確である．

3. 幼児教育と小学校教育の違いと両者をつなぐ生活科の教科特性　*173*

一方，教科書を使って行われる方法に代表される 直接教育 が小学校以上の教育方法の中心である．「何頁を開きなさい，そこを読みなさい．」というように，教師のねらいや意図を直接指示・命令することで行われる教育方法である．

間接教育を中心として教育・保育が展開されるのが幼児教育，直接教育を中心とした（教科学習中心の）教育が展開されるのが小学校教育である．ここでも，どちらがよいわるいの問題ではない．幼児教育にあっても「次はお食事だから手を洗いましょうね．」といった直接的な指示による保育も行われているからである．

3）　教育評価の観点から

そもそも「評価＝子ども理解＝子どもの姿から各自の成長を見取る」というのが，現在の「教育評価」のあり方である．かつては，他者と比べてその子を集団の中に位置付けたりして評価すること，つまり 相対評価（集団準拠評価） の時代もあったことは事実である．かつての高度経済成長社会に基づく学歴社会が日本の学校教育に定着していた頃の評価が，この相対評価である．

しかし，かつても今も幼児教育では，他児と比べての評価は考え方として間違っている．そうではなく，その子自身のかつての姿と今の姿を比べてその「伸び」を明らかにすることを 個人内評価 と言うが，幼児教育の評価の基本がこの個人内評価である．これは，他者との比較によらない評価という意味で徹底した 絶対評価 の考え方である．幼児教育の評価では，絶対評価が基本である．ここでもう一度確認する．

個人内評価とは，子どものかつての姿と今の姿を比べて，どういう方向に育っているかを確かめながら行う子ども理解の方法である．子どもを全人的に捉えながら行う保育・教育にとって重要な評価のあり方であり，徹底した絶対評価の考え方に基づくものである．

ここ 20 年以上において，小学校以上の学校教育においても絶対評価が主流になっている．学校では，教育目標を子どもの姿で書き出した 「評価規準」 を指導案に書き出す．これは，子どもの姿と教師のねらいの接点を見出した形で教育目標を設定したものである．評価に際して小学校教師は，この目標に対して子どもがどの水準にまで達しているのかを見取る必要がある．これが，

174　第 10 章　保幼小連携と接続

「目標準拠評価」と呼ばれる小学校教育での絶対評価のあり方である．

　現在の指導要録の 3 年生以上には「評定欄」が残っている．しかし，「評定」であっても教師の作成した評価規準に対してどのレベルにまで達しているかを 3 段階評価（ABC 評価）で記述するといった，他者との比較によらない評価方法が取り入れられている（中学校においても）．今ではすべてが絶対評価の考え方に基づく「一人一人の生きる力」の育ちが評価の対象となる時代である．「生きる力」とは，「いかに変化の激しい社会にあっても，主体的に自分の人生を生き抜こうとする力」のことであり，他児との比較の問題ではない．

　結論としては，幼児教育では個人内評価という絶対評価の考え方に徹することが評価の本質である．一方，小学校でも，現在は他者との比較をせずに（目標準拠の）絶対評価をもとにして全人的に子どもを理解しようとする評価が求められている．あえて言えば，違いは「指導要録」の書き方である．

4）　まとめ（3 つの視点による幼児教育と小学校教育の違い一覧）

	幼児教育	小学校教育
目的論	方向目標中心	到達目標中心（方向目標もあり）
方法論	間接教育中心	直接教育中心（生活科以外）
評価論	個人内評価 （徹底した絶対評価） 「指導要録」は文章表現	評価規準を前提（絶対評価の考え方） 評定欄もあるが，考え方は絶対評価 「指導要録」は ABC 評価

（2）　幼児教育と小学校教育をつなぐものとしての生活科

　次に生活科の教科特性を，やはり 3 つの観点から明らかにする．

1）　教育目的の観点から

　生活科の究極的な目標は「自立し生活を豊かにしていくための資質・能力を育成することを目指す」，そして「気付きの質を高める」という抽象的な内容である．人間が独り立ちするための基礎的部分を育てるという子ども像と育てたい方向性が示されている．これは明らかに「方向目標」である．しかし，実際の授業では，子どもたちが独り立ちに向かってどのくらい育ったかを見取りつつ，また独り立ちするための資質・能力を「到達目標（行動目標）」として設定して授業を展開して構わない．例えば，この単元を通して子ども達には「自分の考えを人前で堂々と発表できるように指導しよう」という到達目標を設定し

3. 幼児教育と小学校教育の違いと両者をつなぐ生活科の教科特性　*175*

て活動に取り組んでよい．つまり，生活科の場合，個々の単元や個々の児童に対しては，具体的な「到達目標」を設定することは可能であるし，全く問題はない．

すなわち，**生活科の教育目標は「到達目標を内に含んだ方向目標」**なのである．

ところで，生活科が新設された当初は「教師主導の教育から子ども主体の学習展開へ」という考え方が強調された．そこでは，子どもの主体性育成が中心となる教育目標であったと思う．しかしながら，現在では，主体性を前提としながらも社会性（相手意識）の育成が重要な時代に入っていると筆者は考えている．したがって，「自立」とは「社会人としての独り立ち」を意味していると思う．子どもたちの「主体性」をもとに，学習対象（アサガオ・動物・野菜等）のために何ができるか．クラスメイトのために何ができるか．地域の人のために何ができるかを学ぶことで，真の「自立」につながるであろう．「様々な相手のために何ができるかを考える」児童を育てることをめざしているのが生活科である．

2）　教育方法の観点から

例えば，「秋をさがそう」という単元では，教師がどんぐりを教室に持ってきて見せ，「これが秋ですよ，覚えなさい」と教えるようなことはしない．そうではなく，低学年教師は子どもたちに秋を見つけさせようとして公園に連れて行き，子どもたちが自ら秋を見つけたくなるように仕向ける．秋を見つけさせたいという教師のねらいが反映された公園という（物的）教育環境に子どもを連れ出し，子どもが自分から秋を見つけたくなるよう言葉がけをして授業をする．これは，まさしく間接教育の考え方による教育の方法である．

一方，教室に戻ったら，作文シートや学習カードに今日の活動や感想を書く時間を設ける．このとき教師は，「カードや作文に書いてね」と直接指示をする．

このように，**生活科の方法論の基本は間接教育であり，「教え込み」「指示・命令」は極力控えるが，適宜直接教育も取り入れた指導が行われる．**

3）　評価論の観点から

生活科では対象が小学校低学年ということもあり，絶対評価の考え方を基本にして評価活動を進めなくてはならない．他児との比較によるのではなく，ま

176   第 10 章　保幼小連携と接続

さにその子の「伸び」を認めて褒めてあげることが基本である．しかし，小学校教科なので，指導案の中には「評価規準」を書き出す必要がある．その目標に関してどのような姿を見せているか，そしてその目標に対してどのレベルにまで達しているかを見極めるのが生活科の評価活動になる．他者と比べることはないが，教師の設定したねらい，すなわち「評価規準」に忠実に学習活動を展開することが求められる．したがって，**生活科の評価は評価規準を前提とした個人内評価である**．

4）　幼小連携の鍵を握る教科としての生活科

　以上のように，生活科は，幼児教育と小学校教育の両方の性格を併せ持つ教科であり，幼小連携の鍵を握る教科である．それは，生活科が幼児期の学びと新入児童 1 年生の学びをつなぐ役割を果たしていることを意味している．

4.　幼児期の学びと 1 年生の学びをつなぐ接続期カリキュラム　～アプローチ・スタートカリキュラムの意義と

作成ポイント～

はじめに

　『小学校学習指導要領解説　生活編』（2008 ＜平成 20 ＞年版）で，「スタートカリキュラム」という用語が明記された（p.7, p.45.）．幼児期の遊び中心の生活経験を踏まえた，合科的・関連的な学習の導入が低学年教育に必要であり，その中核を担うのが生活科であることが強調されたのである．生活科のもつ幼小連携上の重要性はこれからもますます強調されていくであろう．ここでは，この「スタートカリキュラム」について，その定義や意味付け，そして作成のポイントについて述べる．

　一方で，幼児教育の最終段階における子ども達の小学校入学後を意識したカリキュラムが，「アプローチカリキュラム」という名称で全国に広がっている．スタートカリキュラムの前提となる内容なので，ここでは，まずその意味づけや具体的なあり方について検討してみよう．

（1）アプローチカリキュラムとは

　幼児教育の最終段階である5歳児教育の後半（10月～3月）における，小学校進学後を意識したカリキュラムが「アプローチカリキュラム」という名称で全国的に知られている．もともと，横浜市教育委員会が提案した名称である．文部科学省では，この「アプローチカリキュラム」とスタートカリキュラムの両方を含めて，「接続期カリキュラム」と名付けた．

　小学校進学後を意識したカリキュラムとしては，保育所の場合，午睡（お昼寝）をなくすことがまず考えられる．一方，幼稚園も含めた「アプローチカリキュラム」では，集団による遊びを取り入れる，話し合いや友達の前で自分の考えを語るような集団活動も取り入れる，昼食時間を小学校の時間に近づける，椅子に座って先生やお友達の話を聞く場面を設ける，等が考えられる．そのほか，小学校との交流授業や行事への参加，1日入学など，やがて自分の生活場所となる環境に慣れ親しむような機会を提供することが重要である．**幼児教育の本質に基づく「生活リズムの変化」を提供する**ことで，**幼児が新入児童になった段階での小学校生活への「適応」を促すことを目的とするのがアプローチカリキュラム**である．

（2）スタートカリキュラムとは

　（『学習指導要領解説　生活編』(2008＜H20年＞版 pp.43-45 をもとに)

　生活科は，教科の性格上，国語・音楽・図工など他教科等との関連が深く，今回の改訂においてもますますその必要性が強調された．同時に他教科の指導要領においても，「指導計画の作成と内容の取扱い」のなかで，「低学年における生活科との積極的な関連」が明示された．生活科の学習指導に当たっては，低学年教育全体を視野に入れて，他教科等との関連を図りながら進めていくことがますます求めている．

　平成20年版改訂において，「生活科の指導計画作成と内容の取扱い」の中に，「特に，第1学年入学当初においては，生活科を中心とした合科的な指導を行うなどの工夫をすること．」が付加され，この文言を基に『解説』「第4章 指導計画作成上の配慮事項」の（3）に，「スタートカリキュラムの編成」が新入児童の小学校生活への適応を促し，小1プロブレムなどの問題解決に効果的であ

178   第10章　保幼小連携と接続

るという見解が示された.

　以上のような，スタートカリキュラム作成の必要性を確認した上で，『解説』
を基にしながら，ここでは，それぞれのキーワードについての木村なりの定義
付けを行いたい．合科的な指導と関連的な指導との区別については，『解説』の
文言だけでは理解しにくいため，木村の思いきった見解を以下に書き出す．参
考にしていただきたい.

1)　スタートカリキュラムの意義

　新入児童の入学直後約1ヶ月間において，児童が幼児期に体験してきた遊び
的要素とこれからの小学校生活の中心をなす教科学習の要素の両方を組み合わ
せた，合科的・関連的な学習プログラムが「スタートカリキュラム」である．と
りわけ，入学当初の生活科を中核とした合科的な指導は，児童に**「明日も学校
に来たい」**という意欲をかき立て，**幼児教育から小学校教育への円滑な接続を**
もたらし，**新入児童の小学校へのスムーズな「適応」**を促してくれることが期
待される.

2)　合科的な指導とは

　学習のねらいとして，抽象度の高い「方向目標」を定め，その目標を達成す
るために，遊び的要素の強い活動や教科にも連動するような活動を取り入れ，
児童の登校意欲や学習意欲を高めるような指導のことが「合科的な指導」の意
味である．例えば，「がっこうだいすき」という単元名にし，**目標を「学校が
大好きになり，明日も学校に来たいと思える子ども」**を育てることと設定する.
実際の活動の中には，例えば，学校探検（生活科）・自己紹介（国語）・友だち
何人？（算数）・校歌を歌おう（音楽）・自画像で自己紹介（図工）などを取り
入れ，やがて様々な教科学習に結びつく活動を遊びながら展開していくことが
考えられる．スタートカリキュラムは，「育てたい子ども像＝活動を中心とし
た学習全体のねらい」が先にある合科的指導が相応しいと考える.

　生活科の持つ教科目標の抽象度の高さ（「自立」＆「気付きの質を高める」）
と学習の自由度の大きさ（学習の大枠は教師が決めるが　具体的な学習内容は
子どもが決める）が，スタートカリキュラムをより効果的にする．スタートカ
リキュラムが生活科を中核とした合科的な指導計画に基づくことが望ましいと
いう理由は，ここにある.

3) 関連的な指導とは

　ある一つの教科の目標を中心に据え，その目標を達成するために他教科の活動を取り入れて行う学習指導プログラムが「関連的な指導」である．例えば，生活科でアサガオ栽培に取り組み，「アサガオさんとともだち」という単元を設定し，「アサガオに強い愛着を持ち『ぼく・わたしのアサガオ』という意識を高める」という目標を設定したとする．アサガオに愛着を持たせるために，学習カードに絵や作文をかく活動（図工・国語），アサガオの花や種の数を数える活動（算数），アサガオのつるでリースを作る活動（図工．このとき，まだ緑色が残っているので切りたくないという子が出る→命の問題＝道徳）などを関連させることで，生活科のねらい（継続的な栽培活動を通してアサガオの生長と自分自身の成長に気付く）をより確実に達成することが可能となる．生活科の日常的・継続的な活動を教科学習の素材とすることで，様々な側面からの表現力を身に付けることができる．これは，低学年教育全体として，取り入れたい学習スタイルであると考える．　**「題材は生活で，表現は他教科で」**学習することで，様々な教科との関連も重要であるという生活科の教科特性を象徴するのが関連的な指導である．合科的指導・関連的指導の両方の活用によって，新入児童の教科学習への接続がよりスムーズに果たされる．

(3) スタートカリキュラムの意義と作成のポイント

1) 小1プロブレムの克服

　子どもにとっては，遊び中心の生活から教科学習中心の生活へと生活スタイルが変化することは，かなり大きな「段差」である．これまでは，自分で決めた課題（自分のしたい遊び）を自分で達成する（自分の力で実現する）生活が中心だったが，教科学習は外から来る課題に自分がどのように対処するのか（知識・技能の習得）が問われるからである．

　それと同時に，自力での登・下校，時間割に基づく生活，施設・設備の違い等々，**子ども目線**からすれば多くの「段差」が観られる．そのとき，これまで経験してきた「遊び」の要素を多く含んだ活動に基づく日々が送られることは，子どもにとって「小学校でもこれまでやってきたことが通用するのだ」という自信（自己肯定感）が持てるきっかけになる．これが，**スムーズな「適応」**を

生み出すというスタートカリキュラムの第一の意義である.

かつて,青森市内での「スタートカリキュラム研修会」において,担任の先生が,「本校では,これまで毎年の新入児童において必ず3・4人の不登校児がおりました.でも,スタートカリキュラムを実現してからは,不登校児は0＜ゼロ＞になりました.」と自信たっぷりに語ってくれた.まさしく,スタートカリキュラムの意義付けである.

ただし,ここで確認しておきたいことがある.それは,スタートカリキュラムが,小1プロブレム対策のための対症療法を意味するものではない,ということである.スタートカリキュラムは,生活科設立の趣旨である「子どもの発達実態に基づき,一人一人の子ども理解をもとに学習を進める」という発想に基づいたカリキュラムであり,文字どおり,生活科本来の趣旨に則った学習活動であることをここで確認する.

2) 子どもも安心・保護者も安心・先生も安心…みーんな安心プログラム

1) で述べたことは,子どもにとっての安心プログラムである.それに加え,全校体制でスタートカリキュラムに臨むことで,保護者や担任教師も安心して新入児童と関わることができる.

① 保護者も安心：1週間ごとの教育目標が週の初めにあらかじめ示され,かつ,明日の持ち物や活動予定を知らせてもらうことで,保護者の皆さんは安心して子どもたちを学校に送り出すことができる.特に,1週間の予定表を事前配布され,各教科の配当時数等が示されていると,「ちゃんと勉強しているんだ」と喜んでくれる.全校を挙げて,保護者に説明責任を果たすことで,保護者からの理解と協力が得られる.

② 先生も安心：担任のみならず,入学後約1ヶ月間は管理職の先生,養護教諭の先生,特別支援の先生,また保護者によるボランティアサポーター等,様々なおとなの皆さんに新入児童を見守ってもらう.そうすることで,子ども達は安心感と安定感を持つことができ,担任の先生も焦らず,じっくり自分の担任する子ども達の様子（実態）を見取ることができる.たった一人で30人もの新入児童を世話することの大変さを考えると,複数教員での世話は,担任に心の余裕を与えてくれる.それによって,「子ども理解を第一の課題とする」低学年教育のあるべき姿を実

感することができる.

3) 小学校生活に必要な生活習慣形成

小1プロブレムなどでも論じられているが, 学校生活に必要な生活習慣（ルールやマナー遵守の精神や規範意識. 授業中に廊下を歩く時, 静かにしないと他クラス〈先輩〉に迷惑をかける. 他クラスに迷惑をかけないルールやマナーに基づく生活習慣である）を身に付けなくては, 新入児童のその後の小学校生活に支障をきたしてしまう. 既に述べたように, 遊び的要素の多い活動から小学校生活に入るので, 楽しみながら相手意識をもって「先生との接し方」「友達との接し方」を学ぶことができる. また, 生活科の学校探検などを学習活動の中核にする場合が多いので,「廊下の歩き方」や「おとなへのあいさつの仕方」「自分の紹介（自己主張）の仕方」等々, 人間関係づくりの基礎・基本を学ぶことができる. 多くの学校では,「ソーシャルスキルトレーニング」をスタートカリキュラムに取り入れていると思われるが, 楽しみながら, かつ, 達成感（自己充実感や自己肯定感）を経験しながら, 社会性を身に付けるように指導してほしい.

おわりに

ここで紹介したスタートカリキュラムの具体例の多くは, 宮城県仙台市の全国に先駆けたスタートカリキュラム実践校及び上越市立大手町小学校から学んだものである. 今回は上越教育大学附属幼稚園紀要&長野県茅野市接続期カリキュラム事例を資料とした. 特に, 平成28年1月に出版された『長野県茅野市発　実践　接続期カリキュラム』をご解読いただき, 接続期カリキュラム実現の仕方を学んでほしい.

さいごに：教師としての役割—すべては子どもたちのために—

日本語で「教育する」と訳される 'educate' の元々の意味, それは「引き出しを開ける」という意味である. 外から見て何が入っているか分からないものを引き出して中身を明らかにする, ということである. 教育学の見地からすると,「潜在的な力を引き出して顕在化する」「内なる力や思いを外に出してあげる」「子どもの可能性を引き出してあげる」ということになる. 幼児教育（保育）を初めとして, 生活科や総合的な学習で最も大切なことは, 子どもの思い

182　第 10 章　保幼小連携と接続

や願い，興味・関心，意欲，好奇心，探究心，自己表現力等々，これら全てを
「引き出してあげる」教師の姿勢である．従って，生活・総合で子どもを育て
ようとするとき，教師の心構えとしては，「教える」のみではなく「子どもの
もつ可能性を引き出してあげる」なのである．ここで皆様に標題を提案する．

'Teacher' もいいけど，'Educator' をめざそう！

＜参考文献等＞

- 文部科学省 (2018)『小学校学習指導要領解説　生活編』(東洋館出版社)
- 長野県茅野市教育委員会編・木村吉彦監修（2016）『長野県茅野市発　育ちと学びをつなぐ「幼保小連携教育」の挑戦 実践　接続期カリキュラム』(ぎょうせい)
- 木村吉彦（2014）:「スタートカリキュラムの意義について」(文部科学省『初等教育資料平成 26 年 12 月号』＜特集Ⅰ　幼児教育と小学校教育をつなぐスタートカリキュラム＞ pp.2-5)(東洋館出版社)
- 木村吉彦（2012）:『生活科の理論と実践－「生きる力」をはぐくむ教育のあり方－』(日本文教出版)
- 木村吉彦監修・仙台市教育委員会編（2010）:『「スタートカリキュラム」のすべて　仙台市発信・幼小連携の新しい視点』(ぎょうせい)
- 文部科学省 (2008)『小学校学習指導要領解説　生活編』(日本文教出版)
- 木村吉彦編著（2008）『小学校　新学習指導要領の展開　生活科編』(明治図書)

第11章

保育の制度

1. はじめに　「制度」とは何か？

　みなさんは，制度ということばを聞いて，どのようなイメージをもたれるだろうか．人によっては，たとえば，専門家しか十分に知りえない，何か難しいものというイメージをもたれるかもしれない．たしかに，毎日の生活のなかで，制度についてなにか話をしたり考えたりする機会はそれほど多くはないので，それが大切なものであることはわかっていたとしても，自分たちの生活からは少しかけ離れた，高尚なテーマであると感じてしまったとしても不思議ではない．しかしみなさんには，ここで立ち止まって考えてみてもらいたい．制度とは，ほんとうにそのような私たちの毎日の生活からはかけ離れた，特別なものなのだろうか．

　制度とは，人びとが望ましいと考える社会のしくみやあり方が，慣習や法などのかたちとなったもののことをいう．しかしそれらのほとんどは，自分たちが生まれるより前の世代から受け継がれてきたものであり，多くの場合，その形成に私たち自身は直接関与していないという特徴をもっている．したがって，なぜいま私たちの生活にこのような慣習や法があるのかをあらためて問うたとしても，明確な答えがわからないことも多い．これが制度というものを身近に感じさせない理由のひとつでもある．

　そうであるにもかかわらず，慣習や法といった制度は，社会を生きる私たちの考え方や行動を確実に拘束している．制度とは，人間によって作り出されるものであるが，それは私たちの考え方や行動を支配し規定するものとして経験

184　第 11 章　保育の制度

されるのである．つまり，私たちの日常生活で当然のように日々繰り返される
活動は，歴史の積み重ねのなかで作られた社会的な制度のもとに行われている
のであり，いい方をかえれば，普段からなんら疑いをもたずに行うことのでき
る日常の活動の内容こそが，私たち社会が作り上げた制度の中身そのものとい
うことでもあるのだ．このような意味で，制度とはけっして私たちの生活から
かけ離れた特別なものではなく，むしろ制度と私たちの日々の実践はきりはな
して考えることのできない関係にあるわけである．

　社会の制度を知るということは，私たちの普段の活動の意味を深く理解する
ことに大きく貢献することとなる．本章のテーマである「保育の制度」に照ら
していうならば，保育にかんする諸々の制度の内容を詳しく知ることによって，
現在の私たちは子どもたちにどのようなかたちで教育を提供し，かれらの成長
を支えていこうとしているのかについて理解を深めることできる．また，もし
現在の保育にかんしてなにか問題が感じられるとするならば，それはもしかす
ると現行の保育の制度に問題があるのかもしれないと考えることもできる．

　さきほどから述べているように，制度は私たち人間が作り出すものである．
しかし人間が作り出すということは，社会の状況に応じてその変更も可能とい
うことだ．制度を変更することで，現在の保育の見方や考え方や実践のあり方
を変更していこうとすることもできるかもしれない．そのためにもまずは，現
行の保育の制度の中身についてしっかりと理解を深めていくことが必要だろう．
本章は，私たちの普段の保育の活動が，どのような制度のもとに行われている
のかという関心から，日本の保育の制度の特徴，特に就学前の幼児の保育の制
度について考えてみたい．

　日本には，小学校就学前までの幼児を保育する機関として，幼稚園と保育所
が存在する．しかしこれらふたつの機関は，それぞれ目的と機能を別にして今
日まで発展をしてきた．本章では，幼稚園と保育所のそれぞれが，現行の制度
において，どのような特徴をそなえた機関として位置づけられているのかを詳
しくみていく．そのうえで，これらふたつの機関の目的と機能をそなえ，近年
その発展にさらに期待が寄せられる施設である認定こども園の制度についても
説明を行いたい．

2. 法体系における幼稚園と保育所の位置づけ

　幼稚園と保育所の目的と機能を法体系との関係から確認してみよう．日本の法体系からみたとき，幼稚園は「学校」として，また保育所は「児童福祉施設」として位置づけられていることがわかる．まず，幼稚園が学校であることは，学校教育法の第1条に記されている．

学校教育法　第1条

この法律で，学校とは，幼稚園，小学校，中学校，義務教育学校，高等学校，中等教育学校，特別支援学校，大学及び高等専門学校とする．

　これら9つの教育施設は，一般的に「一条校」と呼ばれ，学校教育をつかさどる機関である．学校教育法の第1条では，学校と称する範囲が定めてられおり，そのうちのひとつに幼稚園が含まれるのである．学校は，「公の性質」をもつ施設であって，教育活動を通じて，国民の幸福と利益を実現することを目的としている．

　いっぽう，保育所が児童福祉施設であることは，児童福祉法の第7条に記されている．

児童福祉法　第7条

この法律で，児童福祉施設とは，助産施設，乳児院，母子生活支援施設，保育所，幼保連携型認定こども園，児童厚生施設，児童養護施設，障害児入所施設，児童発達支援センター，児童心理治療施設，児童自立支援施設及び児童家庭支援センターとする．

　以上の12施設が，現行の児童福祉法第7条に定められた児童福祉施設である．児童福祉の理念は，すべての子どもの十全な保護を実現するためのものであり，健全な環境のもとで子どもの健やかな成長を保障することを求める．子どもを育てるという営みは，前の世代の文化伝統を次の世代へ継承する社会形成の基本的な機能のひとつである．とくに乳幼児に対しては，大人は絶えず保育の手を差し伸べていかなければならない．保育所は，労働や疾病等を事由とする保護者からの委託を受けて，乳幼児を保育する施設として存在するのである．

186　第 11 章　保育の制度

表 11.1

	幼稚園	保育所
憲法	日本国憲法（第 26 条）	日本国憲法（第 25 条）
法律	教育基本法，学校教育法等	児童福祉法等
政令・省令	学校教育法施行令・学校教育法施行規則等	児童福祉法施行令・児童福祉法施行規則等
告示等	幼稚園教育要領等	保育所保育指針等

3.　憲法を頂点とした学校教育と児童福祉の法体系

　幼稚園や保育所の位置づけをより深く理解するためには，日本の法体系のしくみをみる必要がある．国の法令の種類としては，国の最高法規である「日本国憲法」をはじめ，国会の定める「法律」，内閣が定める「政令」，各省大臣が定める「省令」，そして決定された一定の事柄を国民に周知する「告示」等がある．これらの法令はそれぞれどのような関係にあるのだろうか．

　憲法を頂点とするこの法体系においては，上位法は下位法に優先されるというきまりがある．つまり，学校教育や児童福祉の位置づけにかんしても，「憲法」に定められる国民の教育や生存にかかわる条文の内容に対応して，教育や福祉に関連する「法律」が作られるしくみになっている．

　それだけではなく，ひとつの法律を施行するためには，より詳しい内容の規則や事項を定める必要がある．それらの規則や事項は，「政令」というかたちで内閣によって定められる．

　また法律や政令を施行するにあたり，さまざまな行政事務の内容も定められる必要がある．教育に関連する行政事務であれば，多くは文部科学省の管轄であり，福祉に関連する行政事務であれば，おもに厚生労働省の管轄となる．それら法律や政令を施行するための行政事務の内容は，「省令」というかたちで文部科学大臣や厚生労働大臣によって発せられる．

　幼稚園と保育所に関連して，国の法体系の種類を整理してみると表 11.1 のようになる．

　表 11.1 では，学校教育と児童福祉にもっとも関係の深いと考えられる法律や政令・省令をあげた．幼稚園や保育所にかんする保育の制度は，このほかにもさ

まざまな法律や政令・省令によって構成されている．次の節では，これら国の法令と関連づけなから，現在の幼稚園と保育所の制度についてみてみたい．

4.　幼稚園の制度

（1）日本国憲法，教育基本法と幼児期の教育

　幼稚園は，憲法第26条の国民の教育の権利にかかわる規定のもとに，教育基本法や学校教育法といった法律によって，国の学校教育機関のひとつとして位置づけられている．憲法第26条では，国民の教育にかかわる規定が次のように記される．

> **日本国憲法　第26条**
>
> すべて国民は，法律の定めるところにより，その能力に応じて，ひとしく教育を受ける権利を有する．
> 2　すべて国民は，法律の定めるところにより，その保護する子女に普通教育を受けさせる義務を負ふ．義務教育は，これを無償とする．

　憲法上，教育を「受ける」ことは，国民の基本的権利として保障されている．教育は，一人ひとりの能力に応じて，ひとしく受けることのできる権利である．いっぽう，私たちはよく義務教育ということばを耳にする．これは，憲法第26条第2項にあるとおり，子どもに普通教育を「受けさせる」ことが，大人たちにとっての義務であるという意味で義務教育といわれる．子どもたちにとって教育は，あくまで「受ける」ことのできる権利なのである．

　この国民一人ひとりの教育を受ける権利が，どのようなかたちに具体化されるかについては，憲法条文で「法律の定めるところにより」とあるとおり，さまざまな法律によって規定される．そのなかで，日本の教育のあり方を定める法律としてもっとも重要となるのが，教育基本法である．

　教育基本法は，前文で「日本国憲法の精神にのっとり，我が国の未来を切り拓く教育の基本を確立し，その振興を図るため」に制定されたことが明記されている．通常，法律にこうした前文が付されることはない．しかしながら教育基本法は，日本国憲法に照らして，国の教育理念や基本原則を宣明する内容の法律であり，そのほかの教育法令の根拠法となるべき性格をもつことから，そ

188 第11章 保育の制度

の重要性を宣言するために前文がおかれている．日本の教育にとって，教育基本法は，それほど重要な位置づけの法律なのである．

教育基本法には，教育にかんする 18 の条文が存在するなかで，「幼児期の教育」についての条文がある．これは，教育基本法が，2006（平成 18）年に改正された際に新設された条文である．教育基本法は，1947（昭和 22）年 3 月に制定されて以来，戦後日本における教育の機会均等や教育水準の向上等に寄与してきた．しかし時代が進むにつれて，社会のあり方が大きく変化していくなか，それとともに教育の課題も多岐にわたるようになっていった．こうした背景のもと教育基本法は 2006（平成 18）年 12 月に，制定以来はじめて改正されることとなったのである．「幼児期の教育」の理念は，就学前の子どもたちの教育の重要性が社会にひろく認知され，その関心が高まる時代の変化のなか，教育基本法の初めての改正に際して新設されたわけである．教育基本法において「幼児期の教育」は，次のように記されている．

教育基本法　第11条

幼児期の教育は，生涯にわたる人格形成の基礎を培う重要なものであることにかんがみ，国及び地方公共団体は，幼児の健やかな成長に資する良好な環境の整備その他適当な方法によって，その振興に努めなければならない．

幼児期の教育は，「生涯にわたる人格の形成の基礎を培う重要なもの」とある．その教育は，幼稚園や保育所のみならず，家庭や地域社会までひろくにおよび行われなければならない．子どもたちの健やかな成長を願い，かれらのために良好な教育の環境を整備し，かれらにとって最適な教育の方法を用意することは，大人たちの大切な仕事であり役割なのである．このように教育基本法の条文からは，就学前の子どもを含めて，すべての子どもに対して教育を受ける権利を保障していくことの重要性を読み解くことができるのである．

(2) 幼稚園の目的と目標

教育基本法の理念や基本原則にもとづき，学校としての幼稚園教育について具体的なあり方を定めた法律が学校教育法である．学校教育法には，幼稚園を含め，各校種ごとの目的と目標がそれぞれ明示されている．幼稚園教育の目的

は学校教育法の第22条に，また幼稚園教育の目標は同法の第23条に定められている（詳しくは本書の第6章を参照）．

> **学校教育法　第22条**
>
> 幼稚園は，義務教育及びその後の教育の基礎を培うものとして，幼児を保育し，幼児の健やかな成長のために適当な環境を与えて，その心身の発達を助長することを目的とする．

　学校教育法の第22条において，幼稚園の教育は「義務教育及びその後の教育の基礎を培うもの」と定められている．これは，幼児期の教育が「生涯にわたる人格形成の基礎を培う重要なもの」とする教育基本法の理念のもとに，学校教育全体における幼稚園教育の位置づけを述べたものといえる．こうした理解のうえに，健やかな成長のための最適な環境を子どもたちに用意し，かれらの心身の発達を助長していくことが，幼稚園教育の目的として示されるのである．そしてこの目的を実現させるため，学校教育法の第23条では幼稚園教育の5つの目標が規定されるのである．

> **学校教育法　第23条**
>
> 1　健康，安全で幸福な生活のために必要な基本的な習慣を養い，身体諸機能の調和的発達を図ること．
>
> 2　集団生活を通じて，喜んでこれに参加する態度を養うとともに家族や身近な人への信頼感を深め，自主，自律及び協同の精神並びに規範意識の芽生えを養うこと．
>
> 3　身近な社会生活，生命及び自然に対する興味を養い，それらに対する正しい理解と態度及び思考力の芽生えを養うこと．
>
> 4　日常の会話や，絵本，童話等に親しむことを通じて，言葉の使い方を正しく導くとともに，相手の話を理解しようとする態度を養うこと．
>
> 5　音楽，身体による表現，造形等に親しむことを通じて，豊かな感性と表現力の芽生えを養うこと．

　幼稚園教育の目的と目標の違いは，目的がいわば幼稚園教育の意義（なぜ，どうして幼稚園の教育が必要なのか）を説明するものであり，目標はその目的を達成させるために取るべき手段や方向性（どのようにして，どのようなこと

190 第11章 保育の制度

に目を向けて幼稚園の教育を進めていくか）を説明するものといえる．幼稚園
教育の目的と目標は，それぞれに重なり合い，支え合う関係にあるものとして
とらえていく必要があるだろう．

(3) 幼稚園における教育の内容

　幼稚園は，健全な環境下での子どもたちへの教育の提供を目的としており，
その教育のあるべき姿となる目標も法律においてしっかりと定められている．
しかし，幼稚園に求められる役割は，それだけにとどまらない．学校教育法の
第24条には，次のように幼稚園の「子育て支援」の役割が規定されている．

学校教育法　第24条

幼稚園においては，第22条に規定する目的を実現するための教育を行うほか，幼児
期の教育に関する各般の問題につき，保護者及び地域住民その他の関係者からの相
談に応じ，必要な情報の提供及び助言を行うなど，家庭及び地域における幼児期の
教育の支援に努めるものとする．

　幼稚園の役割には，子どもたちに対する直接の教育のみならず，家庭や地域
における幼児期の教育の支援も含まれるのである．この条文は，さきに述べた
2006（平成18）年の教育基本法の改正にともない，2007（平成19）年の学校
教育法の一部改正の際に新設されたものである．幼稚園に対する「子育て支援」
の要請は，近年ますます高まりをみせている．こうした時代の要請と連動する
ように，幼稚園にかんする法律の改正も進められていくのである．

　以上のように，学校教育法では，学校としての幼稚園の目的（第22条），目
標（第23条），「子育て支援」の役割（第24条）が規定されている．では，幼
稚園において実践される具体的な教育の内容，つまり幼稚園の教育課程（カリ
キュラム）の内容については，どのように定められているのだろうか．学校教
育法の第25条によれば，幼稚園の教育課程の内容は，文部科学大臣が定める
ものとされている．

学校教育法　第25条

幼稚園の教育課程その他の保育内容に関する事項は，第22条及び第23条の規定に
従い，文部科学大臣が定める．

---

4. 幼稚園の制度　191

　この規定のもとに，学校教育法施行規則第38条では，「教育課程その他の保育内容の基準」となる「幼稚園教育要領」が，文部科学大臣によって告示されることが明示されるのである．

学校教育法施行規則　第38条

幼稚園の教育課程その他の保育内容については，この章に定めるもののほか，教育課程その他の保育内容の基準として文部科学大臣が別に公示する幼稚園教育要領によるものとする．

　幼稚園教育要領は，学校教育法第25条および学校教育法施行規則第38条にもとづき，学校教育法第22条および第23条の目的と目標の内容をさらに具体化するため，「教育課程の基準」として示されるものである．じっさい，学校教育法第23条における幼稚園教育の5つの目標は，幼稚園教育要領の「ねらいと内容」における5領域（健康，人間関係，環境，言葉，表現）という考えのもとに，幼稚園の教育課程の基準として具体化されるのである．このように幼稚園の制度は，日本国憲法の教育の理念にはじまり，教育基本法や学校教育法といった法律において定められた教育の目的や目標のもと，幼稚園教育要領の教育課程を基準としながら，幼稚園での日々の教育活動が実践されるようなしくみとなっているのである．

(4) 幼稚園の設置

　そのほか幼稚園にかんするさまざまな事柄が，多くの法令等によって細かに定められている．たとえば，幼稚園に入園できるものは，学校教育法第26条によって，満3歳から小学校就学の始期に達するまでの幼児とされている．また，毎学年の教育週数は，学校教育法施行規則第37条および幼稚園教育要領において，特別の事情のある場合を除き，39週を下ってはならないとされている．さらに，1日の教育時間は，幼稚園教育要領において4時間が標準とされる．

　幼稚園の編成や設備などの設置の基準としては，文部科学大臣の定める「幼稚園設置基準」がある．この省令をみると，幼稚園においては，学年の初めの日の前日において同じ年齢にある幼児で編制される学級によって教育が営まれることを原則としている（第4条）．また，幼稚園には，各学級ごとに少なくと

192 第11章 保育の制度

も専任の教諭を一人置かなければならず（第5条），1学級の幼児数は35人以下を原則としている（第3条）．なお，幼稚園における教諭は，教育職員免許法（第2条，第3条，第4条2項，第5条）により授与される幼稚園教諭普通免許状を有する必要がある．また，学校教育法第27条では，「教諭は，幼児の保育をつかさどる」と定められている．

設備の基準としては，幼稚園の園舎は2階建て以下とし，また園舎および運動場は同一の敷地内または隣接する位置に設けることを原則としている（第8条）．さらに，幼稚園の施設には，職員室，保育室，遊戯室，保健室，便所，飲料水用設備，手洗い用設備，足洗用設備を備えなければならず（第9条），また学級数及び幼児数に応じ，教育上，保健衛生上及び安全上必要な種類及び数の園具及び教具を備えなければならないと定められている（第10条）．このように幼稚園の制度は，教育の目的から設置の基準まで，多くの法令等によって支えられ，その枠組みが構成されるのである．

5. 保育所の制度

（1） 日本国憲法と児童福祉

保育所は，憲法25条の生存権にかかわる規定のもと，児童福祉法等によって，児童福祉施設のひとつとして位置づけられている．また，保育所は，幼稚園と同様に教育機関でもあるので，憲法26条にもかかわる施設といえる．加えて，保育所は，乳幼児の保護者の就労を保障する機能をもつことから，憲法27条の勤労の権利を具体化するための施設でもある．憲法25条では，生存権にかかわる規定が次のように記されている．

日本国憲法　第25条

すべて国民は，健康で文化的な最低限度の生活を営む権利を有する．
2　国は，すべての生活部面について，社会福祉，社会保障及び公衆衛生の向上及び増進に努めなければならない．

憲法第25条では，国民の生存権（「健康で文化的な最低限度の生活を営む権利」）と国の責務（「社会福祉，社会保障及び公衆衛生の向上及び増進」）が規定されている．人間はだれもがさまざまな事情を条件に，それぞれいろいろな環

境下で生活をすることを強いられている．それは，子どもであっても同じである．しかしながら，それぞれに事情があるとしても，すべての子どもはひとしく充実した環境のもとで生活を送る権利を有している．国は，この子どもの生活の権利が保障される制度をしっかりと整えなければならない．そしてこのとき，健全な生活を営む子どもの権利を保障するしくみづくりで重要となるものが，児童福祉という理念である．

日本における児童福祉の発展の道のりには長い歴史がある．明治期より日本は，西洋諸国と肩をならべる新しい国づくりを目指すなかで，子どもの保護の活動に積極的に取り組んできた．とくに大正後期から昭和初期にかけて，社会は子どもの保護を推進する法律の検討に力を尽くしてきたといえる．結果として，「救護法」（昭和4年4月）「児童虐待防止法」（昭和8年4月）「少年教護法」（昭和8年5月）「母子保護法」（昭和12年3月）といった，子どもの保護を念頭におくさまざまな法律が制定され，日本の児童保護事業は大きく発展することとなった．

しかしながら，この時代，子どもにかかわる問題をひろく包括する総合的な児童保護のための法律が求められたものの，実際の制定には至らなかった．その後，長い戦争の時代が終わり，日本が国としての再出発を進めるにあたって，すべての子どもの健全な生活と成長の保障を目的とする児童福祉ということばの導入とともに，総合的かつ根本的な法律の児童福祉法がようやく誕生したのである．現行の児童福祉法の第1条は，次のように定められている．

児童福祉法　第1条

全て児童は，児童の権利に関する条約の精神にのつとり，適切に養育されること，その生活を保障されること，愛され，保護されること，その心身の健やかな成長及び発達並びにその自立が図られることその他の福祉を等しく保障される権利を有する．

児童福祉法は，子ども一人ひとりを権利主体としてとらえ，適切な養育環境のもとでの子どもの福祉を保障することを目的とした法律である．どのような条件におかれようとも，子どもは「子どもである」というその存在の理由のみによって，十分に保護され，適切な生活が用意され，その心身の健やかな成長がひとしく保障されなければならない．そしてすべての大人は，「児童が良好

194 第11章 保育の制度

な環境において生まれ，かつ，社会のあらゆる分野において，児童の年齢及び
発達の程度に応じて，その意見が尊重され，その最善の利益が優先して考慮さ
れ，心身ともに健やかに育成されるよう」（児童福祉法第2条）努める責任を有
しているのである．

(2) 保育所の目的と目標

　こうした児童福祉の理念にもとづき，保護者の就労や疾病等，何らかの理由
から，日常の保育を必要とする子どもに対して保育を行うための児童福祉施設
として保育所が存在している．保育所は，子どもの福祉を積極的に増進するこ
とにふさわしい「生活の場」であることが期待されるのである．児童福祉法の
第39条には，保育所の目的が次のように定められている（詳しくは本書の第6
章を参照）．

児童福祉法　第39条

保育所は，保育を必要とする乳児・幼児を日々保護者の下から通わせて保育を行う
ことを目的とする施設（中略）とする．

　戦前の保育所の多くは託児所と呼ばれ，地方の農繁期の季節託児所や，都市
部における工場等の女性労働者の子どもを預かる民間託児所として発展した．
これらの活動は，児童保護事業のうちの保育事業として位置づけられていたが，
子どもの保護を目的としたいっぽう，女性の労働力の確保という点に力点がお
かれていたことも否めなかった．しかしながら今日の保育所は，これまでみて
きたとおり，子どもの福祉を第一の目的としており，戦前の託児所とは性格を
異にするといってよい．

　では，保育所における保育の目標は，どのように定められているだろうか．
保育の目的の実現のため，すなわち「子どもが現在を最も良く生き，望ましい
未来をつくり出す力の基礎を培うため」，保育所保育指針のなかで次の6つが
保育の目標としてあげられている．

5. 保育所の制度　　*195*

保育所保育指針　保育の目標

（ア）　十分に養護の行き届いた環境の下に，くつろいだ雰囲気の中で子どもの様々な欲求を満たし，生命の保持及び情緒の安定を図ること．

（イ）　健康，安全など生活に必要な基本的な習慣や態度を養い，心身の健康の基礎を培うこと．

（ウ）　人との関わりの中で，人に対する愛情と信頼感，そして人権を大切にする心を育てるとともに，自主，自立及び協調の態度を養い，道徳性の芽生えを培うこと．

（エ）　生命，自然及び社会の事象についての興味や関心を育て，それらに対する豊かな心情や思考力の芽生えを培うこと．

（オ）　生活の中で，言葉への興味や関心を育て，話したり，聞いたり，相手の話を理解しようとするなど，言葉の豊かさを養うこと．

（カ）　様々な体験を通して，豊かな感性や表現力を育み，創造性の芽生えを培うこと．

　これら保育の目標のうち，（ア）が養護の目標，そして（イ）から（カ）までが教育の目標とされる．現在，保育ということばは，これら養護と教育のふたつの意味を含むものとして理解されている．この考え方は，1963（昭和38）年，当時の文部省初等中等教育・厚生省児童局長連名通達「幼稚園と保育所との関係について」においても確認され，今日の幼児教育と児童福祉の世界では定着しているものである．

文部省・厚生省連名通達「幼稚園と保育所との関係について」（一部抜粋）

幼稚園は幼児に対し，学校教育を施すことを目的とし，保育所は，『保育に欠ける児童』の保育(この場合幼児の保育については，教育に関する事項を含み保育と分離することはできない.)を行なうことを，その目的とするもので，両者は明らかに機能を異にするものである．

　通達では，「幼児の保育については，教育に関する事項を含み保育と分離することはできない」旨が明記されている．さきにみたとおり，今日の学校教育法における幼稚園教育の目的（第22条）でも，「教育」ということばのほかに，「幼児を保育し」という表現が使用されており，学校教育法第27条の教諭の仕事も「幼児の保育をつかさどる」ことにあると定められている．子どもたちへ

196　第 11 章　保育の制度

の養護と教育が保育所のみならず，幼稚園における重要な機能のひとつと位置
づけられている．また，この通達では，保育所の教育は幼稚園教育要領に準じ
ること，そして幼稚園該当年齢の幼児を対象とすることが確認されている（「三
　保育所のもつ機能のうち，教育に関するものは，幼稚園教育要領に準ずるこ
とが望ましいこと．このことは，保育所に収容する幼児のうち幼稚園該当年齢
の幼児のみを対象とすること」）．なお，本通達における表現は，当時のままで
ある．今日では，「保育に欠ける」や「保育所に収容する」といった表現は使用
されず，「保育を必要とする」や「保育所に入所する」といった表現が一般的で
ある．

（3）保育所における保育の内容

　保育所は，子どもの福祉を第一の目的としており，計画された保育をつうじ
て子どもたちへ養護と教育を提供することを目標としている．しかし今日の保
育所の機能は，子どもの保育を行うことにとどまるものではない．保育所は，
幼稚園と同様，家庭や地域の「子育て支援」を行うことを役割としている．

> **児童福祉法　第 48 条の 4**
>
> 保育所は，当該保育所が主として利用される地域の住民に対してその行う保育に関
> し情報の提供を行い，並びにその行う保育に支障がない限りにおいて，乳児，幼児
> 等の保育に関する相談に応じ，及び助言を行うよう努めなければならない．

　保育所の仕事は，「入所する子どもを保育するとともに，家庭や地域の様々
な社会資源との連携を図りながら，入所する子どもの保護者に対する支援及び
地域の子育て家庭に対する支援等を行う役割を担う」（保育所保育指針）こと
にある．すなわち，今日の保育所の役割として，① 保育所を利用する子どもの
保育，ならびに ② 保育所を利用する子どもの保護者への支援に加え，③ 保育
所を利用しない子どもを含めたすべての子どもおよび地域の子育て家庭への支
援に取り組むことが期待されているのである．

　では，保育所を利用する子どもたちへの具体的な保育の内容については，ど
のように定められているだろうか．「児童福祉施設の設備及び運営に関する基
準第 35 条」によれば，保育所における保育の内容は，厚生労働大臣が定める

指針にしたがうものとされている.

> **児童福祉施設の設備及び運営に関する基準　第35条**
>
> 保育所における保育は，養護及び教育を一体的に行うことをその特性とし，その内容については，厚生労働大臣が定める指針に従う.

　この厚生労働大臣によって告示される指針が，「保育所保育指針」となる. 保育所保育指針には，さきにみたとおり，保育所における保育の目標が明示されている. その目標は，子どもへの「養護」と「教育」にあった.

　保育所保育指針において「養護」とは，子どもの「生命の保持」と「情緒の安定」を図るために保育士の行う援助や関わりと説明される. さきにみた保育の目標の（ア）がこれにあたり，保育所保育指針ではこの目標を具体化した保育の姿（ねらい及び内容）が「生命の保持」と「情緒の安定」のそれぞれについて詳しく説明されている.

　また，保育所保育指針において「教育」とは，子どもが健やかに成長し，その活動がより豊かに展開されるための発達の援助と説明され，保育の目標の（イ）から（カ）までの部分がこれにあたる. この保育の5つの目標は，学校教育法第23条の幼稚園における教育の目標の5つにも対応していることがわかる. また保育所保育指針は，保育の目標の5つそれぞれについて，その具体的な姿（ねらい及び内容）を「健康」「人間関係」「環境」「言葉」「表現」の領域として説明している. これら教育のねらい及び内容は，幼稚園教育要領における5領域の教育内容と整合性が図られており，幼児教育を行う施設としての保育所の特徴が示されている.

　保育所においては，保育所保育指針で示される保育の具体的なねらい及び内容をふまえた保育の実践が展開されている. とくに幼児教育の部分については，教育の機会均等という観点から，子どもの通う施設の違いによって，教育の機会に違いが生まれないように留意する必要がある. ただし，保育所保育指針等で確認されているとおり，保育とは養護及び教育が一体的に行われるものという理解を忘れてはならない.「養護と教育が一体」という表現は，1965（昭和40）年に保育所保育指針がはじめて策定された当初から使用されており，保育所における保育の内容をとらえる重要な視点となっている.

198   第 11 章　保育の制度

（4）保育所の設置

　児童福祉法では，18 歳に満たない者を「児童」と呼び，そのうち満 1 歳に満たない者を「乳児」，満 1 歳から小学校就学の始期に達するまでの者を「幼児」と定義する（第 4 条）．保育所は，「保育を必要とする乳児・幼児」に保育を行う施設である（第 39 条）．保育所における 1 日の保育時間は，「児童福祉施設の設備及び運営に関する基準」の第 34 条において原則 8 時間とされており，加えてその地方における乳幼児の保護者の労働時間その他家庭の状況等を考慮して，保育所の長が定めることができるとされている．

　また「児童福祉施設の設備及び運営に関する基準」の第 33 条の 2 においては，保育所における保育士の数が，乳児おおむね 3 人につき 1 人以上，満 1 歳以上満 3 歳に満たない幼児おおむね 6 人につき 1 人以上，満 3 歳以上満 4 歳に満たない幼児おおむね 20 人につき 1 人以上，満 4 歳以上の幼児おおむね 30 人につき 1 人以上とされている．幼稚園とは異なり，学級の編成にかんする規定はない．なお，保育所で保育の職につく保育士は，児童福祉法（第 18 条の 4）にもとづき，国家資格となる保育士資格を有する必要がある．

　「児童福祉施設の設備及び運営に関する基準」の第 32 条には，保育所の施設設備の基準が設けられている．満 2 歳に満たない子どもにかんしては，乳児室，ほふく室，医務室，調理室，便所，満 2 歳以上の子どもにかんしては，保育室または遊戯室，屋外遊戯場（保育所の付近にある屋外遊戯場に代わるべき場所を含む），調理室，便所を備えなければないと定められている．

6.　認定こども園の制度

　以上，幼稚園と保育所の制度の特徴についてみてきた．幼稚園と保育所は今日，学校教育と児童福祉というそれぞれの役割を担って運営されていることがその制度から明らかとなった．両施設は，小学校就学前の子どもたちが生活を送る場所であることを共通としながらも，その目的や機能については異なることを前提としているのである．しかしこうした「二元体制」については，保護者の就労形態によって子どもの生活が区分されること，すべての子どもにひとしく教育を提供する教育機会均等が不徹底となる可能性をもつこと，教育と養護が施設のうえで種別される可能性があること（教育ならば幼稚園，養護なら

ば保育所といった認識）などが長いあいだ問題とされてきた.

こうした問題の声を受けて，2006（平成 18）年，「就学前の子どもに関する教育，保育等の総合的な提供の推進に関する法律」（以下，認定こども園法）が制定される．この法律により，幼稚園と保育所の目的と機能を総合的に提供する施設として，認定こども園の制度がスタートすることとなった．認定こども園は，既存の幼稚園と保育所の制度を前提としつつ，子どもへの教育・保育を一体的に行うとともに，保護者・地域の子育て支援を行う施設として創設されたものである.

認定こども園は，幼保連携型，幼稚園型，保育所型，地方裁量型の 4 つの類型で構成された．幼保連携型は，認可を受けた幼稚園と保育所が連携して一体的な教育・保育を行うことで認定こども園の機能を果たすタイプであり，幼稚園型は保育所の機能を備えた認可幼稚園による認定こども園のタイプ，保育所型は幼稚園の機能を備えた認可保育所による認定こども園のタイプ，そして地方裁量型は幼稚園と保育所のいずれの認可ももたない地域の教育・保育施設が幼稚園と保育所の機能をあわせもった認定こども園のタイプであった.

しかしながら，幼保連携型の認定こども園の設置については，制度開始当初，幼稚園と保育所両方の認可を受けるとともに認定こども園の認定を受けることを必要とし，また幼稚園と保育所それぞれの法体系にもとづく指導監督と財政措置を受けなければならない，その複雑な二重行政が問題とされた．こうした問題を解消するため，2012（平成 24）年，認定こども園法の改正が行われ，幼保連携型認定こども園は「学校及び児童福祉施設としての法的位置付けを持つ単一の施設」として再始動することとなったのである.

この改正により，幼保連携型認定こども園は，その基準や認可手続きがひとつの法律のなかで一本化され，小学校就学前の子どもの教育・保育・子育て支援を一体的に提供する単一の施設として機能することとなった．今日，幼保連携型認定こども園の目的については，認定こども園法第 2 条第 7 項で次のように定められている.

200　　第 11 章　保育の制度

> **認定こども園法　第 2 条第 7 項**
>
> この法律において「幼保連携型認定こども園」とは，義務教育及びその後の教育の基礎を培うものとしての満三歳以上の子どもに対する教育並びに保育を必要とする子どもに対する保育を一体的に行い，これらの子どもの健やかな成長が図られるよう適当な環境を与えて，その心身の発達を助長するとともに，保護者に対する子育ての支援を行うことを目的として，この法律の定めるところにより設置される施設をいう．

　幼保連携型認定こども園は，子どもに対する学校としての教育，児童福祉施設としての保育，保護者に対する子育て支援，これらを一体的に提供することを目的とする施設である．この目的を実現するため，幼保連携型認定こども園の教育と保育の目標が，次のように定められている．

> **認定こども園法　第 9 条**
>
> 一　健康，安全で幸福な生活のために必要な基本的な習慣を養い，身体諸機能の調和的発達を図ること．
>
> 二　集団生活を通じて，喜んでこれに参加する態度を養うとともに家族や身近な人への信頼感を深め，自主，自律及び協同の精神並びに規範意識の芽生えを養うこと．
>
> 三　身近な社会生活，生命及び自然に対する興味を養い，それらに対する正しい理解と態度及び思考力の芽生えを養うこと．
>
> 四　日常の会話や，絵本，童話等に親しむことを通じて，言葉の使い方を正しく導くとともに，相手の話を理解しようとする態度を養うこと．
>
> 五　音楽，身体による表現，造形等に親しむことを通じて，豊かな感性と表現力の芽生えを養うこと．
>
> 六　快適な生活環境の実現及び子どもと保育教諭その他の職員との信頼関係の構築を通じて，心身の健康の確保及び増進を図ること．

　認定こども園は，教育・保育・子育て支援を一体的に行う，いわば幼稚園と保育所の両方のよい機能をもった単一の施設である．では，この認定こども園は，どのような基準のもとに，日々の教育・保育が行われているのだろうか．認定こども園としての認定の基準は，内閣総理大臣，文部科学省大臣，厚生労働省大臣が定める単一の基準に従い，各都道府県等が条例で定めることとされ

ている（認定こども園法第3条，第13条）．

　たとえば，幼保連携型認定こども園の認定の基準として，幼稚園教諭免許状と保育士資格の両方を有した「保育教諭」の設置が必要とされている（認定こども園法第14条）．そのほかの認定こども園についても，満3歳以上の子どもについては幼稚園教諭免許状と保育士資格の両免許・資格を有していることが望ましいとされ，満3歳未満の子どもについては保育士資格が必要とされている．また，認定こども園における教育・保育の内容については，内閣府・文部科学省・厚生労働省の告示である「幼保連携型認定こども園教育・保育要領」を踏まえて実施するよう定められている（認定こども園法第10条）．この教育・保育要領は，幼稚園教育要領と保育所保育指針との整合性が図られるとともに，小学校における教育との円滑な接続に配慮された内容であることを特徴としている．

　認定こども園は，誕生しておよそ10年というまだまだ新しい制度である．しかし現在，世界を横断する情報化や技術革新，国際化にともない，日本の子どもたちの生活環境も大きく変わりつつある．予測不能なこれからの社会を生きる子どもたちの未来のため，幼稚園と保育所のさらなる取り組みとともに，認定こども園の新たな対応が今後ますます期待される．

7. おわりに　日本の保育制度のこれからを考える

　保育の制度は，子どもたちのため，何を願い，何を目指して，日々の保育の実践をいかに行っていくかについて，私たちの考えを具体的なかたちにするものである．すべての子どもの学びと成長が保障される保育の制度の姿がどのようなものであるかを常に考えながら，これからの日本の保育の制度について注目してほしい．

参考文献
- 厚生労働省『保育所保育指針解説』2018年．
- 文部科学省『幼稚園教育要領解説』2018年．
- 内閣府・文部科学省・厚生労働省『幼保連携型認定こども園教育・保育要領解説』2018年．

第 12 章

保育者像の探究

　本章では，保育者の資格制度や職務内容について理解を深め，保育者に求められる専門性について学ぶ．そして，今日の社会において保育者にどのような役割が求められているのかを踏まえ，一人ひとりが目指すべき保育者像について考えることを目指す．

1.　保育者の資格と制度

　保育者になるための資格や免許は，法令によって明確に定められている．法律で定められた資格や免許を取得して保育職に就くということは，子どもと接する専門職として社会的に認められると同時に，その法令で定められる職務上の義務や責任を負うことを意味する．本節では，保育士・幼稚園教諭・保育教諭について資格・免許制度を形作る法律やそこで定められている職務や義務について学ぶ．

（1）保育士の資格制度

　保育士の資格について定めているのは児童福祉法である．児童福祉法第18条の4は保育士を「保育士の名称を用いて，専門知識及び技術をもって，児童の保育及び児童の保護者に対する保育に関する指導を行うことを業とする者をいう」と定義している．ここには，子どもに対する保育とその保護者に対する支援という保育士の2つの役割が明示されている．保育士の勤務する職場は，保育所だけでなく，乳児院や児童養護施設，障害児入所施設など様々であるが，

この2つの役割は，すべての保育士に共通する役割として規定されている．

　また，第18条の18では，「保育士となる資格を有する者が保育士となるには，保育士登録簿に，氏名，生年月日その他厚生労働省令で定める事項の登録を受けなければならない」とされ，保育士は登録制となっている．保育士登録簿は都道府県に備えられ，都道府県知事より登録者に対して保育士登録証が交付される．

　児童福祉法には保育士資格を取得する方法として，次の二つの方法が規定されている．一つ目は，都道府県知事の指定する保育士を養成する学校その他の施設（「指定保育士養成施設」という）を卒業する方法である（18条の6）．指定保育士養成施設には，保育士養成課程を有する大学，短期大学，専門学校などの種類がある．二つ目は，一般社団法人全国保育士養成協議会が実施する「保育士試験」に合格する方法である．保育士試験は年に2回行われており，合格率は20％程度である．

　児童福祉法は，保育士に対しいくつかの禁止事項や義務を課している．第18条の21では，「保育士は，保育士の信用を傷つけるような行為をしてはならない」として信用失墜行為の禁止を定めている．また，第18条の22では，「保育士は，正当な理由がなく，その業務に関して知り得た人の秘密を漏らしてはならない．保育士でなくなった後においても，同様とする」としており，秘密保持義務が課されている．そして，第18条の23において「保育士でない者は，保育士又はこれに紛らわしい名称を使用してはならない」とされ，保育士資格を所有していない者が保育士を名乗ることを禁止する「名称独占」が規定されている．

（2）幼稚園教諭の免許制度

　幼稚園は，文部科学省所管の「学校」として位置づけられるものであり，幼稚園教諭の職務や免許については学校教育法および教育職員免許法に定められている．

　幼稚園教諭は学校教育法第27条第9項において「教諭は，幼児の保育をつかさどる」と規定されている．学校教育法は，第22条において「幼稚園は義務教育及びその後の教育の基礎を培うものとして，幼児を保育し，幼児の健や

かな成長のために適当な環境を与えて，その心身の発達を助長することを目的とする」と定めている．また，同法第24条は「幼稚園においては，第二十二条に規定する目的を実現するための教育を行うほか，幼児期の教育に関する各般の問題につき，保護者及び地域住民その他の関係者からの相談に応じ，必要な情報の提供及び助言を行うなど，家庭及び地域における幼児期の教育の支援に努めるものとする」としている．ここから，法令によって定められている幼稚園教諭の職務は幼児に対する保育とともに保護者や地域住民への支援であるといえる．

　幼稚園教諭になるためには，教育職員免許法に基づく幼稚園教諭の免許を取得することが必要となる．教員免許状は，「専修免許状」「一種免許状」「二種免許状」の3種に分けられ，専修免許状は大学院修了，一種免許状は四年制大学卒業，二種免許状は短期大学卒業によって取得できる．

　2009年より，教員免許状には更新制度が導入されている．教員免許更新制は定期的に最新の知識・技能を身につけることで教員の資質の維持・向上をはかることを目的とした制度である．2009年以降に取得した教員免許状には10年後の年度末までの有効期限が付き，有効期限を更新するためには，2年間で30時間以上の講習を受講・修了することが必要となる．免許状更新講習は，文部科学大臣の認定を受けて大学等が開講する．講習の内容は，必修領域講習6時間以上，選択必修領域講習6時間以上，選択領域講習18時間以上となっている．

(3) 保育教諭

　2012年に「就学前の子どもに関する教育，保育等の総合的な提供の推進に関する法律」(以下，「認定こども園法」)が改正され，学校および児童福祉施設両方の法的位置づけをもつ施設として「幼保連携型認定こども園」が創設された．認定こども園法第14条には「幼保連携型認定こども園には，園長及び保育教諭を置かなければならない」とされ，第15条では，「主幹保育教諭，指導保育教諭，保育教諭及び講師（中略）は，幼稚園教諭の普通免許状（中略）を有し，かつ，児童福祉法第18条の18第1項の登録（中略）を受けた者でなければならない」としている．ここで言う児童福祉法第18条18第1項の登録とは，保育士としての登録のことであり，幼保連携型認定こども園は，学校教育

と保育を一体的に提供する施設であることから，幼稚園教諭免許状と保育士資格の併有が条件とされている．保育教諭という独自の資格・免許が存在しているわけではなく，幼稚園教諭免許状と保育士資格を持つ者が幼保連携型認定こども園に配置された際に適応される任用資格としての位置づけとなっている．

(4) 保育者の資格・免許制度の特徴と課題

ここまで，保育者の資格・免許に関する法令を概観してきた．本節の終わりに，その特徴と課題をまとめておこう．日本の保育制度は，学校教育の体系に連なる幼稚園と児童福祉施設として位置づけられる保育所との2元的な制度を特徴としてきた．そのため，保育に従事する保育者にも幼稚園教諭と保育士という2つの専門職が存在し，幼稚園教諭は免許制度，保育士は資格制度と異なる制度によって成り立っている．近年，幼保一元化の動きが強まり，学校と児童福祉施設両方の法的根拠を持つ幼児教育施設として幼保連携型認定こども園が発足し，幼児教育における教育と福祉の垣根は低くなってきているといえる．しかし，幼保連携型認定こども園の発足に際しても，幼稚園教諭と保育士という2つの専門職の統合は行われず，保育教諭という任用資格が新たに誕生したことにより，さらに複雑な様相を呈するようになっている．

現在保育者を目指す者にとっては，このように複雑な免許・資格制度とその法的根拠を正確に理解することは重要である．しかし，それ以上に重要なのは，このような複雑な免許・資格制度が形作られてきた歴史的背景について理解を深めるとともに，制度の違いを超えて保育者に求められるものは何か，その本質を理解しようとする姿勢を持つことである．日本の保育の歴史的展開については他の章に譲ることとし，次節からは保育者の共通性という視点に立ち，保育者に求められる役割や専門性について考えていこう．

2. 保育者の職務と役割

(1) 教員の職務の全体像

保育者の職務とはどのようなものだろうか．保育者を目指す学生のなかには，自らの子ども時代に接した保育者への憧れが保育者を目指すきっかけとなった者が多い．そのため，保育者の職務内容として子どもと直接関わる場面をイ

メージしやすいのではないだろうか.

　たしかに，保育者は子どもとともに生活しながら発達を援助していく職業であり，遊びや活動へのかかわりから着替えや食事，排せつの援助まで，子どもの生活に密着した様々な職務が必要とされる．しかし，実際の保育現場では，子どもの育ちを支えるために，子どもと直接関わること以外にも多様な職務が必要とされる．まず，保育の基本原理である環境構成が挙げられる．人的環境として子どもと関わるだけでなく，子ども一人ひとりの育ちや興味・関心を理解し，子どもが主体的に環境に関わり活動できるよう物的環境を整備することが日々の保育実践の基盤となる重要な職務である．また，子どもの遊びを支える遊具や教材の準備や管理に加え，子どもが安心・安全に過ごすための安全管理や清掃なども保育者の職務に含まれる．

　さらに，保育計画の立案も重要である．毎日の計画（日案・週案）は，中期的な見通しを持った計画（月案や期の計画），長期的な計画（年間計画）に基づき，子どもの現在の姿と発達の見通しをすり合わせながら立案する．また，保育計画の立案に当たっては，子どもの現在の姿を捉えるために記録が重要な意味を持つ．記録による省察とそれに基づく計画という PDCA サイクルに関わる職務も日々の保育を支えている．

　そして，近年その重要性が高まっているのが，子育て支援に関する職務である．保育者に対し，子育て支援の役割が求められる背景には，地域社会の変化や核家族化など子育てを取り巻く環境が変化し，保護者の子育てに対する不安や負担感が増しているという社会認識が存在している．そのため，在園・入所している子どもの保護者に対する子育て支援はもちろんのこと，地域全体に対する子育て支援が求められている．

　このように保育者の職務は子どもとの直接的なかかわりに加え，それを支える環境構成や記録・計画の作成，さらに保護者や地域住民を対象としたものまで幅広い職務が求められているが，多様な職務をただ「こなす」だけでは，専門職として求められる役割を果たしているとは言えない．多様な職務の一つひとつがなぜ必要とされるのかを理解し，適切に実践していくためには，保育者とは何をする存在なのか，その役割を統合的にとらえる視点が必要となる．このような視点をあらわす言葉として「専門的価値」がある．専門的価値とは，

「専門職の持つ信念であり，職務遂行を方向付けるもの」である（鶴 2019）.

　保育者においては，専門的価値と専門的倫理が明確に区別されておらず，具体的に提示することは難しいが，「全国保育士会倫理綱領」や『保育所保育指針』，『幼稚園教育要領』に示された価値が参考になる．次節からは，専門的価値の概念を参考にしつつ，保育者の役割をとらえるためのヒントとなる視点を紹介する.

(2) 子どもの最善の利益

　全国保育士会が 2003 年に作成した「全国保育士会倫理綱領」には，その 8 つの条文の第 1 に「子どもの最善の利益の尊重」を挙げ，「私たちは，一人ひとりの子どもの最善の利益を第一に考え，保育を通してその福祉を積極的に増進するように努めます」とされている.

　「子どもの最善の利益」とは，1989 年に国際連合が採択した「児童の権利に関する条約」においてその基本理念として提起された概念であり，一人の人間として子どもの権利を認め，保障することを目指す考え方である．日本においても 1994 年に「児童の権利に関する条約」を批准して以来，児童福祉や教育の世界を中心にこの理念が浸透してきた．保育所保育指針には第 1 章　総則の 2　保育所の役割において「保育所は（略）入所する子どもの最善の利益を考慮し，その福祉を積極的に増進することに最もふさわしい生活の場でなければならない」とされており，保育の多様な営みを貫く基本的な原理として掲げられているといえる.

　それでは，子どもの最善の利益を追求する保育のあり方とは，具体的にどのようなものなのだろうか．網野は，その保育実践のあり方について次の 4 段階を踏まえて進めることが重要であるとしている（網野 2015）.

　　第一段階　子どもの命や健康，成長・発達が脅かされることがないように考
　　　　慮する.

　　第二段階　子供への差別，偏見，蔑視がなされないように考慮する.

　　第三段階　子どものニーズ，思い，願いを無視，軽視することのないように
　　　　考慮する.

　　第四段階　子どもの意見を確かめるように考慮する.

208　第 12 章　保育者像の探究

　子ども，特に乳児は，その命が保たれ，健やかに成長するためには，大人か
らの保護とケアを必要としている．第一段階が示しているのは，このような子
どもがケアの受け手となる権利保障のあり方である．しかし，子どもの最善の
利益を実現するためには，子どもが守られ，保護されるだけでは不十分である．
子どもは発達の過程にいる存在であり，言葉によって自分の意思を自由に表現
することは難しい．しかし，どんなに幼い子どもであって「〜したい」「〜した
くない」というその子どもなりの思いや願いを持っている．保育者は，子ども
の行動や表情からその思いや願いを理解し，受け止めていくことが求められる．
第三段階，第四段階に示されているのは，能動的な主体として子どもをとらえ
ることの重要性であり，保育者には子どもの発達を理解し，適切なケアを行う
と同時に，一人の人間としてその主体性を尊重する視点が求められるのである．

(3)　公教育の担い手としての保育者の役割

　前節では，保育者の職務が子どもの生活に密着したものであることを述べた
が，子どもの生活にかかわるのは保育者だけでなく，保護者をはじめとする
様々な存在がその生活を支えている．それでは，公的資格・免許を持ち，職業
として保育を担う人々には，どのような役割が期待されているのだろうか．

　これまで日本の保育は，学校教育としての「教育」を提供する幼稚園と児童
福祉施設として養護と教育を一体的に行う保育所という枠組みに沿って行われ
てきた．しかし，2012 年の認定こども園法の改正により，幼保連携型認定こ
ども園が学校教育と児童福祉両方の法的根拠を持つ施設として位置づけられた
ことからわかるように児童福祉と教育の制度的な垣根は低くなりつつある．さ
らに，2017 年に告示された『保育所保育指針』では，保育所が初めて日本の
「幼児教育施設」として位置づけられ，乳幼児に関わる三大施設全てが教育機
関としての役割を担うことが明確になった．現在では，保育者の乳幼児に対す
る「教育者」としての役割が一層期待されていると言えよう．

　教育は，大きく「私教育」と「公教育」に分けられる．公教育とは，「行政機
関が責任を持って法的制度として運営している教育」であり，小学校，中学校
などの義務教育を行う学校や高校，大学，そして幼児教育を担う幼稚園，保育
所も含まれる．それに対し私教育には，家庭における子育てや学校以外の教育

機関（塾や習い事）における教育が含まれる（安彦 2016）.

　家庭において保護者から私教育を受けている子どもたちに対し，幼稚園や保育所において公教育を行う意味はどのようなものなのだろうか．公教育の目的は，すべての子どもにひとしく教育を受ける権利を保障することであり，そのために全国的に一定の内容・水準が確保されている（勝野・庄井 2016）．このように公教育という理念は，教育を受ける権利と深く結びついている．近代社会においては，すべての子どもが家庭の経済状況や地位，人種や宗教によって受けられる教育に差があってはならないという理念が共有されているが，その実現を図るための制度が公教育なのである.

　近年，雇用の流動化やひとり親世帯の増加などを背景として，「子どもの貧困」が大きな問題となっている（阿部 2008）．それと同時に，質の高い幼児教育を受けることが，子どもの学力だけでなく協調性や社会性などの非認知能力を高め，子どもの将来にプラスの影響を与えるという研究が広く知られるようになり，格差是正のための幼児教育の役割が注目されるようになってきている（ヘックマン 2015）．保育者は，不平等の解消を目指す公教育の担い手であるという意識を持ち，厳しい家庭環境にある子どもたちに対して，一人ひとりのニーズに応じた質の高い保育を提供していくことが重要な役割である.

3.　保育者に求められる今日的専門性

（1）保育者の専門性の特徴

　本節では，保育者が担う様々な役割や保育実践の基盤となる専門性について述べる．保育者を目指す高校生や養成校に入学したばかりの学生に，保育者になるためにどのようなことを学ぶ必要があると思うか訊ねると，「ピアノの弾き歌い」や「手遊び」，「子どもに伝わる言葉の掛け方」などといった答えが返ってくる．ここに挙げられているピアノや手遊び，言葉の掛け方などは，一般に「保育技術」と呼ばれており，子どもの生活を楽しく，豊かなものにしていくためには欠かせないものである．保育者を目指す学生にとっては，実習や見学等で，保育者が様々な保育技術を駆使して子どもとかかわる姿を見る機会も多く，このような技術の有無が「保育者＝プロ」と「自分＝素人」を区別する「専門性」として認識されやすいだろう．では，たくさんの保育技術を身につけ，そ

210　第 12 章　保育者像の探究

の量を増やしていけば，保育者としての専門性を身につけたことになるのだろうか．

　三谷は，保育者の専門性を「見えやすい専門性」と「見えにくい専門性」という 2 つの視点からとらえている（三谷 2010）．「見えやすい専門性」とは，上述したような，保育者と子どもとのかかわりにおいて第三者からも観察可能な保育技術のことである．それに対し，「見えにくい専門性」とは，保育者による子ども一人ひとりの内面理解を指している．目に見える行動として現れることはないが，保育者は目の前にいる子どもたちに対し，「何を望んでいるのか」「何を表現しようとしているのか」「何を楽しんでいるのか」など 1 人ひとりの内面を理解しようとしている．このような内面の理解に基づいて，子どもの意欲や行動を引き出すために保育技術を用いることで，子どもの主体的な活動を中心とする保育を実現することができる．「〇〇して欲しい」という保育者の一方的な思いだけで保育技術を用いてしまっては，子どもを保育者の思いどおりに動かすことになってしまう．保育技術などの「見えやすい専門性」は，子どもの内面理解という「見えにくい専門性」に裏付けられて初めて意味を持つのである．

　このように保育者の専門性は，「見えやすい専門性」を「見えにくい専門性」が支え，裏付けているという複雑な構造を持つことが特徴である．保育者の専門性を適切に理解し，獲得していくためには，「見えにくい専門性」の理解が鍵となる．次節では，「見えにくい専門性」とはどういうものか，より詳細に見ていこう．

（2）保育者の専門性としての「省察」

　子どもの内面を理解することが「見えにくい専門性」であると述べたが，保育者は子どもの内面にどのように迫り，理解しようとするのだろうか．子どもと生活をともにし，遊びや会話を重ねていく中で，子どもとの関係は深まり，子ども一人ひとりの個性や興味関心が自然と見えてくるだろう．しかし，保育者にとっての子どもの内面理解とは，個性や興味の理解にとどまるものではない．子どもは発達の過程にある存在である．そのため，発達という視点から子どもの内面をとらえることが必要であり，子どもの認識の枠組みは大人とは異

なるものであることをふまえることが重要である.

たとえば，砂場でシャベルやバケツを使い，トンネル作りやままごとをして遊ぶ子どもたちの中に，一人だけ砂を手ですくうことを繰り返している子どもがいたとする．大人の感覚からすれば，一人で砂をすくっている姿は，砂場での遊び方が分からず，退屈している姿に見えるかもしれない．また，トンネル作りやままごとのような集団での遊びに入れず，戸惑っている姿と感じられることもあるだろう．しかし，子どもの表情や砂をすくう手つき，砂を見つめる視線を良く見てみると違う姿が見えてくることがある．その子どもは，砂のさらさらした感触や手から零れ落ちていく感触を楽しんでいることもあるだろう．また，落ちていく砂を水の流れに見立てて想像を広げているのかもしれない.

保育者は，子どもの行為に込められた意味を大人の視点から決め付けてしまうことがないよう，その子にとっての行為の意味を常に考え，理解することが必要である．そのためには，子ども一人ひとりの発達過程や経験をふまえ，子どもの表情や表現をよく観察することが必要となるが，実際には保育者は子どもを客観的に観察するのではなく，子どもと一緒に遊び，関わりながらその内面を瞬時に理解することが求められる.

このように子どもの内面や自分のかかわりについて絶えず振り返りながら，保育実践を行っていく保育者の特徴は，「行為の中の省察」と呼ばれている（ショーン 2007）．「行為の中の省察」には実践のなかでの省察だけでなく，実践を終えた後の省察についても含まれている．実践後の省察では，実践中は夢中で気づくことができなかった子どもの内面や行為の意味をとらえなおすことができるだけでなく，自分自身を客観的に見つめなおし，子どもに対するかかわりや子どもの見方を振り返ることにより，次の保育実践をより良くするための手立てを考えることができる．保育における行為（援助やかかわり）と省察は切離せないものであり，保育中，そして保育後の省察が保育者の専門性の基盤となることを理解することが重要である.

(3) 保育者の専門性としての同僚性

保育後の省察は，次の日の保育準備や保育記録を書くことを通して個人的に行われることもあるが，共に保育を行う同僚との関係の中で，集団的に行われ

212　第 12 章　保育者像の探究

ることもある．子どもとのかかわりを振り返るなかでは，子どもの内面の理解
が思うように深められず悩みを抱えたり，一人ひとりの子どもの思いを受け止
めることと，集団としての援助のあり方に葛藤を感じたりすることが少なくな
い．このように，時に悩みや葛藤を伴う省察のプロセスを支える役割を果たす
のが，「同僚性」と呼ばれる同じ職場で働く同僚との対等で対話的な関係である．

　同僚との対話による省察の具体的な例として，「保育カンファレンス」があ
げられる．保育カンファレンスとは，実際の保育の一場面や子どもの事例を取
り上げ，保育者がそれぞれの視点から子どもの思いや保育について意見を出し
合うというものである．同じ場面や子どもについて語り合うことで，多様な見
方が共有され，自分自身の思い込みに気づいたり，新たな子どもの見方に気づ
いたりすることが期待される．

　保育カンファレンスが効果的に行われるためにも，「同僚性」が鍵となる．日
本において，いち早く保育カンファレンスの必要性を提唱した森上は，保育カ
ンファレンスが効果的に行われる条件として①「正解を求めようとしない」，②
「本音」で話し合う，③園長や先輩による若手保育者の指導の場にしない，④
批判や論争をしない，⑤それぞれの成長を支え合い育ち合う，の 5 つをあげて
いる（森上 1996）．

　経験年数の浅い保育者に対し，保育経験の豊富な先輩保育者は，その成長を
促そうとするあまり，自らの経験に基づく知識を教えようとしてしまうことが
ある．しかし，保育において重要な子どもの内面や行為の意味の理解は，一人
ひとりの子どもによって大きく異なるものであり，過去の経験から判断してし
まうことは，決め付けとなってしまう危険性を伴う．保育カンファレンスが先
輩から後輩への指導や批判となってしまうことは，後輩保育者が自ら考え成長
する機会を奪うだけでなく，先輩保育者自身にとっても新しい気づきを得て成
長する機会を失うことにもなる．保育カンファレンスにおいて重要なのは，経
験年数や立場の上下に関係なく，お互いが対等な立場で「語り合い」，「学び合
う」ことであり，このような関係として「同僚性」が重視されているのである．

（4）保育者の専門性としての「協働性」

　近年では，同じ職場で働く同僚との関係だけでなく，チームとして他の専門職と協力し，子どもや家庭が抱える問題解決を図る「協働性」の必要性も高まってきている．特に，子育て支援や特別支援教育の領域において，他職種との連携・分担が求められる．

　たとえば，子育て支援の分野では，子育てに対し不安や悩みを抱える保護者にとっては，保育者からの支援だけでなく，同じ悩みを持つ保護者同士の交流が保護者の不安を軽減し，前向きに子育てに取り組むことにつながることが多い．そのような場合，地域の子育てひろばや育児サークルなどを紹介することが有効であるが，そのためには地域の子育てひろばや育児サークルを把握し，日頃から連携しておくことが必要だろう．また，虐待や貧困など厳しい家庭環境にあるケースでは，児童相談所や社会福祉協議会など，福祉に関する専門機関との連携が必要となる．

　また，特別支援教育においては，専門家の巡回指導や療育機関などの地域資源を活用し，その子どもの育ちを見通した適切な支援を模索していくことが必要になる．子どもの集団の中での生活にかかわる保育者は，子どもの発達の特性に気づきやすく，医療機関や療育機関との連携により障がいの早期発見や早期療育につなげることができる．さらに，特別支援を必要とする子どもの子育ては身体的・精神的な負担が大きいため，保護者にとって安心して相談できる場としての役割は大きい．

　虐待や貧困など深刻なケースや特別な支援が必要な子どもの対応は，専門機関に任せ，保育者にできることはないと考えるかもしれない．しかし，保育者は日常的に子どもと接することができるだけでなく，送迎の際に保護者とも顔を併せることができ，身近な存在として信頼関係に基づく支援や情報提供が可能な立場にある．専門機関との立場の違いを生かし，子どもと保護者のニーズに合わせたきめ細かな支援を行うことが重要である．

4. 保育者の専門性向上とキャリア形成

（1）保育者の専門性向上と研修制度

　ここまで，保育者には子どもの内面や行為の意味を瞬時に読み取り，自分のかかわりを判断する高度な専門性が求められることや現代社会においては保護者支援や他機関との連携など多様な職務が必要とされていることを見てきた．このような複雑で多様化する職務を担い，専門性を高めていくためには，養成段階での学習だけでなく，保育者となってからの学び，すなわち研修が重要となる．まず，法令や制度として定められた保育者の研修制度を確認しておこう．

　幼稚園教諭については「教育職員免許法」や「教育公務員特例法」において，他の学校教員とともに研修制度が定められている．すでに述べたように，教育職員免許法の改正により，2009年より免許状更新制が導入され，教員免許状の有効期間を更新するためには2年間で30時間以上の講習を受けることが義務付けられた．最新の知識技能を修得することにより，社会の変化に対応し，教員としての資質能力を維持していくための制度である．

　また教育公務員特例法では，初任者研修と10年経験者研修という2つの研修制度を義務付けている．初任者研修は，採用1年目の教員を対象とし，実践的指導力と使命感を養うことを目的としている．10年経験者研修は，在職期間が10年に達した教員を対象とし，一人ひとりの資質や能力，適性に応じた研修を行うことにより，指導力の向上や得意分野を作ることをねらいとしている．

　これらの研修は法律により実施することが義務付けられている法定研修であるが，他にも経験年数に応じた研修や職能に応じた研修など様々な研修が実施されている．また，初任者研修と10年経験者研修は教育公務員すなわち公立の学校・幼稚園の教員を対象としたものであるが，地域によっては私立幼稚園の教員や保育士も参加できる場合もある．参加できない場合でも，私立幼稚園団体により公立に準じた研修体制が作られているケースが多い．

　保育士に関しては，幼稚園教諭と異なり，法律で定められた研修は存在していないが，保育所保育指針（平成29年告示）「第5章職員の資質向上」において，研修の必要性とその体制について言及されている．そこでは，（1）職場における研修として，「職員が日々の保育実践を通じて，必要な知識及び技術の習得，維持及び向上を図るとともに，保育の課題等への共通理解や協働性を高

め，保育所全体としての保育の質の向上を図っていくためには，日常的に職員同士が主体的に学びあう姿勢と環境が重要であり，職場内での研修の充実が図られなければならない」とされている．

　保育所の職員一人ひとりが研修を通じて専門性を高めることを求めると同時に，職員同士が学びあい，協働する環境の必要性が指摘されており，組織的な研修による保育士の資質向上の取り組みが重要との考えが示されている．

(2) 保育者の専門性の成長プロセス

　それでは，保育者は職場における保育経験や研修を通して，どのように専門性を高め，成長していくのだろうか．近年では，専門職の能力や資質は，養成教育の段階のみで習得されるのではなく，入職後の様々な経験や研修を通して生涯にわたる長い期間を通して成長・変化していく「生涯発達」として専門職の成長をとらえる考えが主流となっている．

　たとえば，表12.1はヴァンダー・ヴェンの保育者の発達段階モデルを秋田がまとめたものである（秋田2000）．このモデルでは「段階1：実習生・新任の段階」「段階2：初任の段階」「段階3：洗練された段階」「段階4：複雑な経験に対処できる段階」「段階5：影響力のある段階」の5つの段階が示されている．このモデルでは，まだ一人前の保育者として扱われない実習生や新任の段階から，保育者としての学びや成長が始まっていること，段階が進むに連れ，保育者として自分の判断に自信が持てるようなるだけでなく，他のスタッフや組織全体に影響力を持つ存在になるという点が特徴的である．また，各段階に至る具体的な経験年数は示されておらず，一定の経験年数によって専門性の発達が促されるというより，経験や学びの質が重要と考えられていることが読み取れる．

　また，保育者の専門性は，直接的な保育経験だけでなく，保育を取り巻く社会状況や地域の環境などの外的な要因にも影響を受けて発達・変化していくと考えられる．香曽我部は，勤務場所の異動や昇進などの個人的な要因に加え，気の合う保育者との出会いや保育に関する研究会への参加など，保育実践を高めあう「保育実践コミュニティ」への参加が保育者の成長に大きな影響を与えていることを指摘している（香曽我部2016）．このようなコミュニティへの一員となることで，自分の保育実践を他者と共有し，自信を持つことができたり，

216　　第 12 章　保育者像の探究

表 12.1　ヴァンダー・ヴェンによる保育者の発達段階モデル

段階1‥実習生・新任の段階	園のなかでまだ一人前として扱われていない。場に参加することから学ぶ段階であり、指示されたことをその通りにやってみるアシスタントとなったり、実際に保育で子どもに直接かかわり援助したり世話することに携わる。実践をその場限りの具体的なこととしかとらえられず、自分自身の過去の経験や価値判断のみで対処することが多く、子どもの発達からその行為の意味やつながりをみることができない。ある状況で起きた行動の原因や生起の過程をいろいろな視点から説明したり、そこから対処の方法を構成的に考えていくような探究をしようとはしない。直線的に単一の原因を考えたり（例：あの子が取り乱しているのは、朝家で何かあったにちがいない）、二分法的に判断したり（例：今子どもは遊んでいるから、学習はしてないのだ）しやすい。 　自分の実経験から、先輩の助言に抵抗しようとすることもあり、経験を重視し、子どもとかかわるのには本で学ぶ必要などないと考えたり、また本を読んでもそれを実際の保育に応用することが困難である。
段階2‥初任の段階	保育者として周りからも認められ、正式に仕事の輪のなかにかかわり始め、徒弟制度のなかで学んでいくようになる。保育室や遊びの場で子どもに直接かかわる場面で主に仕事を行う。理論や学んだことを保育に活かせるようになってきているが、自分の行った行為の理由や説明を言語化することは難しい。自分の行動や環境設定が子どもの発達をうながすことに手応えや誇りを感じるようになり、幼児教育学の知見にも興味を示し始める。 　しかし、子どもたちや親、同僚など他者の要求にしっかり応えたいという思いから、自分自身を過剰に提供し自己犠牲にしてしまう「救済のファンタジー」現象が生じる。熱意や自発性が保育の改善に寄与することもあるが、一方で子どもへ過剰に注目しすぎたり、援助が必要な子どもの要求を拒むことができず際限なく自己を与えてしまうなどの問題も起きてくる。新任期ほど個人的な考え方に偏った行動がみられるが、まだ自分の価値体系に依存しやすい。 　先輩からの助言や指示を積極的にもとめたり受け入れることで変化することが大きいが、助言をうのみにしてしまいがちである。仕事にうちこむほどに何でも役にたちそうな処方箋をもとめるようになるが、その内容を十分に理解し、使いこなせるだけの技能はまだもち合わせていない。他者と一緒に仕事をするときには、自分の実際の能力よりも控えめにして周囲にあわせるので、自らの生産性や創造性を感じにくくフラストレーションを感じることも起きるようになる。
段階3‥洗練された段階	保育者としての専門家意識を強く意識し始めるようになり、実践者として自分を信頼し落ち着きを見せてくるようになる。徒弟ではなく同僚として職場での関係性ができるようになる。いわゆる常識や、自分の子ども時代の経験や保育の基礎知識をそのままあてはめたり主観的印象のみに頼るという次元を越え、現実の事実をよくみることを判断の基礎にできるようになる。だが、まだ保育に直接影響を与えている要因変数をシステム的にとらえたり、日常の実践の複雑な要求に対処する点では、完全に熟達しているというわけではない。よい悪いといった二分法的思考から、現実を事実として評価し、そこで役に立つことや自分の追うべき責任を考えることができるようになる。保育の質に関心を払うようになり、子どもとかかわる保育だけではなく、親や家族、子どもをとりまく関係性にはたらきかけることの必要性を認識するようになる。保育者としての自分の能力を認識できるようになるので、自己犠牲的な立場をとるのではなく、肯定的主張的にふるまうことができる。
段階4‥複雑な経験に対処できる段階	より複雑な問題や状況に対処できる知識や経験を得、個々の断片的知識だけではなく、自らの経験とものの見方の参照枠組みが統合されてくる。保育のスペシャリストとして自律的にはたらくことができる。2つの方向での発達、直接的な実践や臨床的側面による熟達していく方向と、園経営や他の若手教師の教育、助言など、保育にかかわる間接的文脈に携わる方向のいずれか、あるいはその両方向にかかわるようになる。 　直接的な実践面では、子どもの人格をより深く力動的に読みとったり、また特別な境遇におかれた子どもや家族へ援助したり、個別の集団の要求に応じるシステムづくりをデザインできるようになる。現象のなかにある秩序や規則性をみることができるようになり、相手に合わせながらも自分らしい保育を行うことができるようになり、達成感を得られる。また間接的には子どもとの関係だけではなく、親や社会、行政制度など公的な側面に対し主張的になり、保育を行う財政や経営面にもかかわるようになる。
段階5‥影響力のある段階	中年期から中年期後半にあたり、身体的活動は低下減衰する。しかし、それが新たな発達の機会、実践の複雑さや要求を新たな創造的視点からとらえたり、知恵を発達させるのに寄与する。さまざまな事柄を二分法ではなく相互作用としてとらえ、より抽象度の高い多様な概念とつなぎあわせて考えることが可能になる。現場の将来の発展を導くような仕事、子どもや家族の生活に影響を与える社会的なさまざまな問題についての条件の改善や保護に対してはたらきかけるようになる。直接子どもにはたらきかけるだけではなく、親や保育者が参加するネットワークや、その社会文化がもっている信念やマクロシステムを強調し、自分の実践の創り手として主張できるだけではなく、ほかのスタッフへの責任も負うようになる。

出典：（秋田 2000）より作成

新たな保育観に気づくきっかけとなったりする．保育実践コミュニティは，同じ保育所に勤務する保育者同士で形成されることもあるが，地域の他の保育所の保育者や大学教員など多様な参加者で構成されることもある．

このようなコミュニティへの参加は，職場の異動や研修会などで偶発的に出会い，保育を高めあう仲間となっていく場合もあるが，自らの保育に行き詰まりや不安を感じた保育者が自ら課題を解決するために必要な知識や助言を求める中で，探し出し参加することもある．保育者として専門性を磨き，成長していくためには，職場内など身近な場所に話し合える，相談できるメンターとなる存在を見つけることも重要であるが，自分が抱える課題の内容によっては，職場を越えて，広い視野で自分を高めるためのコミュニティを見つけ出す努力も必要となるのである．

(3) 保育者のキャリア形成とその課題

保育者の専門性が生涯にわたるプロセスの中で発達していくことを見てきた．このような長期的な専門性発達を考えるためには，保育者の職業的キャリアが継続的なものであることが必要である．一般的に，専門職と言われる職業は，勤続年数が長い傾向にあるが，保育者の場合はどうであろうか．厚生労働省が実施した「平成29年賃金構造基本統計調査」によると，保育士の平均勤続年数は7.7年，幼稚園教諭は7.3年となっており，同じく教育の専門職である高等学校教員の平均勤続年数が13.5年となっていることに比べ，非常に短い年数となっている．

平均勤続年数の短さの背景には，何があるのだろうか．まず，保育者が女性の多い職業であることがあげられる．女性の場合，結婚や出産などのライフイベントが離職の要因となりやすい．保育者，特に保育士は女性の就労を支援する職業であるが，保育者自身の仕事と家庭の両立も課題となっているのであり，保育者が結婚や出産をしても働きやすい環境づくりが必要である．

また，賃金等の処遇の問題も重要である．2014年に東京都福祉保健局が行った調査によると，現職の保育士が職場に希望する改善点として，「賃金・賞与の改善」が59.0％と高い割合になっている．さらに，保育職を辞めることを希望している保育士に対し，その退職理由を尋ねた結果では，「給料が安い」65.1

%，「仕事量が多い」52.2％と給与や仕事量に対する不満が大きいことが示されている．保育者の職務には，子どもの命を守り，発達を支援する重い責任が伴っている．このような調査からは，仕事量だけでなく，責任の重さと給与のバランスが取れていないと感じている保育者が多く，離職につながっていることがうかがえる．

　保育者がその待遇や職場環境に課題を感じ，継続的なキャリア形成が困難になっている状況に対し，国も問題意識を持ち，改善に向けて動き出している．2017年より，厚生労働省の主導により全国で「保育士等キャリアアップ研修」が実施されることとなった．このキャリアアップ研修は，「専門分野別研修」，「マネジメント研修」，「保育実践研修」の3つに分かれている．専門分野別研修は，「① 乳児保育」「② 幼児教育」「③ 障害児保育」「④ 食育・アレルギー対応」「⑤ 保健衛生・安全対策」「⑥ 保護者支援・子育て支援」の6分野に分かれており，それぞれの分野においてリーダー的役割を担う保育者を対象としている．マネジメント研修は，上記の専門分野においてリーダー的役割を担った経験があり，主任保育士のもとでミドルリーダーとしての役割を担う保育者を対象としている．

　このように，キャリアアップ研修はリーダー的役割を担う保育者を育成することがねらいであり，特に専門分野別の研修が取り入れられていることが特徴である．これまで保育所の組織の中には，園長や主任以外の役職や立場が存在せず，保育者のキャリアアップの道筋が見えにくいという問題があった．そこで，専門分野別の研修を制度化し，研修によって技能を高めた保育者が専門リーダーになることで，キャリアアップの道筋が見えやすくなることが期待される．キャリアアップ研修の受講は処遇改善の条件として位置づけられており，研修による専門性向上が処遇改善や職場内の地位の向上として認められる仕組みが作られたと言える．保育者には，このような仕組みも活用しながら，主体的に自身の専門性向上とキャリア形成を行っていくことが重要である．

引用文献

- 阿部彩『子どもの貧困－日本の不公平を考える』岩波新書，2008年．
- 秋田喜代美「保育者のライフステージと危機—ステージモデルから読み解く専

門性―」『発達』21 巻 83 号，ミネルヴァ書房，2000 年.

- 網野武博「Children First」磐田力・大沢力編著『子ども学総論―子どもに生きる・子どもと創る』日本小児医事出版社，2015 年.

- ドナルド・A・ショーン著，柳沢昌一・三輪建二監訳『省察的実践とは何か―プロフェッショナルの行為と思考』鳳書房，2007 年（1983 年）.

- ジェームズ・J・ヘックマン著古草秀子訳『幼児教育の経済学』東洋経済新報社，2015 年.

- 香曽我部琢『現代社会における保育者の自己形成と実践コミュニティ』ナカニシヤ書店，2016 年.

- 三谷大紀「学びあう保育者―保育の場における保育者の成長と同僚関係―」汐見稔幸・大豆生田啓友編『保育者論』ミネルヴァ書房，2010 年.

- 森上史朗「カンファレンスによって保育を開く」『発達』17 巻 68 号，ミネルヴァ書房，1996 年.

- 鶴宏史「保育者の倫理」矢藤誠慈郎・天野珠路編『保育者論』中央法規出版，2019 年.

- 安彦忠彦『改訂版 教育課程編成論―学校は何を学ぶところか―』放送大学教育振興会，2002 年（改訂版 2006 年）.

付録　関係法令等

1.　日本国憲法（抄）

（昭和 21 年 11 月 3 日公布）

第 11 条　国民は，すべての基本的人権の享有を妨げられない．この憲法が国民に保障する基本的人権は，侵すことのできない永久の権利として，現在及び将来の国民に与へられる．

第 12 条　この憲法が国民に保障する自由及び権利は，国民の不断の努力によって，これを保持しなければならない．又，国民は，これを濫用してはならないのであって，常に公共の福祉のためにこれを利用する責任を負ふ．

第 13 条　すべて国民は，個人として尊重される．生命，自由及び幸福追求に対する国民の権利については，公共の福祉に反しない限り，立法その他国政の上で，最大の尊重を必要とする．

第 14 条　すべて国民は，法の下に平等であって，人種，信条，性別，社会的身分又は門地により，政治的，経済的又は社会的関係において，差別されない．

第 25 条　すべて国民は，健康で文化的な最低限度の生活を営む権利を有する．

2　国は，すべての生活部面について，社会福祉，社会保障及び公衆衛生の向上及び増進に努めなければならない．

第 26 条　すべて国民は，法律の定めるところにより，その能力に応じて，ひとしく教育を受ける権利を有する．

2　すべて国民は，法律の定めるところにより，その保護する子女に普通教育を受けさせる義務を負ふ．義務教育は，これを無償とする．

2.　教育基本法（抄）

（昭和 22 年 3 月 31 日法律第 25 号）

［全面改定］平成 18 年 12 月 22 日
法律第 120 号

　我々日本国民は，たゆまぬ努力によって築いてきた民主的で文化的な国家を更に発展させるとともに，世界の平和と人類の福祉の向上に貢献することを願うものである．

　我々は，この理想を実現するため，個人の尊厳を重んじ，真理と正義を希求し，公共の精神を尊び，豊かな人間性と創造性を備えた人間の育成を期するとともに，伝統を継承し，新しい文化の創造を目指す教育を推進する．

　ここに，我々は，日本国憲法の精神にのっとり，我が国の未来を切り拓く教育の基本を確立し，その振興を図るため，この法律を制定する．

第 1 章　教育の目的及び理念

第 1 条（教育の目的）　教育は，人格の完成を目指し，平和で民主的な国家及び社会の形成者として必要な資質を備えた心身ともに健康な国民の育成を期して行われなければならない．

第 2 条（教育の目標）　教育は，その目的を実現するため，学問の自由を尊重しつつ，次に掲げる目標を達成するよう行われるものとする．

1　幅広い知識と教養を身に付け，真理を求める態度を養い，豊かな情操と道徳心を培うとともに，健やかな身体を養うこと．

2　個人の価値を尊重して，その能力を伸ばし，創造性を培い，自主及び自律の精神を養うとともに，職業及び生活との関連を重視し，勤労を重んずる態度を養うこと．

3　正義と責任，男女の平等，自他の敬愛と協力を重んずるとともに，公共の精神に基づき，主体的に社会の形成に参画し，その発展に寄与する態度を養うこと．

4　生命を尊び，自然を大切にし，環境の保全に寄与する態度を養うこと．

5　伝統と文化を尊重し，それらをはぐくんできた我が国と郷土を愛するとともに，他国を尊重し，国際社会の平和と発展に寄与する態度を養うこと．

第 3 条（生涯学習の理念）　国民一人一人が，自己の人格を磨き，豊かな人生を送ることができるよう，その生涯にわたって，あらゆる機会に，あらゆる場所において学習すること

ができ，その成果を適切に生かすことのでき
る社会の実現が図られなければならない．

第4条（教育の機会均等） すべて国民は，ひ
としく，その能力に応じた教育を受ける機会
を与えられなければならず，人種，信条，性
別，社会的身分，経済的地位又は門地によっ
て，教育上差別されない．

2 国及び地方公共団体は，障害のある者が，
その障害の状態に応じ，十分な教育を受けら
れるよう，教育上必要な支援を講じなければ
ならない．

3 国及び地方公共団体は，能力があるにもか
かわらず，経済的理由によって修学が困難な
者に対して，奨学の措置を講じなければなら
ない．

第2章 教育の実施に関する基本

第5条（義務教育） 国民は，その保護する子
に，別に法律で定めるところにより，普通教
育を受けさせる義務を負う．

2 義務教育として行われる普通教育は，各個
人の有する能力を伸ばしつつ社会において
自立的に生きる基礎を培い，また，国家及び
社会の形成者として必要とされる基本的な
資質を養うことを目的として行われるもの
とする．

3 国及び地方公共団体は，義務教育の機会を
保障し，その水準を確保するため，適切な役
割分担及び相互の協力の下，その実施に責任
を負う．

4 国又は地方公共団体の設置する学校にお
ける義務教育については，授業料を徴収し
ない．

第6条（学校教育） 法律に定める学校は，公
の性質を有するものであって，国，地方公共
団体及び法律に定める法人のみが，これを設
置することができる．

2 前項の学校においては，教育の目標が達成
されるよう，教育を受ける者の心身の発達に
応じて，体系的な教育が組織的に行われなけ
ればならない．この場において，教育を受け
る者が，学校生活を営む上で必要な規律を重
んずるとともに，自ら進んで学習に取り組む
意欲を高めることを重視して行われなけれ
ばならない．

第9条（教員） 法律に定める学校の教員は，
自己の崇高な使命を深く自覚し，絶えず研究
と修養に励み，その職責の遂行に努めなけれ
ばならない．

2 前項の教員については，その使命と職責
の重要性にかんがみ，その身分は尊重され，

待遇の適正が期せられるとともに，養成と研
修の充実が図られなければならない．

第10条（家庭教育） 父母その他の保護者は，
子の教育について第一義的責任を有するも
のであって，生活のために必要な習慣を身に
付けさせるとともに，自立心を育成し，心身
の調和のとれた発達を図るよう努めるもの
とする．

2 国及び地方公共団体は，家庭教育の自主性
を尊重しつつ，保護者に対する学習の機会及
び情報の提供その他の家庭教育を支援する
ために必要な施策を講ずるよう努めなけれ
ばならない．

第11条（幼児期の教育） 幼児期の教育は，
生涯にわたる人格形成の基礎を培う重要な
ものであることにかんがみ，国及び地方公共
団体は，幼児の健やかな成長に資する良好な
環境の整備その他適当な方法によって，その
振興に努めなければならない．

第13条（学校，家庭及び地域住民等の相互の
連携協力） 学校，家庭及び地域住民その他
の関係者は，教育におけるそれぞれの役割と
責任を自覚するとともに，相互の連携及び協
力に努めるものとする．

3. 学校教育法（抄）

（昭和22年3月31日法律第26号）
［改正］令和元年6月26日法律第44号

第1章 総則

（学校の範囲）

第1条 この法律で，学校とは，幼稚園，小学
校，中学校，義務教育学校，高等学校，中等
教育学校，特別支援学校，大学及び高等専門
学校とする．

第3章 幼稚園

（目的）

第22条 幼稚園は，義務教育及びその後の教
育の基礎を培うものとして，幼児を保育し，
幼児の健やかな成長のために適当な環境を
与えて，その心身の発達を助長することを目
的とする．

（目標）

第23条 幼稚園における教育は，前条に規定
する目的を実現するため，次に掲げる目標を
達成するよう行われるものとする．

一 健康，安全で幸福な生活のために必要な
基本的な習慣を養い，身体諸機能の調和的
発達を図ること．

222 付録　関係法令等

二　集団生活を通じて，喜んでこれに参加する態度を養うとともに家族や身近な人への信頼感を深め，自主，自律及び協同の精神並びに規範意識の芽生えを養うこと．

三　身近な社会生活，生命及び自然に対する興味を養い，それらに対する正しい理解と態度及び思考力の芽生えを養うこと．

四　日常の会話や，絵本，童話等に親しむことを通じて，言葉の使い方を正しく導くとともに，相手の話を理解しようとする態度を養うこと．

五　音楽，身体による表現，造形等に親しむことを通じて，豊かな感性と表現力の芽生えを養うこと．

（家庭及び地域への支援）

第24条　幼稚園においては，第22条に規定する目的を実現するための教育を行うほか，幼児期の教育に関する各般の問題につき，保護者及び地域住民その他の関係者からの相談に応じ，必要な情報の提供及び助言を行うなど，家庭及び地域における幼児期の教育の支援に努めるものとする．

（教育課程・保育内容）

第25条　幼稚園の教育課程その他の保育内容に関する事項は，第22条及び第23条の規定に従い，文部科学大臣が定める．

（入園資格）

第26条　幼稚園に入園することのできる者は，満3歳から，小学校就学の始期に達するまでの幼児とする．

（園長，教頭，教諭その他の職員）

第27条　幼稚園には，園長，教頭及び教諭を置かなければならない．

2　幼稚園には，前項に規定するもののほか，副園長，主幹教諭，指導教諭，養護教諭，栄養教諭，事務職員，養護助教諭その他必要な職員を置くことができる．

3　第1項の規定にかかわらず，副園長を置くときその他特別の事情のあるときは，教頭を置かないことができる．

4　園長は，園務をつかさどり，所属職員を監督する．

5　副園長は，園長を助け，命を受けて園務をつかさどる．

6　教頭は，園長（副園長を置く幼稚園にあっては，園長及び副園長）を助け，園務を整理し，及び必要に応じ幼児の保育をつかさどる．

7　主幹教諭は，園長（副園長を置く幼稚園にあっては，園長及び副園長）及び教頭を助け，命を受けて園務の一部を整理し，並びに幼児の保育をつかさどる．

8　指導教諭は，幼児の保育をつかさどり，並びに教諭その他の職員に対して，保育の改善及び充実のために必要な指導及び助言を行う．

9　教諭は，幼児の保育をつかさどる．

10　特別の事情のあるときは，第1項の規定にかかわらず，教諭に代えて助教諭又は講師を置くことができる．

11　学校の実情に照らし必要があると認めるときは，第7項の規定にかかわらず，園長（副園長を置く幼稚園にあっては，園長及び副園長）及び教頭を助け，命を受けて園務の一部を整理し，並びに幼児の養護又は栄養の指導及び管理をつかさどる主幹教諭を置くことができる．

4.　学校教育法施行規則（抄）

（昭和22年5月23日文部省令第11号）

［改正］令和3年2月26日
文部科学省令第9号

第36条（設置基準）　幼稚園の設備，編制その他設置に関する事項は，この章に定めるもののほか，幼稚園設置基準（昭和31年文部省令第32号）の定めるところによる．

第37条（教育週数）　幼稚園の毎学年の教育週数は，特別の事情のある場合を除き，39週を下ってはならない．

第38条（教育課程・保育内容の基準）　幼稚園の教育課程その他の保育内容については，この章に定めるもののほか，教育課程その他の保育内容の基準として文部科学大臣が別に公示する幼稚園教育要領によるものとする．

5.　幼稚園設置基準（抄）

（昭和31年12月13日文部省令第32号）

［改正］平成26年7月31日
文部科学省令第23号

第1章　総則

（趣旨）

第1条　幼稚園設置基準は，学校教育法施行規則（昭和22年文部省令第11号）に定めるもののほか，この省令に定めるところによる．

（基準の向上）

第2条　この省令で定める設置基準は，幼稚園を設置するのに必要な最低の基準を示すも

のであるから，幼稚園の設置者は，幼稚園の水準の向上を図ることに努めなければならない．

第2章　編制

（1学級の幼児数）

第3条　1学級の幼児数は35人以下を原則とする．

（学級の編制）

第4条　学級は，学年の初めの日の前日において同じ年齢にある幼児で編制することを原則とする．

（教職員）

第5条　幼稚園には，園長のほか，各学級ごとに少なくとも専任の主幹教諭，指導教諭又は教諭（次項において「教諭等」という．）を一人置かなければならない．

2　特別の事情があるときは，教諭等は，専任の副園長又は教頭が兼ね，又は当該幼稚園の学級数の3分の1の範囲内で，専任の助教諭若しくは講師をもって代えることができる．

3　専任でない園長を置く幼稚園にあっては，前2項の規定により置く主幹教諭，指導教諭，教諭，助教諭又は講師のほか，副園長，教頭，主幹教諭，指導教諭，教諭，助教諭又は講師を一人置くことを原則とする．

4　幼稚園に置く教員等は，教育上必要と認められる場合は，他の学校の教員等と兼ねることができる．

第6条　幼稚園には，養護をつかさどる主幹教諭，養護教諭又は養護助教諭及び事務職員を置くように努めなければならない．

第3章　施設及び設備

（一般的基準）

第7条　幼稚園の位置は，幼児の教育上適切で，通園の際安全な環境にこれを定めなければならない．

2　幼稚園の施設及び設備は，指導上，保健衛生上，安全上及び管理上適切なものでなければならない．

（園地，園舎及び運動場）

第8条　園舎は，2階建以下を原則とする．園舎を2階建とする場合及び特別の事情があるため園舎を3階建以上とする場合にあっては，保育室，遊戯室及び便所の施設は，第1階に置かなければならない．ただし，園舎が耐火建築物で，幼児の待避上必要な施設を備えるものにあっては，これらの施設を第2階に置くことができる．

2　園舎及び運動場は，同一の敷地内又は隣接する位置に設けることを原則とする．

3　園地，園舎及び運動場の面積は，別に定める．

（施設及び設備等）

第9条　幼稚園には，次の施設及び設備を備えなければならない．ただし，特別の事情があるときは，保育室と遊戯室及び職員室と保健室とは，それぞれ兼用することができる．

　一　職員室
　二　保育室
　三　遊戯室
　四　保健室
　五　便所
　六　飲料水用設備，手洗用設備，足洗用設備

2　保育室の数は，学級数を下ってはならない．

3　飲料水用設備は，手洗用設備又は足洗用設備と区別して備えなければならない．

4　飲料水の水質は，衛生上無害であることが証明されたものでなければならない．

第10条　幼稚園には，学級数及び幼児数に応じ，教育上，保健衛生上及び安全上必要な種類及び数の園具及び教具を備えなければならない．

2　前項の園具及び教具は，常に改善し，補充しなければならない．

第11条　幼稚園には，次の施設及び設備を備えるように努めなければならない．

　一　放送聴取設備
　二　映写設備
　三　水遊び場
　四　幼児清浄用設備
　五　給食施設
　六　図書室
　七　会議室

（他の施設及び設備の使用）

第12条　幼稚園は，特別の事情があり，かつ教育上及び安全上支障がない場合は，他の学校等の施設及び設備を使用することができる．

6.　児童の権利に関する条約（抄）

（1994年5月22日　日本国について発行）
[改正]平成15年6月12日条約第3号
外務省告示第183号

第1条（定義）　この条約の適用上，児童とは，18歳未満のすべての者をいう．ただし，当該児童で，その者に適用される法律によりより早く成年に達したものを除く．

224　付録　関係法令等

第3条（最善の利益）　児童に関するすべての措置をとるに当たっては，公的若しくは私的な社会福祉施設，裁判所，行政当局又は立法機関のいずれによって行われるものであっても，児童の最善の利益が主として考慮されるものとする．

2　締約国は，児童の父母，法定保護者又は児童について法的に責任を有する他の者の権利及び義務を考慮に入れて，児童の福祉に必要な保護及び養護を確保することを約束し，このため，すべての適当な立法上及び行政上の措置をとる．

3　締約国は，児童の養護又は保護のための施設，役務の提供及び設備が，特に安全及び健康の分野に関し並びにこれらの職員の数及び適格性並びに適正な監督に関し権限のある当局の設定した基準に適合することを確保する．

第5条（親の指導の尊重）　締約国は，児童がこの条約において認められる権利を行使するに当たり，父母若しくは場合により地方の慣習により定められている大家族若しくは共同体の構成員，法定保護者又は児童について法的に責任を有する他の者がその児童の発達しつつある能力に適合する方法で適当な指示及び指導を与える責任，権利及び義務を尊重する．

第6条（生命への権利，生存・発達の確保）　締約国は，すべての児童が生命に対する固有の権利を有することを認める．

2　締約国は，児童の生存及び発達を可能な最大限の範囲において確保する．

第12条（意見表明権）　締約国は，自己の意見を形成する能力のある児童がその児童に影響を及ぼすすべての事項について自由に自己の意見を表明する権利を確保する．この場合において，児童の意見は，その児童の年齢及び成熟度に従って相応に考慮されるものとする．

2　このため，児童は，特に，自己に影響を及ぼすあらゆる司法上及び行政上の手続において，国内法の手続規則に合致する方法により直接に又は代理人若しくは適当な団体を通じて聴取される機会を与えられる．

第13条（表現・情報の自由）　児童は，表現の自由についての権利を有する．この権利には，口頭，手書き若しくは印刷，芸術の形態又は自ら選択する他の方法により，国境とのかかわりなく，あらゆる種類の情報及び考えを求め，受け及び伝える自由を含む．

2　1の権利の行使については，一定の制限を課することができる．ただし，その制限は，法律によって定められ，かつ，次の目的のために必要とされるものに限る．

(a)　他の物の権利又は信用の尊重

(b)　国の安全，公の秩序又は公衆の健康若しくは道徳の保護

第18条（親の第一次的養育責任と国の援助）　締約国は，児童の養育及び発達について父母が共同の責任を有するという原則についての認識を確保するために最善の努力を払う．父母又は場合により法廷保護者は，児童の養育及び発達についての第一義的な責任を有する．児童の最善の利益は，これらの者の基本的な関心事項となるものとする．

2　締約国は，この条約に定める権利を保障し及び促進するため，父母及び法定保護者が児童の養育についての責任を遂行するに当たりこれらの者に対して適当な援助を与えるものとし，また，児童の養護のための施設，設備及び役務の提供の発展を確保する．

3　締約国は，父母が働いている児童が利用する資格を有する児童の養護のための役務の提供及び設備からその児童が便益を受ける権利を有することを確保するためのすべての適当な措置をとる．

第19条（親による虐待・放任・搾取からの保護）　締約国は，児童が父母，法定保護者又は児童を監護する他の者による監護を受けている間において，あらゆる形態の身体的若しくは精神的な暴力，傷害若しくは虐待，放置若しくは怠慢な取扱い，不当な取扱い又は搾取（性的虐待を含む．）からその児童を保護するためすべての適当な立法上，行政上，社会上及び教育上の措置をとる．

2　1の保護措置には，適当な場合には，児童及び児童を監護する者のために必要な援助を与える社会的計画の作成その他の形態による防止のための効果的な手続並びに1に定める児童の不当な取扱いの事件の発見，報告，付託，調査，処置及び事後措置並びに適当な場合には司法の関与に関する効果的な手続を含むものとする．

第28条（教育への権利）　締約国は，教育についての児童の権利を認めるものとし，この権利を漸進的にかつ機会の平等を基礎として達成するため，特に，

(a)　初等教育を義務的なものとし，すべての者に対しての無償のものとする．

(b) 種々の形態の中等教育（一般教育及び職業教育を含む.）の発展を奨励し，すべての児童に対し，これらの中等教育が利用可能であり，かつ，これらを利用する機会が与えられるものとし，例えば，無償教育の導入，必要な場合における財政的援助の提供のような適当な措置をとる.

(c) すべての適当な方法により，能力に応じ，すべての者に対して高等教育を利用する機会が与えられるものとする.

(d) すべての児童に対し，教育及び職業に関する情報及び指導が利用可能であり，かつ，これらを利用する機会が与えられるものとする.

(e) 定期的な登校及び中途退学率の減少を奨励するための措置をとる.

2 締約国は，学校の規律が児童の人間の尊厳に適合する方法で及びこの条約に従って運用されることを確保するためのすべての適当な措置をとる.

3 締約国は，特に全世界における無知及び非識字の廃絶に寄与並びに科学上及び技術上の知識並びに最新の教育方法の利用を容易にするため，教育に関する事項についての国際協力を促進し，及び奨励する．これに関しては，特に，開発途上国の必要を考慮する.

第29条（教育の目的） 締約国は，児童の教育が次のことを指向すべきことに同意する.

(a) 児童の人格，才能並びに精神的及び身体的な能力をその可能な最大限度まで発達させること.

(b) 人権及び基本的自由並びに国際連合憲章にうたう原則の尊重を育成すること.

(c) 児童の父母，児童の文化的同一性，言語及び価値観，児童の居住国及び出身国の国民的価値観並びに自己の文明と異なる文明に対する尊重を育成すること.

(d) すべての人民の間の，種族的，国民的及び宗教的集団の間の並びに原住民である者の間の理解，平和，寛容，両性の平等及び友好の精神に従い，自由な社会における責任ある生活のために児童に準備させること.

(e) 自然環境の尊重を育成すること.

2 この条又は前条のいかなる規定も，個人及び団体が教育機関を設置し及び管理する自由を妨げるものと解してはならない．ただし，常に，1に定める原則が遵守されること及び当該教育機関において行われる教育が国に

よって定められる最低限度の基準に適合することを条件とする.

7. 児童福祉法
（昭和 22 年 12 月 12 日法律第 164 号）
［改正］令和 2 年 6 月 10 日法律第 41 号

第1章 総則

第1条 全て児童は，児童の権利に関する条約の精神にのっとり，適切に養育されること，その生活を保障されること，愛され，保護されること，その心身の健やかな成長及び発達並びにその自立が図られることその他の福祉を等しく保障される権利を有する.

第2条 全て国民は，児童が良好な環境において生まれ，かつ，社会のあらゆる分野において，児童の年齢及び発達の程度に応じて，その意見が尊重され，その最善の利益が優先して考慮され，心身ともに健やかに育成されるよう努めなければならない.

2 児童の保護者は，児童を心身ともに健やかに育成することについて第一義的責任を負う.

3 国及び地方公共団体は，児童の保護者とともに，児童を心身ともに健やかに育成する責任を負う.

第3条 前2条に規定するところは，児童の福祉を保障するための原理であり，この原理は，すべて児童に関する法令の施行にあたって，常に尊重されなければならない.

第1節 国及び地方公共団体の責務

第3条の2 国及び地方公共団体は，児童が家庭において心身ともに健やかに養育されるよう，児童の保護者を支援しなければならない．ただし，児童及びその保護者の心身の状況，これらの者の置かれている環境その他の状況を勘案し，児童を家庭において養育することが困難であり又は適当でない場合にあっては児童が家庭における養育環境と同様の養育環境において継続的に養育されるよう，児童を家庭及び当該養育環境において養育することが適当でない場合にあっては児童ができる限り良好な家庭的環境において養育されるよう，必要な措置を講じなければならない.

第3条の3 市町村（特別区を含む．以下同じ．）は，児童が心身ともに健やかに育成されるよう，基礎的な地方公共団体として，第10条第1項各号に掲げる業務の実施，障害児通所給付費の支給，第24条第1項の規定

による保育の実施その他この法律に基づく児童の身近な場所における児童の福祉に関する支援に係る業務を適切に行わなければならない.

2 都道府県は,市町村の行うこの法律に基づく児童の福祉に関する業務が適正かつ円滑に行われるよう,市町村に対する必要な助言及び適切な援助を行うとともに,児童が心身ともに健やかに育成されるよう,専門的な知識及び技術並びに各市町村の区域を超えた広域的な対応が必要な業務として,第11条第1項各号に掲げる業務の実施,小児慢性特定疾病医療費の支給,障害児入所給付費の支給,第27条第1項第3号の規定による委託又は入所の措置その他この法律に基づく児童の福祉に関する業務を適切に行わなければならない.

3 国は,市町村及び都道府県の行うこの法律に基づく児童の福祉に関する業務が適正かつ円滑に行われるよう,児童が適切に養育される体制の確保に関する施策,市町村及び都道府県に対する助言及び情報の提供その他の必要な各般の措置を講じなければならない.

第2節　定義

第4条　この法律で,児童とは,満18歳に満たない者をいい,児童を左のように分ける.

一　乳児　満1歳に満たない者

二　幼児　満1歳から,小学校就学の始期に達するまでの者

三　少年　小学校就学の始期から,満18歳に達するまでの者

2 この法律で,障害児とは,身体に障害のある児童,知的障害のある児童,精神に障害のある児童（発達障害者支援法（平成16年法律第167号）第2条第2項に規定する発達障害児を含む.）又は治療方法が確立していない疾病その他の特殊の疾病であって障害者の日常生活及び社会生活を総合的に支援するための法律（平成17年法律第123号）第4条第1項の政令で定めるものによる障害の程度が同項の厚生労働大臣が定める程度である児童をいう.

第6条　この法律で,保護者とは,第19条の3,第57条の3第2項,第57条の3の3第2項及び第57条の4第2項を除き,親権を行う者,未成年後見人その他の者で,児童を現に監護する者をいう.

第7条　この法律で,児童福祉施設とは,助産施設,乳児院,母子生活支援施設,保育所,幼保連携型認定こども園,児童厚生施設,児童養護施設,障害児入所施設,児童発達支援センター,児童心理治療施設,児童自立支援施設及び児童家庭支援センターとする.

第7節　保育士

第18条の4　この法律で,保育士とは,第18条の18第1項の登録を受け,保育士の名称を用いて,専門的知識及び技術をもって,児童の保育及び児童の保護者に対する保育に関する指導を行うことを業とする者をいう.

第18条の6　次の各号のいずれかに該当する者は,保育士となる資格を有する.

一　都道府県知事の指定する保育士を養成する学校その他の施設（以下「指定保育士養成施設」という.）を卒業した者（学校教育法に基づく専門職大学の前期課程を修了した者を含む.）

二　保育士試験に合格した者

第18条の8　保育士試験は,厚生労働大臣の定める基準により,保育士として必要な知識及び技能について行う.

2 保育士試験は,毎年1回以上,都道府県知事が行う.

3 保育士として必要な知識及び技能を有するかどうかの判定に関する事務を行わせるため,都道府県に保育士試験委員（次項において「試験委員」という.）を置く.ただし,次条第1項の規定により指定された者に当該事務を行わせることとした場合は,この限りでない.

4 試験委員又は試験委員であった者は,前項に規定する事務に関して知り得た秘密を漏らしてはならない.

第18条の18　保育士となる資格を有する者が保育士となるには,保育士登録簿に,氏名,生年月日その他厚生労働省令で定める事項の登録を受けなければならない.

2 保育士登録簿は,都道府県に備える.

3 都道府県知事は,保育士の登録をしたときは,申請者に第1項に規定する事項を記載した保育士登録証を交付する.

第2章　福祉の保障

第3節　助産施設,母子生活支援施設及び保育所への入所等

第24条　市町村は,この法律及び子ども・子育て支援法の定めるところにより,保護者の労働又は疾病その他の事由により,その監護すべき乳児,幼児その他の児童について保育を必要とする場合において,次項に定めると

ころによるほか，当該児童を保育所（認定こ
ども園法第3条第1項の認定を受けたもの
及び同条第11項の規定による公示がされた
ものを除く．）において保育しなければなら
ない．

2 市町村は，前項に規定する児童に対し，認
定こども園法第2条第6項に規定する認定
こども園（子ども・子育て支援法第27条第
1項の確認を受けたものに限る．）又は家庭
的保育事業等（家庭的保育事業，小規模保育
事業，居宅訪問型保育事業又は事業所内保育
事業をいう．以下同じ．）により必要な保育
を確保するための措置を講じなければなら
ない．

3 市町村は，保育の需要に応ずるに足りる保
育所，認定こども園（子ども・子育て支援法
第27条第1項の確認を受けたものに限る．
以下この項及び第46条の2第2項において
同じ．）又は家庭的保育事業等が不足し，又
は不足するおそれがある場合その他必要と
認められる場合には，保育所，認定こども園
（保育所であるものを含む．）又は家庭的保育
事業等の利用について調整を行うとともに，
認定こども園の設置者又は家庭的保育事業
等を行う者に対し，前項に規定する児童の利
用の要請を行うものとする．

第3章　事業，養育里親及び養子縁組里親並び に施設

第39条　保育所は，保育を必要とする乳児・
幼児を日々保護者の下から通わせて保育を
行うことを目的とする施設（利用定員が20
人以上であるものに限り，幼保連携型認定こ
ども園を除く．）とする．

2 保育所は，前項の規定にかかわらず，特に
必要があるときは，保育を必要とするその他
の児童を日々保護者の下から通わせて保育
することができる．

第45条　都道府県は，児童福祉施設の設備及
び運営について，条例で基準を定めなければ
ならない．この場合において，その基準は，
児童の身体的，精神的及び社会的な発達のた
めに必要な生活水準を確保するものでなけ
ればならない．

8.　児童福祉施設の設備及び運営に関する基準（抄）
（昭和23年12月29日厚生省令第63号）
　［改正］平成23年10月7日
　　　　厚生労働省令第127号

第1章　総則

（この省令の趣旨）

第1条　児童福祉法（昭和22年法律第164号．
以下「法」という．）第45条第2項の厚生労
働省令で定める基準（以下「設備運営基準」
という．）は，次の各号に掲げる基準に応じ，
それぞれ当該各号に定める規定による基準
とする．

（一～四は省略）

2～3　［略］

（最低基準の目的）

第2条　法第45条第1項の規定により都道府
県が条例で定める基準（以下「最低基準」と
いう．）は，都道府県知事の監督に属する児
童福祉施設に入所している者が，明るくて，
衛生的な環境において，素養があり，かつ，
適切な訓練を受けた職員の指導により，心身
ともに健やかにして，社会に適応するように
育成されることを保障するものとする．

（最低基準の向上）

第3条　都道府県知事は，その管理に属する
法第8条第2項に規定する都道府県児童福
祉審議会（社会福祉法（昭和26年法律第45
号）第12条第1項の規定により同法第7条
第1項に規定する地方社会福祉審議会（以下
この項において「地方社会福祉審議会」とい
う．）に児童福祉に関する事項を調査審議さ
せる都道府県にあっては，地方社会福祉審議
会）の意見を聴き，その監督に属する児童福
祉施設に対し，最低基準を超えて，その設備
及び運営を向上させるように勧告すること
ができる．

2 都道府県は，最低基準を常に向上させるよ
うに努めるものとする．

（最低基準と児童福祉施設）

第4条　児童福祉施設は，最低基準を超えて，
常に，その設備及び運営を向上させなければ
ならない．

2 最低基準を超えて，設備を有し，又は運営
をしている児童福祉施設においては，最低基
準を理由として，その設備又は運営を低下さ
せてはならない．

（児童福祉施設における職員の一般的要件）

第7条　児童福祉施設に入所している者の保
護に従事する職員は，健全な心身を有し，豊
かな人間性と倫理観を備え，児童福祉事業に
熱意のある者であって，できる限り児童福祉
事業の理論及び実際について訓練を受けた
者でなければならない．

（食事）

第11条　児童福祉施設（助産施設を除く．以

下この項において同じ.）において，入所している者に食事を提供するときは，当該児童福祉施設内で調理する方法（第8条の規定により，当該児童福祉施設の調理室を兼ねている他の社会福祉施設の調理室において調理する方法を含む.）により行わなければならない.

2　児童福祉施設において，入所している者に食事を提供するときは，その献立は，できる限り，変化に富み，入所している者の健全な発育に必要な栄養量を含有するものでなければならない.

3　食事は，前項の規定によるほか，食品の種類及び調理方法について栄養並びに入所している者の身体的状況及び嗜好を考慮したものでなければならない.

4　調理は，あらかじめ作成された献立に従って行わなければならない．ただし，少数の児童を対象として家庭的な環境の下で調理するときは，この限りでない.

5　児童福祉施設は，児童の健康な生活の基本としての食を営む力の育成に努めなければならない.

（児童福祉施設内部の規程）

第13条　児童福祉施設（保育所を除く.）においては，次に掲げる事項のうち必要な事項につき規程を設けなければならない.

一　入所する者の援助に関する事項
二　その他施設の管理についての重要事項

2　保育所は，次の各号に掲げる施設の運営についての重要事項に関する規程を定めておかなければならない.

一　施設の目的及び運営の方針
二　提供する保育の内容
三　職員の職種，員数及び職務の内容
四　保育の提供を行う日及び時間並びに提供を行わない日
五　保護者から受領する費用の種類，支払を求める理由及びその額
六　乳児，満三歳に満たない幼児及び満三歳以上の幼児の区分ごとの利用定員
七　保育所の利用の開始，終了に関する事項及び利用に当たっての留意事項
八　緊急時等における対応方法
九　非常災害対策
十　虐待の防止のための措置に関する事項
十一　保育所の運営に関する重要事項

（児童福祉施設に備える帳簿）

第14条　児童福祉施設には，職員，財産，収支及び入所している者の処遇の状況を明らかにする帳簿を整備しておかなければならない.

第5章　保育所

（設備の基準）

第32条　保育所の設備の基準は，次のとおりとする.

一　乳児又は満2歳に満たない幼児を入所させる保育所には，乳児室又はほふく室，医務室，調理室及び便所を設けること.
二　乳児室の面積は，乳児又は前号の幼児1人につき1.65平方メートル以上であること.
三　ほふく室の面積は，乳児又は第1号の幼児1人につき3.3平方メートル以上であること.
四　乳児室又はほふく室には，保育に必要な用具を備えること.
五　満2歳以上の幼児を入所させる保育所には，保育室又は遊戯室，屋外遊戯場（保育所の付近にある屋外遊戯場に代わるべき場所を含む．次号において同じ.），調理室及び便所を設けること.
六　保育室又は遊戯室の面積は，前号の幼児1人につき1.98平方メートル以上，屋外遊戯場の面積は，前号の幼児1人につき3.3平方メートル以上であること.
七　保育室又は遊戯室には，保育に必要な用具を備えること.
八　乳児室，ほふく室，保育室又は遊戯室（以下「保育室等」という.）を2階に設ける建物は，次のイ，ロ及びへの要件に，保育室等を3階以上に設ける建物は，次に掲げる要件に該当するものであること.

（イ～チは省略）

（保育所の設備の基準の特例）

第32条の2　次の各号に掲げる要件を満たす保育所は，第11条第1項の規定にかかわらず，当該保育所の満3歳以上の幼児に対する食事の提供について，当該保育所外で調理し搬入する方法により行うことができる．この場合において，当該保育所は，当該食事の提供について当該方法によることとしてもなお当該保育所において行うことが必要な調理のための加熱，保存等の調理機能を有する設備を備えるものとする.

一　幼児に対する食事の提供の責任が当該保育所にあり，その管理者が，衛生面，栄

うな体制及び調理業務の受託者との契約内容が確保されていること.
二 当該保育所又は他の施設, 保健所, 市町村等の栄養士により, 献立等について栄養の観点からの指導が受けられる体制にある等, 栄養士による必要な配慮が行われること.
三 調理業務の受託者を, 当該保育所における給食の趣旨を十分に認識し, 衛生面, 栄養面等, 調理業務を適切に遂行できる能力を有する者とすること.
四 幼児の年齢及び発達の段階並びに健康状態に応じた食事の提供や, アレルギー, アトピー等への配慮, 必要な栄養素量の給与等, 幼児の食事の内容, 回数及び時機に適切に応じることができること.
五 食を通じた乳幼児の健全育成を図る観点から, 乳幼児の発育及び発達の過程に応じて食に関し配慮すべき事項を定めた食育に関する計画に基づき食事を提供するよう努めること.

（職員）
第33条 保育所には, 保育士（特区法第12条の5第5項に規定する事業実施区域内にある保育所にあっては, 保育士又は当該事業実施区域に係る国家戦略特別区域限定保育士. 次項において同じ.）, 嘱託医及び調理員を置かなければならない. ただし, 調理業務の全部を委託する施設にあっては, 調理員を置かないことができる.
2 保育士の数は, 乳児おおむね3人につき1人以上, 満1歳以上満3歳に満たない幼児おおむね6人につき1人以上, 満3歳以上満4歳に満たない幼児おおむね20人につき1人以上, 満4歳以上の幼児おおむね30人につき1人以上とする. ただし, 保育所1につき2人を下ることはできない.
（保育時間）
第34条 保育所における保育時間は, 1日につき8時間を原則とし, その地方における乳幼児の保護者の労働時間その他家庭の状況等を考慮して, 保育所の長がこれを定める.
（保育の内容）
第35条 保育所における保育は, 養護及び教育を一体的に行うことをその特性とし, その内容については, 厚生労働大臣が定める指針に従う.
（保護者との連絡）

第36条 保育所の長は, 常に入所している乳幼児の保護者と密接な連絡をとり, 保育の内容等につき, その保護者の理解及び協力を得るよう努めなければならない.

9. 幼稚園教育要領（抄）

（平成29年3月31日
文部科学省告示第62号）

第1章 総則
第1 幼稚園教育の基本

幼児期の教育は, 生涯にわたる人格形成の基礎を培う重要なものであり, 幼稚園教育は, 学校教育法に規定する目的及び目標を達成するため, 幼児期の特性を踏まえ, 環境を通して行うものであることを基本とする.

このため教師は, 幼児との信頼関係を十分に築き, 幼児が身近な環境に主体的に関わり, 環境との関わり方や意味に気付き, これらを取り込もうとして, 試行錯誤したり, 考えたりするようになる幼児期の教育における見方・考え方を生かし, 幼児と共によりよい教育環境を創造するように努めるものとする. これらを踏まえ, 次に示す事項を重視して教育を行わなければならない.

1 幼児は安定した情緒の下で自己を十分に発揮することにより発達に必要な体験を得ていくものであることを考慮して, 幼児の主体的な活動を促し, 幼児期にふさわしい生活が展開されるようにすること.
2 幼児の自発的な活動としての遊びは, 心身の調和のとれた発達の基礎を培う重要な学習であることを考慮して, 遊びを通しての指導を中心として第2章に示すねらいが総合的に達成されるようにすること.
3 幼児の発達は, 心身の諸側面が相互に関連し合い, 多様な経過をたどって成し遂げられていくものであること, また, 幼児の生活経験がそれぞれ異なることなどを考慮して, 幼児一人一人の特性に応じ, 発達に即した指導を行うようにすること.

その際, 教師は, 幼児の主体的な活動が確保されるよう幼児一人一人の行動の理解と予想に基づき, 計画的に環境を構成しなければならない. この場合において, 教師は, 幼児と人やものとの関わりが重要であることを踏まえ, 教材を工夫し, 物的・空間的環境を構成しなければならない. また, 幼児一人一人の活動の場面に応じて, 様々な役割を果たし, その活動を豊かにしなければならない.

第2 幼稚園教育において育みたい資質・能力及び「幼児期の終わりまでに育ってほしい姿」

1 幼稚園においては，生きる力の基礎を育むため，この章の第1に示す幼稚園教育の基本を踏まえ，次に掲げる資質・能力を一体的に育むよう努めるものとする．

(1) 豊かな体験を通じて，感じたり，気付いたり，分かったり，できるようになったりする「知識及び技能の基礎」

(2) 気付いたことや，できるようになったことなどを使い，考えたり，試したり，工夫したり，表現したりする「思考力，判断力，表現力等の基礎」

(3) 心情，意欲，態度が育つ中で，よりよい生活を営もうとする「学びに向かう力，人間性等」

2 1に示す資質・能力は，第2章に示すねらい及び内容に基づく活動全体によって育むものである．

3 次に示す「幼児期の終わりまでに育ってほしい姿」は，第2章に示すねらい及び内容に基づく活動全体を通して資質・能力が育まれている幼児の幼稚園修了時の具体的な姿であり，教師が指導を行う際に考慮するものである．

(1) 健康な心と体
幼稚園生活の中で，充実感をもって自分のやりたいことに向かって心と体を十分に働かせ，見通しをもって行動し，自ら健康で安全な生活をつくり出すようになる．

(2) 自立心
身近な環境に主体的に関わり様々な活動を楽しむ中で，しなければならないことを自覚し，自分の力で行うために考えたり，工夫したりしながら，諦めずにやり遂げることで達成感を味わい，自信をもって行動するようになる．

(3) 協同性
友達と関わる中で，互いの思いや考えなどを共有し，共通の目的の実現に向けて，考えたり，工夫したり，協力したりし，充実感をもってやり遂げるようになる．

(4) 道徳性・規範意識の芽生え
友達と様々な体験を重ねる中で，してよいことや悪いことが分かり，自分の行動を振り返ったり，友達の気持ちに共感し

たりし，相手の立場に立って行動するようになる．また，きまりを守る必要性が分かり，自分の気持ちを調整し，友達と折り合いを付けながら，きまりをつくったり，守ったりするようになる．

(5) 社会生活との関わり
家族を大切にしようとする気持ちをもつとともに，地域の身近な人と触れ合う中で，人との様々な関わり方に気付き，相手の気持ちを考えて関わり，自分が役に立つ喜びを感じ，地域に親しみをもつようになる．また，幼稚園内外の様々な環境に関わる中で，遊びや生活に必要な情報を取り入れ，情報に基づき判断したり，情報を伝え合ったり，活用したりするなど，情報を役立てながら活動するようになるとともに，公共の施設を大切に利用するなどして，社会とのつながりなどを意識するようになる．

(6) 思考力の芽生え
身近な事象に積極的に関わる中で，物の性質や仕組みなどを感じ取ったり，気付いたりし，考えたり，予想したり，工夫したりするなど，多様な関わりを楽しむようになる．また，友達の様々な考えに触れる中で，自分と異なる考えがあることに気付き，自ら判断したり，考え直したりするなど，新しい考えを生み出す喜びを味わいながら，自分の考えをよりよいものにするようになる．

(7) 自然との関わり・生命尊重
自然に触れて感動する体験を通して，自然の変化などを感じ取り，好奇心や探究心をもって考え言葉などで表現しながら，身近な事象への関心が高まるとともに，自然への愛情や畏敬の念をもつようになる．また，身近な動植物に心を動かされる中で，生命の不思議さや尊さに気付き，身近な動植物への接し方を考え，命あるものとしていたわり，大切にする気持ちをもって関わるようになる．

(8) 数量や図形，標識や文字などへの関心・感覚
遊びや生活の中で，数量や図形，標識や文字などに親しむ体験を重ねたり，標識や文字の役割に気付いたりし，自らの必要感に基づきこれらを活用し，興味や関心，感覚をもつようになる．

(9) 言葉による伝え合い

先生や友達と心を通わせる中で，絵本や物語などに親しみながら，豊かな言葉や表現を身に付け，経験したことや考えたことなどを言葉で伝えたり，相手の話を注意して聞いたりし，言葉による伝え合いを楽しむようになる．

(10) 豊かな感性と表現

心を動かす出来事などに触れ感性を働かせる中で，様々な素材の特徴や表現の仕方などに気付き，感じたことや考えたことを自分で表現したり，友達同士で表現する過程を楽しんだりし，表現する喜びを味わい，意欲をもつようになる．

第3　教育課程の役割と編成等

1　教育課程の役割

各幼稚園においては，教育基本法及び学校教育法その他の法令並びにこの幼稚園教育要領の示すところに従い，創意工夫を生かし，幼児の心身の発達と幼稚園及び地域の実態に即応した適切な教育課程を編成するものとする．また，各幼稚園においては，6に示す全体的な計画にも留意しながら，「幼児期の終わりまでに育ってほしい姿」を踏まえ教育課程を編成すること，教育課程の実施状況を評価してその改善を図っていくこと，教育課程の実施に必要な人的又は物的な体制を確保するとともにその改善を図っていくことなどを通して，教育課程に基づき組織的かつ計画的に各幼稚園の教育活動の質の向上を図っていくこと（以下「カリキュラム・マネジメント」という．）に努めるものとする．

2　各幼稚園の教育目標と教育課程の編成

教育課程の編成に当たっては，幼稚園教育において育みたい資質・能力を踏まえつつ，各幼稚園の教育目標を明確にするとともに，教育課程の編成についての基本的な方針が家庭や地域とも共有されるよう努めるものとする．

3　教育課程の編成上の基本的事項

(1) 幼稚園生活の全体を通して第2章に示すねらいが総合的に達成されるよう，教育課程に係る教育期間や幼児の生活経験や発達の過程などを考慮して具体的なねらいと内容を組織するものとする．この場合においては，特に，自我が芽生え，他者の存在を意識し，自己を抑制しようとする気持ちが生まれる幼児期の発達の特性を踏まえ，入園から修了に至るまでの

長期的な視野をもって充実した生活が展開できるように配慮するものとする．

(2) 幼稚園の毎学年の教育課程に係る教育週数は，特別の事情のある場合を除き，39週を下ってはならない．

(3) 幼稚園の1日の教育課程に係る教育時間は，4時間を標準とする．ただし，幼児の心身の発達の程度や季節などに適切に配慮するものとする．

4　教育課程の編成上の留意事項

教育課程の編成に当たっては，次の事項に留意するものとする．

(1) 幼児の生活は，入園当初の一人一人の遊びや教師との触れ合いを通して幼稚園生活に親しみ，安定していく時期から，他の幼児との関わりの中で幼児の主体的な活動が深まり，幼児が互いに必要な存在であることを認識するようになり，やがて幼児同士や学級全体で目的をもって協同して幼稚園生活を展開し，深めていく時期などに至るまでの過程を様々に経ながら広げられていくものであることを考慮し，活動がそれぞれの時期にふさわしく展開されるようにすること．

(2) 入園当初，特に，3歳児の入園については，家庭との連携を緊密にし，生活のリズムや安全面に十分配慮すること．また，満3歳児については，学年の途中から入園することを考慮し，幼児が安心して幼稚園生活を過ごすことができるよう配慮すること．

(3) 幼稚園生活が幼児にとって安全なものとなるよう，教職員による協力体制の下，幼児の主体的な活動を大切にしつつ，園庭や園舎などの環境の配慮や指導の工夫を行うこと．

5　小学校教育との接続に当たっての留意事項

(1) 幼稚園においては，幼稚園教育が，小学校以降の生活や学習の基盤の育成につながることに配慮し，幼児にふさわしい生活を通して，創造的な思考や主体的な生活態度などの基礎を培うようにするものとする．

(2) 幼稚園教育において育まれた資質・能力を踏まえ，小学校教育が円滑に行われるよう，小学校の教師との意見交換や合同の研究の機会などを設け，「幼児期の終わりまでに育ってほしい姿」を共有する

232　付録　関係法令等

など連携を図り，幼稚園教育と小学校教育との円滑な接続を図るよう努めるものとする．

6　全体的な計画の作成
各幼稚園においては，教育課程を中心に，第3章に示す教育課程に係る教育時間の終了後等に行う教育活動の計画，学校保健計画，学校安全計画などとを関連させ，一体的に教育活動が展開されるよう全体的な計画を作成するものとする．

第4　指導計画の作成と幼児理解に基づいた評価

1　指導計画の考え方
幼稚園教育は，幼児が自ら意欲をもって環境と関わることによりつくり出される具体的な活動を通して，その目標の達成を図るものである．幼稚園においてはこのことを踏まえ，幼児期にふさわしい生活が展開され，適切な指導が行われるよう，それぞれの幼稚園の教育課程に基づき，調和のとれた組織的，発展的な指導計画を作成し，幼児の活動に沿った柔軟な指導を行わなければならない．

2　指導計画の作成上の基本的事項

(1)　指導計画は，幼児の発達に即して一人一人の幼児が幼児期にふさわしい生活を展開し，必要な体験を得られるようにするために，具体的に作成するものとする．

(2)　指導計画の作成に当たっては，次に示すところにより，具体的なねらい及び内容を明確に設定し，適切な環境を構成することなどにより活動が選択・展開されるようにするものとする．

　ア　具体的なねらい及び内容は，幼稚園生活における幼児の発達の過程を見通し，幼児の生活の連続性，季節の変化などを考慮して，幼児の興味や関心，発達の実情などに応じて設定すること．

　イ　環境は，具体的なねらいを達成するために適切なものとなるように構成し，幼児が自らその環境に関わることにより様々な活動を展開しつつ必要な体験を得られるようにすること．その際，幼児の生活する姿や発想を大切にし，常にその環境が適切なものとなるようにすること．

　ウ　幼児の行う具体的な活動は，生活の流れの中で様々に変化するものであることに留意し，幼児が望ましい方向に向かって自ら活動を展開していくことが

できるよう必要な援助をすること．

その際，幼児の実態及び幼児を取り巻く状況の変化などに即して指導の過程についての評価を適切に行い，常に指導計画の改善を図るものとする．

3　指導計画の作成上の留意事項
指導計画の作成に当たっては，次の事項に留意するものとする．

(1)　長期的に発達を見通した年，学期，月などにわたる長期の指導計画やこれとの関連を保ちながらより具体的な幼児の生活に即した週，日などの短期の指導計画を作成し，適切な指導が行われるようにすること．特に，週，日などの短期の指導計画については，幼児の生活のリズムに配慮し，幼児の意識や興味の連続性のある活動が相互に関連して幼稚園生活の自然な流れの中に組み込まれるようにすること．

(2)　幼児が様々な人やものとの関わりを通して，多様な体験をし，心身の調和のとれた発達を促すようにしていくこと．その際，幼児の発達に即して主体的・対話的で深い学びが実現するようにするとともに，心を動かされる体験が次の活動を生み出すことを考慮し，一つ一つの体験が相互に結び付き，幼稚園生活が充実するようにすること．

(3)　言語に関する能力の発達と思考力等の発達が関連していることを踏まえ，幼稚園生活全体を通して，幼児の発達を踏まえた言語環境を整え，言語活動の充実を図ること．

(4)　幼児が次の活動への期待や意欲をもつことができるよう，幼児の実態を踏まえながら，教師や他の幼児と共に遊びや生活の中で見通しをもったり，振り返ったりするよう工夫すること．

(5)　行事の指導に当たっては，幼稚園生活の自然な流れの中で生活に変化や潤いを与え，幼児が主体的に楽しく活動できるようにすること．なお，それぞれの行事についてはその教育的価値を十分検討し，適切なものを精選し，幼児の負担にならないようにすること．

(6)　幼児期は直接的な体験が重要であることを踏まえ，視聴覚教材やコンピュータなど情報機器を活用する際には，幼稚園生活では得難い体験を補完するなど，幼児

の体験との関連を考慮すること.
(7) 幼児の主体的な活動を促すためには,教師が多様な関わりをもつことが重要であることを踏まえ,教師は,理解者,共同作業者など様々な役割を果たし,幼児の発達に必要な豊かな体験が得られるよう,活動の場面に応じて,適切な指導を行うようにすること.
(8) 幼児の行う活動は,個人,グループ,学級全体などで多様に展開されるものであることを踏まえ,幼稚園全体の教師による協力体制を作りながら,一人一人の幼児が興味や欲求を十分に満足させるよう適切な援助を行うようにすること.

4 幼児理解に基づいた評価の実施
  幼児一人一人の発達の理解に基づいた評価の実施に当たっては,次の事項に配慮するものとする.
(1) 指導の過程を振り返りながら幼児の理解を進め,幼児一人一人のよさや可能性などを把握し,指導の改善に生かすようにすること.その際,他の幼児との比較や一定の基準に対する達成度についての評定によって捉えるものではないことに留意すること.
(2) 評価の妥当性や信頼性が高められるよう創意工夫を行い,組織的かつ計画的な取組を推進するとともに,次年度又は小学校等にその内容が適切に引き継がれるようにすること.

第5 特別な配慮を必要とする幼児への指導
1 障害のある幼児などへの指導
  障害のある幼児などへの指導に当たっては,集団の中で生活することを通して全体的な発達を促していくことに配慮し,特別支援学校などの助言又は援助を活用しつつ,個々の幼児の障害の状態などに応じた指導内容や指導方法の工夫を組織的かつ計画的に行うものとする.また,家庭,地域及び医療や福祉,保健等の業務を行う関係機関との連携を図り,長期的な視点で幼児への教育的支援を行うために,個別の教育支援計画を作成し活用することに努めるとともに,個々の幼児の実態を的確に把握し,個別の指導計画を作成し活用することに努めるものとする.
2 海外から帰国した幼児や生活に必要な日本語の習得に困難のある幼児の幼稚園生活への適応

海外から帰国した幼児や生活に必要な日本語の習得に困難のある幼児については,安心して自己を発揮できるよう配慮するなど個々の幼児の実態に応じ,指導内容や指導方法の工夫を組織的かつ計画的に行うものとする.

第6 幼稚園運営上の留意事項
1 各幼稚園においては,園長の方針の下に,園務分掌に基づき教職員が適切に役割を分担しつつ,相互に連携しながら,教育課程や指導の改善を図るものとする.また,各幼稚園が行う学校評価については,教育課程の編成,実施,改善が教育活動や幼稚園運営の中核となることを踏まえ,カリキュラム・マネジメントと関連付けながら実施するよう留意するものとする.
2 幼児の生活は,家庭を基盤として地域社会を通じて次第に広がりをもつものであることに留意し,家庭との連携を十分に図るなど,幼稚園における生活が家庭や地域社会と連続性を保ちつつ展開されるようにするものとする.その際,地域の自然,高齢者や異年齢の子供などを含む人材,行事や公共施設などの地域の資源を積極的に活用し,幼児が豊かな生活体験を得られるように工夫するものとする.また,家庭との連携に当たっては,保護者との情報交換の機会を設けたり,保護者と幼児との活動の機会を設けたりなどすることを通じて,保護者の幼児期の教育に関する理解が深まるよう配慮するものとする.
3 地域や幼稚園の実態等により,幼稚園間に加え,保育所,幼保連携型認定こども園,小学校,中学校,高等学校及び特別支援学校などとの間の連携や交流を図るものとする.特に,幼稚園教育と小学校教育の円滑な接続のため,幼稚園の幼児と小学校の児童との交流の機会を積極的に設けるようにするものとする.また,障害のある幼児児童生徒との交流及び共同学習の機会を設け,共に尊重し合いながら協働して生活していく態度を育むよう努めるものとする.

第7 教育課程に係る教育時間終了後等に行う教育活動など
  幼稚園は,第3章に示す教育課程に係る教育時間の終了後等に行う教育活動について,学校教育法に規定する目的及び目標並びにこの章の第1に示す幼稚園教育の基本を踏まえ実施するものとする.また,幼稚園の目的の達成に資するため,幼児の生活全体が豊かなものとな

234　付録　関係法令等

るよう家庭や地域における幼児期の教育の支
援に努めるものとする.

第2章　ねらい及び内容

　この章に示すねらいは,幼稚園教育において
育みたい資質・能力を幼児の生活する姿から捉
えたものであり,内容は,ねらいを達成するた
めに指導する事項である.各領域は,これらを
幼児の発達の側面から,心身の健康に関する領
域「健康」,人との関わりに関する領域「人間関
係」,身近な環境との関わりに関する領域「環
境」,言葉の獲得に関する領域「言葉」及び感
性と表現に関する領域「表現」としてまとめ,
示したものである.内容の取扱いは,幼児の発
達を踏まえた指導を行うに当たって留意すべ
き事項である.

　各領域に示すねらいは,幼稚園における生活
の全体を通じ,幼児が様々な体験を積み重ねる
中で相互に関連をもちながら次第に達成に向
かうものであること,内容は,幼児が環境に関
わって展開する具体的な活動を通して総合的
に指導されるものであることに留意しなけれ
ばならない.

　また,「幼児期の終わりまでに育ってほしい
姿」が,ねらい及び内容に基づく活動全体を通
して資質・能力が育まれている幼児の幼稚園修
了時の具体的な姿であることを踏まえ,指導を
行う際に考慮するものとする.

　なお,特に必要な場合には,各領域に示すね
らいの趣旨に基づいて適切な,具体的な内容を
工夫し,それを加えても差し支えないが,その
場合には,それが第1章の第1に示す幼稚園教
育の基本を逸脱しないよう慎重に配慮する必
要がある.

健康

（健康な心と体を育て,自ら健康で安全な生活
をつくり出す力を養う.）

1　ねらい
(1)　明るく伸び伸びと行動し,充実感を味
わう.
(2)　自分の体を十分に動かし,進んで運動し
ようとする.
(3)　健康,安全な生活に必要な習慣や態度を
身に付け,見通しをもって行動する.

2　内容
(1)　先生や友達と触れ合い,安定感をもって
行動する.
(2)　いろいろな遊びの中で十分に体を動かす.
(3)　進んで戸外で遊ぶ.
(4)　様々な活動に親しみ,楽しんで取り組む.

(5)　先生や友達と食べることを楽しみ,食べ
物への興味や関心をもつ.
(6)　健康な生活のリズムを身に付ける.
(7)　身の回りを清潔にし,衣服の着脱,食
事,排泄などの生活に必要な活動を自分
でする.
(8)　幼稚園における生活の仕方を知り,自分
たちで生活の場を整えながら見通しを
もって行動する.
(9)　自分の健康に関心をもち,病気の予防な
どに必要な活動を進んで行う.
(10)　危険な場所,危険な遊び方,災害時など
の行動の仕方が分かり,安全に気を付け
て行動する.

人間関係

（他の人々と親しみ,支え合って生活するため
に,自立心を育て,人とかかわる力を養う.）

1　ねらい
(1)　幼稚園生活を楽しみ,自分の力で行動す
ることの充実感を味わう.
(2)　身近な人と親しみ,かかわりを深め,愛
情や信頼感をもつ.
(3)　社会生活における望ましい習慣や態度
を身に付ける.

2　内容
(1)　先生や友達と共に過ごすことの喜びを
味わう.
(2)　自分で考え,自分で行動する.
(3)　自分でできることは自分でする.
(4)　いろいろな遊びを楽しみながら物事を
やり遂げようとする気持ちをもつ.
(5)　友達と積極的にかかわりながら喜びや
悲しみを共感し合う.
(6)　自分の思ったことを相手に伝え,相手の
思っていることに気付く.
(7)　友達のよさに気付き,一緒に活動する楽
しさを味わう.
(8)　友達と楽しく活動する中で,共通の目的
を見いだし,工夫したり,協力したりな
どする.
(9)　よいことや悪いことがあることに気付
き,考えながら行動する.
(10)　友達とのかかわりを深め,思いやりを
もつ.
(11)　友達と楽しく生活する中できまりの大
切さに気付き,守ろうとする.
(12)　共同の遊具や用具を大切にし,皆で使う.
(13)　高齢者をはじめ地域の人々などの自分
の生活に関係の深いいろいろな人に親
しみをもつ.

9. 幼稚園教育要領（抄）　235

環境

> 周囲の様々な環境に好奇心や探究心をもって
> 関わり，それらを生活に取り入れていこうと
> する力を養う．

1　ねらい
- (1)　身近な環境に親しみ，自然と触れ合う中で様々な事象に興味や関心をもつ．
- (2)　身近な環境に自分から関わり，発見を楽しんだり，考えたりし，それを生活に取り入れようとする．
- (3)　身近な事象を見たり，考えたり，扱ったりする中で，物の性質や数量，文字などに対する感覚を豊かにする．

2　内容
- (1)　自然に触れて生活し，その大きさ，美しさ，不思議さなどに気付く．
- (2)　生活の中で，様々な物に触れ，その性質や仕組みに興味や関心をもつ．
- (3)　季節により自然や人間の生活に変化のあることに気付く．
- (4)　自然などの身近な事象に関心をもち，取り入れて遊ぶ．
- (5)　身近な動植物に親しみをもって接し，生命の尊さに気付き，いたわったり，大切にしたりする．
- (6)　身近な物を大切にする．
- (7)　身近な物や遊具に興味をもって関わり，自分なりに比べたり，関連付けたりしながら考えたり，試したりして工夫して遊ぶ．
- (8)　日常生活の中で数量や図形などに関心をもつ．
- (9)　日常生活の中で簡単な標識や文字などに関心をもつ．
- (10)　生活に関係の深い情報や施設などに興味や関心をもつ．
- (11)　幼稚園内外の行事において国旗に親しむ．

言葉

> 経験したことや考えたことなどを自分なりの
> 言葉で表現し，相手の話す言葉を聞こうとす
> る意欲や態度を育て，言葉に対する感覚や言
> 葉で表現する力を養う．

1　ねらい
- (1)　自分の気持ちを言葉で表現する楽しさを味わう．
- (2)　人の言葉や話などをよく聞き，自分の経験したことや考えたことを話し，伝え合う喜びを味わう．
- (3)　日常生活に必要な言葉が分かるようになるとともに，絵本や物語などに親しみ，言葉に対する感覚を豊かにし，先生や友達と心を通わせる．

2　内容
- (1)　先生や友達の言葉や話に興味や関心をもち，親しみをもって聞いたり，話したりする．
- (2)　したり，見たり，聞いたり，感じたり，考えたりなどしたことを自分なりに言葉で表現する．
- (3)　したいこと，してほしいことを言葉で表現したり，分からないことを尋ねたりする．
- (4)　人の話を注意して聞き，相手に分かるように話す．
- (5)　生活の中で必要な言葉が分かり，使う．
- (6)　親しみをもって日常の挨拶をする．
- (7)　生活の中で言葉の楽しさや美しさに気付く．
- (8)　いろいろな体験を通じてイメージや言葉を豊かにする．
- (9)　絵本や物語などに親しみ，興味をもって聞き，想像をする楽しさを味わう．
- (10)　日常生活の中で，文字などで伝える楽しさを味わう．

表現

> 感じたことや考えたことを自分なりに表現す
> ることを通して，豊かな感性や表現する力を
> 養い，創造性を豊かにする．

1　ねらい
- (1)　いろいろなものの美しさなどに対する豊かな感性をもつ．
- (2)　感じたことや考えたことを自分なりに表現して楽しむ．
- (3)　生活の中でイメージを豊かにし，様々な表現を楽しむ．

2　内容
- (1)　生活の中で様々な音，形，色，手触り，動きなどに気付いたり，感じたりするなどして楽しむ．
- (2)　生活の中で美しいものや心を動かす出来事に触れ，イメージを豊かにする．
- (3)　様々な出来事の中で，感動したことを伝え合う楽しさを味わう．
- (4)　感じたこと，考えたことなどを音や動きなどで表現したり，自由にかいたり，つくったりなどする．
- (5)　いろいろな素材に親しみ，工夫して遊ぶ．
- (6)　音楽に親しみ，歌を歌ったり，簡単なり

236　付録　関係法令等

ズム楽器を使ったりなどする楽しさを
味わう.
(7)　かいたり, つくったりすることを楽し
み, 遊びに使ったり, 飾ったりなどする.
(8)　自分のイメージを動きや言葉などで表
現したり, 演じて遊んだりするなどの楽
しさを味わう.

**第3章　教育課程に係る教育時間の終了後等
に行う教育活動などの留意事項**

1　地域の実態や保護者の要請により, 教育課
程に係る教育時間の終了後等に希望する者
を対象に行う教育活動については, 幼児の
心身の負担に配慮するものとする. また,
次の点にも留意するものとする.
(1)　教育課程に基づく活動を考慮し, 幼児期
にふさわしい無理のないものとなるよう
にすること. その際, 教育課程に基づく
活動を担当する教師と緊密な連携を図る
ようにすること.
(2)　家庭や地域での幼児の生活も考慮し, 教
育課程に係る教育時間の終了後等に行う
教育活動の計画を作成するようにするこ
と. その際, 地域の人々と連携するなど,
地域の様々な資源を活用しつつ, 多様な
体験ができるようにすること.
(3)　家庭との緊密な連携を図るようにするこ
と. その際, 情報交換の機会を設けたり
するなど, 保護者が, 幼稚園と共に幼児
を育てるという意識が高まるようにする
こと.
(4)　地域の実態や保護者の事情とともに幼児
の生活のリズムを踏まえつつ, 例えば実
施日数や時間などについて, 弾力的な運
用に配慮すること.
(5)　適切な責任体制と指導体制を整備した上
で行うようにすること.

2　幼稚園の運営に当たっては, 子育ての支援
のために保護者や地域の人々に機能や施
設を開放して, 園内体制の整備や関係機関
との連携及び協力に配慮しつつ, 幼児期の
教育に関する相談に応じたり, 情報を提供
したり, 幼児と保護者との登園を受け入れ
たり, 保護者同士の交流の機会を提供した
りするなど, 幼稚園と家庭が一体となって
幼児と関わる取組を進め, 地域における幼
児期の教育のセンターとしての役割を果
たすよう努めるものとする. その際, 心理
や保健の専門家, 地域の子育て経験者等と

連携・協働しながら取り組むよう配慮する
ものとする.

10.　保育所保育指針（抄）

（平成29年3月31日
厚生労働省告示第117号）

第1章　総則

この指針は, 児童福祉施設の設備及び運営に
関する基準（昭和23年厚生省令第63号. 以
下「設備運営基準」という.）第35条の規定に
基づき, 保育所における保育の内容に関する事
項及びこれに関連する運営に関する事項を定
めるものである. 各保育所は, この指針におい
て規定される保育の内容に係る基本原則に関
する事項等を踏まえ, 各保育所の実情に応じて
創意工夫を図り, 保育所の機能及び質の向上に
努めなければならない.

1　保育所保育に関する基本原則

(1)　保育所の役割
ア　保育所は, 児童福祉法（昭和22年法律
第164号）第39条の規定に基づき, 保育
を必要とする子どもの保育を行い, その健
全な心身の発達を図ることを目的とする
児童福祉施設であり, 入所する子どもの最
善の利益を考慮し, その福祉を積極的に増
進することに最もふさわしい生活の場で
なければならない.
イ　保育所は, その目的を達成するために,
保育に関する専門性を有する職員が, 家庭
との緊密な連携の下に, 子どもの状況や発
達過程を踏まえ, 保育所における環境を通
して, 養護及び教育を一体的に行うことを
特性としている.
ウ　保育所は, 入所する子どもを保育すると
ともに, 家庭や地域の様々な社会資源との
連携を図りながら, 入所する子どもの保護
者に対する支援及び地域の子育て家庭に対
する支援等を行う役割を担うものである.
エ　保育所における保育士は, 児童福祉法第
18条の4の規定を踏まえ, 保育所の役割
及び機能が適切に発揮されるように, 倫理
観に裏付けられた専門的知識, 技術及び判
断をもって, 子どもを保育するとともに,
子どもの保護者に対する保育に関する指
導を行うものであり, その職責を遂行する
ための専門性の向上に絶えず努めなけれ
ばならない.

(2)　保育の目標
ア　保育所は, 子どもが生涯にわたる人間形

成にとって極めて重要な時期に，その生活時間の大半を過ごす場である．このため，保育所の保育は，子どもが現在を最も良く生き，望ましい未来をつくり出す力の基礎を培うために，次の目標を目指して行わなければならない．

（ア）十分に養護の行き届いた環境の下に，くつろいだ雰囲気の中で子どもの様々な欲求を満たし，生命の保持及び情緒の安定を図ること．

（イ）健康，安全など生活に必要な基本的な習慣や態度を養い，心身の健康の基礎を培うこと．

（ウ）人との関わりの中で，人に対する愛情と信頼感，そして人権を大切にする心を育てるとともに，自主，自立及び協調の態度を養い，道徳性の芽生えを培うこと．

（エ）生命，自然及び社会の事象についての興味や関心を育て，それらに対する豊かな心情や思考力の芽生えを培うこと．

（オ）生活の中で，言葉への興味や関心を育て，話したり，聞いたり，相手の話を理解しようとするなど，言葉の豊かさを養うこと．

（カ）様々な体験を通して，豊かな感性や表現力を育み，創造性の芽生えを培うこと．

イ　保育所は，入所する子どもの保護者に対し，その意向を受け止め，子どもと保護者の安定した関係に配慮し，保育所の特性や保育士等の専門性を生かして，その援助に当たらなければならない．

(3) 保育の方法

保育の目標を達成するために，保育士等は，次の事項に留意して保育しなければならない．

ア　一人一人の子どもの状況や家庭及び地域社会での生活の実態を把握するとともに，子どもが安心感と信頼感をもって活動できるよう，子どもの主体としての思いや願いを受け止めること．

イ　子どもの生活のリズムを大切にし，健康，安全で情緒の安定した生活ができる環境や，自己を十分に発揮できる環境を整えること．

ウ　子どもの発達について理解し，一人一人の発達過程に応じて保育すること．その際，子どもの個人差に十分配慮すること．

エ　子ども相互の関係づくりや互いに尊重

する心を大切にし，集団における活動を効果あるものにするよう援助すること．

オ　子どもが自発的・意欲的に関われるような環境を構成し，子どもの主体的な活動や子ども相互の関わりを大切にすること．特に，乳幼児期にふさわしい体験が得られるように，生活や遊びを通して総合的に保育すること．

カ　一人一人の保護者の状況やその意向を理解，受容し，それぞれの親子関係や家庭生活等に配慮しながら，様々な機会をとらえ，適切に援助すること．

(4) 保育の環境

保育の環境には，保育士等や子どもなどの人的環境，施設や遊具などの物的環境，更には自然や社会の事象などがある．保育所は，こうした人，物，場などの環境が相互に関連し合い，子どもの生活が豊かなものとなるよう，次の事項に留意しつつ，計画的に環境を構成し，工夫して保育しなければならない．

ア　子ども自らが環境に関わり，自発的に活動し，様々な経験を積んでいくことができるよう配慮すること．

イ　子どもの活動が豊かに展開されるよう，保育所の設備や環境を整え，保育所の保健的環境や安全の確保などに努めること．

ウ　保育室は，温かな親しみとくつろぎの場となるとともに，生き生きと活動できる場となるように配慮すること．

エ　子どもが人と関わる力を育てていくため，子ども自らが周囲の子どもや大人と関わっていくことができる環境を整えること．

(5) 保育所の社会的責任

ア　保育所は，子どもの人権に十分配慮するとともに，子ども一人一人の人格を尊重して保育を行わなければならない．

イ　保育所は，地域社会との交流や連携を図り，保護者や地域社会に，当該保育所が行う保育の内容を適切に説明するよう努めなければならない．

ウ　保育所は，入所する子ども等の個人情報を適切に取り扱うとともに，保護者の苦情などに対し，その解決を図るよう努めなければならない．

2　養護に関する基本的事項

(1) 養護の理念

保育における養護とは，子どもの生命の保持及び情緒の安定を図るために保育士等が行う援助や関わりであり，保育所における保育は，

養護及び教育を一体的に行うことをその特性とするものである．保育所における保育全体を通じて，養護に関するねらい及び内容を踏まえた保育が展開されなければならない．

(2) 養護に関わるねらい及び内容

　ア　生命の保持

　　（ア）ねらい

　　　① 一人一人の子どもが，快適に生活できるようにする．

　　　② 一人一人の子どもが，健康で安全に過ごせるようにする．

　　　③ 一人一人の子どもの生理的欲求が，十分に満たされるようにする．

　　　④ 一人一人の子どもの健康増進が，積極的に図られるようにする．

　　（イ）内容

　　　① 一人一人の子どもの平常の健康状態や発育及び発達状態を的確に把握し，異常を感じる場合は，速やかに適切に対応する．

　　　② 家庭との連携を密にし，嘱託医等との連携を図りながら，子どもの疾病や事故防止に関する認識を深め，保健的で安全な保育環境の維持及び向上に努める．

　　　③ 清潔で安全な環境を整え，適切な援助や応答的な関わりを通して子どもの生理的欲求を満たしていく．また，家庭と協力しながら，子どもの発達過程等に応じた適切な生活のリズムがつくられていくようにする．

　　　④ 子どもの発達過程等に応じて，適度な運動と休息を取ることができるようにする．また，食事，排泄，衣類の着脱，身の回を清潔にすることなどについて，子どもが意欲的生活できるよう適切に援助する．

　イ　情緒の安定

　　（ア）ねらい

　　　① 一人一人の子どもが，安定感をもって過ごせるようにする．

　　　② 一人一人の子どもが，自分の気持ちを安心して表すことができるようにする．

　　　③ 一人一人の子どもが，周囲から主体として受け止められ，主体として育ち，自分を肯定する気持ちが育まれていくようにする．

　　　④ 一人一人の子どもがくつろいで共に過ごし，心身の疲れが癒されるようにする．

　　（イ）内容

　　　① 一人一人の子どもの置かれている状態や発達過程などを的確に把握し，子どもの欲求を適切に満たしながら，応答的な触れ合いや言葉がけを行う．

　　　② 一人一人の子どもの気持ちを受容し，共感しながら，子どもとの継続的な信頼関係を築いていく．

　　　③ 保育士等との信頼関係を基盤に，一人一人の子どもが主体的に活動し，自発性や探索意欲などを高めるとともに，自分への自信をもつことができるよう成長の過程を見守り，適切に働きかける．

　　　④ 一人一人の子どもの生活のリズム，発達過程，保育時間などに応じて，活動内容のバランスや調和を図りながら，適切な食事や休息が取れるようにする．

3　保育の計画及び評価

(1) 全体的な計画の作成

　ア　保育所は，1の（2）に示した保育の目標を達成するために，各保育所の保育の方針や目標に基づき，子どもの発達過程を踏まえて，保育の内容が組織的・計画的に構成され，保育所の生活の全体を通して，総合的に展開されるよう，全体的な計画を作成しなければならない．

　イ　全体的な計画は，子どもや家庭の状況，地域の実態，保育時間などを考慮し，子どもの育ちに関する長期的見通しをもって適切に作成されなければならない．

　ウ　全体的な計画は，保育所保育の全体像を包括的に示すものとし，これに基づく指導計画，保健計画，食育計画等を通じて，各保育所が創意工夫して保育できるよう，作成されなければならない．

(2) 指導計画の作成

　ア　保育所は，全体的な計画に基づき，具体的な保育が適切に展開されるよう，子どもの生活や発達を見通した長期的な指導計画と，それに関連しながら，より具体的な子どもの日々の生活に即した短期的な指導計画を作成しなければならない．

　イ　指導計画の作成に当たっては，第2章及びその他の関連する章に示された事項のほか，子ども一人一人の発達過程や状況を

十分に踏まえるとともに，次の事項に留意しなければならない．

（ア）3歳未満児については，一人一人の子どもの生育歴，心身の発達，活動の実態等に即して，個別的な計画を作成すること．

（イ）3歳以上児については，個の成長と，子ども相互の関係や協同的な活動が促されるよう配慮すること．

（ウ）異年齢で構成される組やグループでの保育においては，一人一人の子どもの生活や経験，発達過程などを把握し，適切な援助や環境構成ができるよう配慮すること．

ウ　指導計画においては，保育所の生活における子どもの発達過程を見通し，生活の連続性，季節の変化などを考慮し，子どもの実態に即した具体的なねらい及び内容を設定すること．また，具体的なねらいが達成されるよう，子どもの生活する姿や発想を大切にして適切な環境を構成し，子どもが主体的に活動できるようにすること．

エ　一日の生活のリズムや在園時間が異なる子どもが共に過ごすことを踏まえ，活動と休息，緊張感と解放感等の調和を図るよう配慮すること．

オ　午睡は生活のリズムを構成する重要な要素であり，安心して眠ることのできる安全な睡眠環境を確保するとともに，在園時間が異なることや，睡眠時間は子どもの発達の状況や個人によって差があることから，一律とならないよう配慮すること．

カ　長時間にわたる保育については，子どもの発達過程，生活のリズム及び心身の状態に十分配慮して，保育の内容や方法，職員の協力体制，家庭との連携などを指導計画に位置付けること．

キ　障害のある子どもの保育については，一人一人の子どもの発達過程や障害の状態を把握し，適切な環境の下で，障害のある子どもが他の子どもとの生活を通して共に成長できるよう，指導計画の中に位置付けること．また，子どもの状況に応じた保育を実施する観点から，家庭や関係機関と連携した支援のための計画を個別に作成するなど適切な対応を図ること．

（3）指導計画の展開

指導計画に基づく保育の実施に当たっては，次の事項に留意しなければならない．

ア　施設長，保育士など，全職員による適切な役割分担と協力体制を整えること．

イ　子どもが行う具体的な活動は，生活の中で様々に変化することに留意して，子どもが望ましい方向に向かって自ら活動を展開できるよう必要な援助を行うこと．

ウ　子どもの主体的な活動を促すためには，保育士等が多様な関わりをもつことが重要であることを踏まえ，子どもの情緒の安定や発達に必要な豊かな体験が得られるよう援助すること．

エ　保育士等は，子どもの実態や子どもを取り巻く状況の変化などに即して保育の過程を記録するとともに，これらを踏まえ，指導計画に基づく保育の内容の見直しを行い，改善を図ること．

（4）保育内容等の評価

ア　保育士等の自己評価

（ア）保育士等は，保育の計画や保育の記録を通して，自らの保育実践を振り返り，自己評価することを通して，その専門性の向上や保育実践の改善に努めなければならない．

（イ）保育士等による自己評価に当たっては，子どもの活動内容やその結果だけでなく，子どもの心の育ちや意欲，取り組む過程などにも十分配慮するよう留意すること．

（ウ）保育士等は，自己評価における自らの保育実践の振り返りや職員相互の話し合い等を通じて，専門性の向上及び保育の質の向上のための課題を明確にするとともに，保育所全体の保育の内容に関する認識を深めること．

イ　保育所の自己評価

（ア）保育所は，保育の質の向上を図るため，保育の計画の展開や保育士等の自己評価を踏まえ，当該保育所の保育の内容等について，自ら評価を行い，その結果を公表するよう努めなければならない．

（イ）保育所が自己評価を行うに当たっては，地域の実情や保育所の実態に即して，適切に評価の観点や項目等を設定し，全職員による共通理解をもって取り組むよう留意すること．

（ウ）設備運営基準第36条の趣旨を踏まえ，保育の内容等の評価に関し，保護者及び地域住民等の意見を聴くことが望ましいこと．

240　付録　関係法令等

(5) 評価を踏まえた計画の改善
　　ア　保育所は，評価の結果を踏まえ，当該保育所の保育の内容等の改善を図ること．
　　イ　保育の計画に基づく保育，保育の内容の評価及びこれに基づく改善という一連の取組により，保育の質の向上が図られるよう，全職員が共通理解をもって取り組むことに留意すること．

4　幼児教育を行う施設として共有すべき事項
(1) 育みたい資質・能力
　　ア　保育所においては，生涯にわたる生きる力の基礎を培うため，1の(2)に示す保育の目標を踏まえ，次に掲げる資質・能力を一体的に育むよう努めるものとする．
　　　(ア)　豊かな体験を通じて，感じたり，気付いたり，分かったり，できるようになったりする「知識及び技能の基礎」
　　　(イ)　気付いたことや，できるようになったことなどを使い，考えたり，試したり，工夫したり，表現したりする「思考力，判断力，表現力等の基礎」
　　　(ウ)　心情，意欲，態度が育つ中で，よりよい生活を営もうとする「学びに向かう力，人間性等」
　　イ　アに示す資質・能力は，第2章に示すねらい及び内容に基づく保育活動全体によって育むものである．
(2) 幼児期の終わりまでに育ってほしい姿
　　次に示す「幼児期の終わりまでに育ってほしい姿」は，第2章に示すねらい及び内容に基づく保育活動全体を通して資質・能力が育まれている子どもの小学校就学時の具体的な姿であり，保育士等が指導を行う際に考慮するものである．
　　ア　健康な心と体
　　　　保育所の生活の中で，充実感をもって自分のやりたいことに向かって心と体を十分に働かせ，見通しをもって行動し，自ら健康で安全な生活をつくり出すようになる．
　　イ　自立心
　　　　身近な環境に主体的に関わり様々な活動を楽しむ中で，しなければならないことを自覚し，自分の力で行うために考えたり，工夫したりしながら，諦めずにやり遂げることで達成感を味わい，自信をもって行動するようになる．
　　ウ　協同性
　　　　友達と関わる中で，互いの思いや考えなどを共有し，共通の目的の実現に向けて，

考えたり，工夫したり，協力したりし，充実感をもってやり遂げるようになる．
　　エ　道徳性・規範意識の芽生え
　　　　友達と様々な体験を重ねる中で，してよいことや悪いことが分かり，自分の行動を振り返ったり，友達の気持ちに共感したりし，相手の立場に立って行動するようになる．また，きまりを守る必要性が分かり，自分の気持ちを調整し，友達と折り合いを付けながら，きまりをつくったり，守ったりするようになる．
　　オ　社会生活との関わり
　　　　家族を大切にしようとする気持ちをもつとともに，地域の身近な人と触れ合う中で，人との様々な関わり方に気付き，相手の気持ちを考えて関わり，自分が役に立つ喜びを感じ，地域に親しみをもつようになる．また，保育所内外の様々な環境に関わる中で，遊びや生活に必要な情報を取り入れ，情報に基づき判断したり，情報を伝え合ったり，活用したりするなど，情報を役立てながら活動するようになるとともに，公共の施設を大切に利用するなどして，社会とのつながりなどを意識するようになる．
　　カ　思考力の芽生え
　　　　身近な事象に積極的に関わる中で，物の性質や仕組みなどを感じ取ったり，気付いたり，考えたり，予想したり，工夫したりするなど，多様な関わりを楽しむようになる．また，友達の様々な考えに触れる中で，自分と異なる考えがあることに気付き，自ら判断したり，考え直したりするなど，新しい考えを生み出す喜びを味わいながら，自分の考えをよりよいものにするようになる．
　　キ　自然との関わり・生命尊重
　　　　自然に触れて感動する体験を通して，自然の変化などを感じ取り，好奇心や探究心をもって考え言葉などで表現しながら，身近な事象への関心が高まるとともに，自然への愛情や畏敬の念をもつようになる．また，身近な動植物に心を動かされる中で，生命の不思議さや尊さに気付き，身近な動植物への接し方を考え，命あるものとしていたわり，大切にする気持ちをもって関わるようになる．
　　ク　数量や図形，標識や文字などへの関心・感覚
　　　　遊びや生活の中で，数量や図形，標識や

文字などに親しむ体験を重ねたり，標識や文字の役割に気付いたりし，自らの必要感に基づきこれらを活用し，興味や関心，感覚をもつようになる．

ケ　言葉による伝え合い
　　保育士等や友達と心を通わせる中で，絵本や物語などに親しみながら，豊かな言葉や表現を身に付け，経験したことや考えたことなどを言葉で伝えたり，相手の話を注意して聞いたりし，言葉による伝え合いを楽しむようになる．

コ　豊かな感性と表現
　　心を動かす出来事などに触れ感性を働かせる中で，様々な素材の特徴や表現の仕方などに気付き，感じたことや考えたことを自分で表現したり，友達同士で表現する過程を楽しんだりし，表現する喜びを味わい，意欲をもつようになる．

第2章　保育の内容

　この章に示す「ねらい」は，第1章の1の(2)に示された保育の目標をより具体化したものであり，子どもが保育所において，安定した生活を送り，充実した活動ができるように，保育を通じて育みたい資質・能力を，子どもの生活する姿から捉えたものである．また，「内容」は，「ねらい」を達成するために，子どもの生活やその状況に応じて保育士等が適切に行う事項と，保育士等が援助して子どもが環境に関わって経験する事項を示したものである．
　保育における「養護」とは，子どもの生命の保持及び情緒の安定を図るために保育士等が行う援助や関わりであり，「教育」とは，子どもが健やかに成長し，その活動がより豊かに展開されるための発達の援助である．本章では，保育士等が，「ねらい」及び「内容」を具体的に把握するため，主に教育に関わる側面からの視点を示しているが，実際の保育においては，養護と教育が一体となって展開されることに留意する必要がある．

1　乳児保育に関わるねらい及び内容

(1)　基本的事項

ア　乳児期の発達については，視覚，聴覚などの感覚や，座る，はう，歩くなどの運動機能が著しく発達し，特定の大人との応答的な関わりを通じて，情緒的な絆が形成されるといった特徴がある．これらの発達の特徴を踏まえて，乳児保育は，愛情豊かに，応答的に行われることが特に必要である．

イ　本項においては，この時期の発達の特徴を踏まえ，乳児保育の「ねらい」及び「内容」については，身体的発達に関する視点「健やかに伸び伸びと育つ」，社会的発達に関する視点「身近な人と気持ちが通じ合う」及び精神的発達に関する視点「身近なものと関わり感性が育つ」としてまとめ，示している．

ウ　本項の各視点において示す保育の内容は，第1章の2に示された養護における「生命の保持」及び「情緒の安定」に関わる保育の内容と，一体となって展開されるものであることに留意が必要である．

(2)　ねらい及び内容

ア　健やかに伸び伸びと育つ
　　健康な心と体を育て，自ら健康で安全な生活をつくり出す力の基盤を培う．

（ア）ねらい
①　身体感覚が育ち，快適な環境に心地よさを感じる．
②　伸び伸びと体を動かし，はう，歩くなどの運動をしようとする．
③　食事，睡眠等の生活のリズムの感覚が芽生える．

（イ）内容
①　保育士等の愛情豊かな受容の下で，生理的・心理的欲求を満たし，心地よく生活をする．
②　一人一人の発育に応じて，はう，立つ，歩くなど，十分に体を動かす．
③　個人差に応じて授乳を行い，離乳を進めていく中で，様々な食品に少しずつ慣れ，食べることを楽しむ．
④　一人一人の生活のリズムに応じて，安全な環境の下で十分に午睡をする．
⑤　おむつ交換や衣服の着脱などを通じて，清潔になることの心地よさを感じる．

イ　身近な人と気持ちが通じ合う
　　受容的・応答的な関わりの下で，何かを伝えようとする意欲や身近な大人との信頼関係を育て，人と関わる力の基盤を培う．

（ア）ねらい
①　安心できる関係の下で，身近な人と共に過ごす喜びを感じる．
②　体の動きや表情，発声等により，保育士等と気持ちを通わせようとする．
③　身近な人と親しみ，関わりを深め，愛情や信頼感が芽生える．

242　付録　関係法令等

（イ）内容

① 子どもからの働きかけを踏まえた，応答的な触れ合いや言葉がけによって，欲求が満たされ，安定感をもって過ごす．

② 体の動きや表情，発声，喃語等を優しく受け止めてもらい，保育士等とのやり取りを楽しむ．

③ 生活や遊びの中で，自分の身近な人の存在に気付き，親しみの気持ちを表す．

④ 保育士等による語りかけや歌いかけ，発声や喃語等への応答を通じて，言葉の理解や発語の意欲が育つ．

⑤ 温かく，受容的な関わりを通じて，自分を肯定する気持ちが芽生える．

ウ　身近なものと関わり感性が育つ
　身近な環境に興味や好奇心をもって関わり，感じたことや考えたことを表現する力の基盤を培う．

（ア）ねらい

① 身の回りのものに親しみ，様々なものに興味や関心をもつ．

② 見る，触れる，探索するなど，身近な環境に自分から関わろうとする．

③ 身体の諸感覚による認識が豊かになり，表情や手足，体の動き等で表現する．

（イ）内容

① 身近な生活用具，玩具や絵本などが用意された中で，身の回りのものに対する興味や好奇心をもつ．

② 生活や遊びの中で様々なものに触れ，音，形，色，手触りなどに気付き，感覚の働きを豊かにする．

③ 保育士等と一緒に様々な色彩や形のものや絵本などを見る．

④ 玩具や身の回りのものを，つまむ，つかむ，たたく，引っ張るなど，手や指を使って遊ぶ．

⑤ 保育士等のあやし遊びに機嫌よく応じたり，歌やリズムに合わせて手足や体を動かして楽しんだりする．

（3）保育の実施に関わる配慮事項

ア　乳児は疾病への抵抗力が弱く，心身の機能の未熟さに伴う疾病の発生が多いことから，一人一人の発育及び発達状態や健康状態についての適切な判断に基づく保健的な対応を行うこと．

イ　一人一人の子どもの生育歴の違いに留意しつつ，欲求を適切に満たし，特定の保育士が応答的に関わるように努めること．

ウ　乳児保育に関わる職員間の連携や嘱託医との連携を図り，第3章に示す事項を踏まえ，適切に対応すること．栄養士及び看護師等が配置されている場合は，その専門性を生かした対応を図ること．

エ　保護者との信頼関係を築きながら保育を進めるとともに，保護者からの相談に応じ，保護者への支援に努めていくこと．

オ　担当の保育士が替わる場合には，子どものそれまでの生育歴や発達過程に留意し，職員間で協力して対応すること．

2　1歳以上3歳未満児の保育に関わるねらい及び内容

（1）基本的事項

ア　この時期においては，歩き始めから，歩く，走る，跳ぶなどへと，基本的な運動機能が次第に発達し，排泄の自立のための身体的機能も整うようになる．つまむ，めくるなどの指先の機能も発達し，食事，衣類の着脱なども，保育士等の援助の下で自分で行うようになる．発声も明瞭になり，語彙も増加し，自分の意思や欲求を言葉で表出できるようになる．このように自分でできることが増えてくる時期であることから，保育士等は，子どもの生活の安定を図りながら，自分でしようとする気持ちを尊重し，温かく見守るとともに，愛情豊かに，応答的に関わることが必要である．

イ　本項においては，この時期の発達の特徴を踏まえ，保育の「ねらい」及び「内容」について，心身の健康に関する領域「健康」，人との関わりに関する領域「人間関係」，身近な環境との関わりに関する領域「環境」，言葉の獲得に関する領域「言葉」及び感性と表現に関する領域「表現」としてまとめ，示している．

ウ　本項の各領域において示す保育の内容は，第1章の2に示された養護における「生命の保持」及び「情緒の安定」に関わる保育の内容と，一体となって展開されるものであることに留意が必要である．

（2）ねらい及び内容

ア　健康
　健康な心と体を育て，自ら健康で安全な

生活をつくり出す力を養う.

（ア）ねらい

① 明るく伸び伸びと生活し，自分から体を動かすことを楽しむ.

② 自分の体を十分に動かし，様々な動きをしようとする.

③ 健康，安全な生活に必要な習慣に気付き，自分でしてみようとする気持ちが育つ.

（イ）内容

① 保育士等の愛情豊かな受容の下で，安定感をもって生活をする.

② 食事や午睡，遊びと休息など，保育所における生活のリズムが形成される.

③ 走る，跳ぶ，登る，押す，引っ張るなど全身を使う遊びを楽しむ.

④ 様々な食品や調理形態に慣れ，ゆったりとした雰囲気の中で食事や間食を楽しむ.

⑤ 身の回りを清潔に保つ心地よさを感じ，その習慣が少しずつ身に付く.

⑥ 保育士等の助けを借りながら，衣類の着脱を自分でしようとする.

⑦ 便器での排泄(せつ)に慣れ，自分で排泄(せつ)ができるようになる.

イ　人間関係

他の人々と親しみ，支え合って生活するために，自立心を育て，人と関わる力を養う.

（ア）ねらい

① 保育所での生活を楽しみ，身近な人と関わる心地よさを感じる.

② 周囲の子ども等への興味や関心が高まり，関わりをもとうとする.

③ 保育所の生活の仕方に慣れ，きまりの大切さに気付く.

（イ）内容

① 保育士等や周囲の子ども等との安定した関係の中で，共に過ごす心地よさを感じる.

② 保育士等の受容的・応答的な関わりの中で，欲求を適切に満たし，安定感をもって過ごす.

③ 身の回りに様々な人がいることに気付き，徐々に他の子どもと関わりをもって遊ぶ.

④ 保育士等の仲立ちにより，他の子どもとの関わり方を少しずつ身につける.

⑤ 保育所の生活の仕方に慣れ，きまりがあることや，その大切さに気付く.

⑥ 生活や遊びの中で，年長児や保育士等の真似をしたり，ごっこ遊びを楽しんだりする.

ウ　環境

周囲の様々な環境に好奇心や探究心をもって関わり，それらを生活に取り入れていこうとする力を養う.

（ア）ねらい

① 身近な環境に親しみ，触れ合う中で，様々なものに興味や関心をもつ.

② 様々なものに関わる中で，発見を楽しんだり，考えたりしようとする.

③ 見る，聞く，触るなどの経験を通して，感覚の働きを豊かにする.

（イ）内容

① 安全で活動しやすい環境での探索活動等を通して，見る，聞く，触れる，嗅ぐ，味わうなどの感覚の働きを豊かにする.

② 玩具，絵本，遊具などに興味をもち，それらを使った遊びを楽しむ.

③ 身の回りの物に触れる中で，形，色，大きさ，量などの物の性質や仕組みに気付く.

④ 自分の物と人の物の区別や，場所的感覚など，環境を捉える感覚が育つ.

⑤ 身近な生き物に気付き，親しみをもつ.

⑥ 近隣の生活や季節の行事などに興味や関心をもつ.

エ　言葉

経験したことや考えたことなどを自分なりの言葉で表現し，相手の話す言葉を聞こうとする意欲や態度を育て，言葉に対する感覚や言葉で表現する力を養う.

（ア）ねらい

① 言葉遊びや言葉で表現する楽しさを感じる.

② 人の言葉や話などを聞き，自分でも思ったことを伝えようとする.

③ 絵本や物語等に親しむとともに，言葉のやり取りを通じて身近な人と気持ちを通わせる.

（イ）内容

① 保育士等の応答的な関わりや話しかけにより，自ら言葉を使おうとする.

② 生活に必要な簡単な言葉に気付き，聞き分ける.

244　付録　関係法令等

③ 親しみをもって日常の挨拶に応じる.

④ 絵本や紙芝居を楽しみ, 簡単な言葉を繰り返したり, 模倣をしたりして遊ぶ.

⑤ 保育士等とごっこ遊びをする中で, 言葉のやり取りを楽しむ.

⑥ 保育士等を仲立ちとして, 生活や遊びの中で友達との言葉のやり取りを楽しむ.

⑦ 保育士等や友達の言葉や話に興味や関心をもって, 聞いたり, 話したりする.

オ　表現

感じたことや考えたことを自分なりに表現することを通して, 豊かな感性や表現する力を養い, 創造性を豊かにする.

（ア）ねらい

① 身体の諸感覚の経験を豊かにし, 様々な感覚を味わう.

② 感じたことや考えたことなどを自分なりに表現しようとする.

③ 生活や遊びの様々な体験を通して, イメージや感性が豊かになる.

（イ）内容

① 水, 砂, 土, 紙, 粘土など様々な素材に触れて楽しむ.

② 音楽, リズムやそれに合わせた体の動きを楽しむ.

③ 生活の中で様々な音, 形, 色, 手触り, 動き, 味, 香りなどに気付いたり, 感じたりして楽しむ.

④ 歌を歌ったり, 簡単な手遊びや全身を使う遊びを楽しんだりする.

⑤ 保育士等からの話や, 生活や遊びの中での出来事を通して, イメージを豊かにする.

⑥ 生活や遊びの中で, 興味のあることや経験したことなどを自分なりに表現する.

（3）保育の実施に関わる配慮事項

ア　特に感染症にかかりやすい時期であるので, 体の状態, 機嫌, 食欲などの日常の状態の観察を十分に行うとともに, 適切な判断に基づく保健的な対応を心がけること.

イ　探索活動が十分できるように, 事故防止に努めながら活動しやすい環境を整え, 全身を使う遊びなど様々な遊びを取り入れること.

ウ　自我が形成され, 子どもが自分の感情や気持ちに気付くようになる重要な時期

であることに鑑み, 情緒の安定を図りながら, 子どもの自発的な活動を尊重するとともに促していくこと.

エ　担当の保育士が替わる場合には, 子どものそれまでの経験や発達過程に留意し, 職員間で協力して対応すること.

4　保育の実施に関して留意すべき事項

（1）保育全般に関わる配慮事項

ア　子どもの心身の発達及び活動の実態などの個人差を踏まえるとともに, 一人一人の子どもの気持ちを受け止め, 援助すること.

イ　子どもの健康は, 生理的・身体的な育ちとともに, 自主性や社会性, 豊かな感性の育ちとがあいまってもたらされることに留意すること.

ウ　子どもが自ら周囲に働きかけ, 試行錯誤しつつ自分の力で行う活動を見守りながら, 適切に援助すること.

エ　子どもの入所時の保育に当たっては, できるだけ個別的に対応し, 子どもが安定感を得て, 次第に保育所の生活になじんでいくようにするとともに, 既に入所している子どもに不安や動揺を与えないようにすること.

オ　子どもの国籍や文化の違いを認め, 互いに尊重する心を育てるようにすること.

カ　子どもの性差や個人差にも留意しつつ, 性別などによる固定的な意識を植え付けることがないようにすること.

（2）小学校との連携

ア　保育所においては, 保育所保育が, 小学校以降の生活や学習の基盤の育成につながることに配慮し, 幼児期にふさわしい生活を通じて, 創造的な思考や主体的な生活態度などの基礎を培うようにすること.

イ　保育所保育において育まれた資質・能力を踏まえ, 小学校教育が円滑に行われるよう, 小学校教師との意見交換や合同の研究の機会などを設け, 第1章の4の（2）に示す「幼児期の終わりまでに育って欲しい姿」を共有するなど連携を図り, 保育所保育と小学校教育との円滑な接続を図るよう努めること.

ウ　子どもに関する情報共有に関して, 保育所に入所している子どもの就学に際し, 市町村の支援の下に, 子どもの育ちを支えるための資料が保育所から小学校へ送付されるようにすること.

（3）家庭及び地域社会との連携

10. 保育所保育指針（抄） **245**

子どもの生活の連続性を踏まえ，家庭及び地域社会と連携して保育が展開されるよう配慮すること．その際，家庭や地域の機関及び団体の協力を得て，地域の自然，高齢者や異年齢の子ども等を含む人材，行事，施設等の地域の資源を積極的に活用し，豊かな生活体験をはじめ保育内容の充実が図られるよう配慮すること．

第3章　健康及び安全

保育所保育において，子どもの健康及び安全の確保は，子どもの生命の保持と健やかな生活の基本であり，一人一人の子どもの健康の保持及び増進並びに安全の確保とともに，保育所全体における健康及び安全の確保に努めることが重要となる．

また，子どもが，自らの体や健康に関心をもち，心身の機能を高めていくことが大切である．

このため，第1章及び第2章等の関連する事項に留意し，次に示す事項を踏まえ，保育を行うこととする．

1　子どもの健康支援

(1) 子どもの健康状態並びに発育及び発達状態の把握

ア　子どもの心身の状態に応じて保育するために，子どもの健康状態並びに発育及び発達状態について，定期的・継続的に，また，必要に応じて随時，把握すること．

イ　保護者からの情報とともに，登所時及び保育中を通じて子どもの状態を観察し，何らかの疾病が疑われる状態や傷害が認められた場合には，保護者に連絡するとともに，嘱託医と相談するなど適切な対応を図ること．看護師等が配置されている場合には，その専門性を生かした対応を図ること．

ウ　子どもの心身の状態等を観察し，不適切な養育の兆候が見られる場合には，市町村や関係機関と連携し，児童福祉法第25条に基づき，適切な対応を図ること．また，虐待が疑われる場合には，速やかに市町村又は児童相談所に通告し，適切な対応を図ること．

(2) 健康増進

ア　子どもの健康に関する保健計画を全体的な計画に基づいて作成し，全職員がそのねらいや内容を踏まえ，一人一人の子どもの健康の保持及び増進に努めていくこと．

イ　子どもの心身の健康状態や疾病等の把握のために，嘱託医等により定期的に健康診断を行い，その結果を記録し，保育に活用するとともに，保護者が子どもの状態を理解し，日常生活に活用できるようにすること．

(3) 疾病等への対応

ア　保育中に体調不良や傷害が発生した場合には，その子どもの状態等に応じて，保護者に連絡するとともに，適宜，嘱託医や子どものかかりつけ医等と相談し，適切な処置を行うこと．看護師等が配置されている場合には，その専門性を生かした対応を図ること．

イ　感染症やその他の疾病の発生予防に努め，その発生や疑いがある場合には，必要に応じて嘱託医，市町村，保健所等に連絡し，その指示に従うとともに，保護者や全職員に連絡し，予防等について協力を求めること．また，感染症の対応方法等について，あらかじめ関係機関の協力を得ておくこと．看護師等が配置されている場合には，その専門性を生かした対応を図ること．

ウ　アレルギー疾患を有する子どもの保育については，保護者と連携し，医師の診断及び指示に基づき，適切な対応を行うこと．また，食物アレルギーに関して，関係機関と連携して，当該保育所の体制構築など，安全な環境の整備を行うこと．看護師や栄養士等が配置されている場合には，その専門性を生かした対応を図ること．

エ　子どもの疾病等の事態に備え，医務室等の環境を整え，救急用の薬品，材料等を適切な管理の下に常備し，全職員が対応できるようにしておくこと．

2　食育の推進

(1) 保育所の特性を生かした食育

ア　保育所における食育は，健康な生活の基本としての「食を営む力」の育成に向け，その基礎を培うことを目標とすること．

イ　子どもが生活と遊びの中で，意欲をもって食に関わる体験を積み重ね，食べることを楽しみ，食事を楽しみ合う子どもに成長していくことを期待するものであること．

ウ　乳幼児期にふさわしい食生活が展開され，適切な援助が行われるよう，食事の提供を含む食育計画を全体的な計画に基づいて作成し，その評価及び改善に努めること．栄養士が配置されている場合は，専門性を生かした対応を図ること．

(2) 食育の環境の整備等

ア　子どもが自らの感覚や体験を通して，自

246　付録　関係法令等

然の恵みとしての食材や食の循環・環境への意識，調理する人への感謝の気持ちが育つように，子どもと調理員等との関わりや，調理室など食に関わる保育環境に配慮すること．

イ　保護者や地域の多様な関係者との連携及び協働の下で，食に関する取組が進められること．また，市町村の支援の下に，地域の関係機関等との日常的な連携を図り，必要な協力が得られるよう努めること．

ウ　体調不良，食物アレルギー，障害のある子どもなど，一人一人の子どもの心身の状態等に応じ，嘱託医，かかりつけ医等の指示や協力の下に適切に対応すること．栄養士が配置されている場合は，専門性を生かした対応を図ること．

3　環境及び衛生管理並びに安全管理

(1) 環境及び衛生管理

ア　施設の温度，湿度，換気，採光，音などの環境を常に適切な状態に保持するとともに，施設内外の設備及び用具等の衛生管理に努めること．

イ　施設内外の適切な環境の維持に努めるとともに，子ども及び全職員が清潔を保つようにすること．また，職員は衛生知識の向上に努めること．

(2) 事故防止及び安全対策

ア　保育中の事故防止のために，子どもの心身の状態等を踏まえつつ，施設内外の安全点検に努め，安全対策のために全職員の共通理解や体制づくりを図るとともに，家庭や地域の関係機関の協力の下に安全指導を行うこと．

イ　事故防止の取組を行う際には，特に，睡眠中，プール活動・水遊び中，食事中等の場面では重大事故が発生しやすいことを踏まえ，子どもの主体的な活動を大切にしつつ，施設内外の環境の配慮や指導の工夫を行うなど，必要な対策を講じること．

ウ　保育中の事故の発生に備え，施設内外の危険箇所の点検や訓練を実施するとともに，外部からの不審者等の侵入防止のための措置や訓練など不測の事態に備えて必要な対応を行うこと．また，子どもの精神保健面における対応に留意すること．

4　災害への備え

(1) 施設・設備等の安全確保

ア　防火設備，避難経路等の安全性が確保されるよう，定期的にこれらの安全点検を行うこと．

イ　備品，遊具等の配置，保管を適切に行い，日頃から，安全環境の整備に努めること．

(2) 災害発生時の対応体制及び避難への備え

ア　火災や地震などの災害の発生に備え，緊急時の対応の具体的内容及び手順，職員の役割分担，避難訓練計画等に関するマニュアルを作成すること．

イ　定期的に避難訓練を実施するなど，必要な対応を図ること．

ウ　災害の発生時に，保護者等への連絡及び子どもの引渡しを円滑に行うため，日頃から保護者との密接な連携に努め，連絡体制や引渡し方法等について確認をしておくこと．

(3) 地域の関係機関等との連携

ア　市町村の支援の下に，地域の関係機関との日常的な連携を図り，必要な協力が得られるよう努めること．

イ　避難訓練については，地域の関係機関や保護者との連携の下に行うなど工夫すること．

第4章　子育て支援

保育所における保護者に対する子育て支援は，全ての子どもの健やかな育ちを実現することができるよう，第1章及び第2章等の関連する事項を踏まえ，子どもの育ちを家庭と連携して支援していくとともに，保護者及び地域が有する子育てを自ら実践する力の向上に資するよう，次の事項に留意するものとする．

1　保育所における子育て支援に関する基本的事項

(1) 保育所の特性を生かした子育て支援

ア　保護者に対する子育て支援を行う際には，各地域や家庭の実態等を踏まえるとともに，保護者の気持ちを受け止め，相互の信頼関係を基本に，保護者の自己決定を尊重すること．

イ　保育及び子育てに関する知識や技術など，保育士等の専門性や，子どもが常に存在する環境など，保育所の特性を生かし，保護者が子どもの成長に気付き子育ての喜びを感じられるように努めること．

(2) 子育て支援に関して留意すべき事項

ア　保護者に対する子育て支援における地域の関係機関等との連携及び協働を図り，保育所全体の体制構築に努めること．

イ　子どもの利益に反しない限りにおいて，保護者や子どものプライバシーを保護し，知り得た事柄の秘密を保持すること．

2　保育所を利用している保護者に対する子育

10. 保育所保育指針 (抄) 247

て支援
(1) 保護者との相互理解
ア 日常の保育に関連した様々な機会を活用し子どもの日々の様子の伝達や収集,保育所保育の意図の説明などを通じて,保護者との相互理解を図るよう努めること.
イ 保育の活動に対する保護者の積極的な参加は,保護者の子育てを自ら実践する力の向上に寄与することから,これを促すこと.
(2) 保護者の状況に配慮した個別の支援
ア 保護者の就労と子育ての両立等を支援するため,保護者の多様化した保育の需要に応じ,病児保育事業など多様な事業を実施する場合には,保護者の状況に配慮するとともに,子どもの福祉が尊重されるよう努め,子どもの生活の連続性を考慮すること.
イ 子どもに障害や発達上の課題が見られる場合には,市町村や関係機関と連携及び協力を図りつつ,保護者に対する個別の支援を行うよう努めること.
ウ 外国籍家庭など,特別な配慮を必要とする家庭の場合には,状況等に応じて個別の支援を行うよう努めること.
(3) 不適切な養育等が疑われる家庭への支援
ア 保護者に育児不安等が見られる場合には,保護者の希望に応じて個別の支援を行うよう努めること.
イ 保護者に不適切な養育等が疑われる場合には,市町村や関係機関と連携し,要保護児童対策地域協議会で検討するなど適切な対応を図ること.また,虐待が疑われる場合には,速やかに市町村又は児童相談所に通告し,適切な対応を図ること.

3 地域の保護者等に対する子育て支援
(1) 地域に開かれた子育て支援
ア 保育所は,児童福祉法第48条の4の規定に基づき,その行う保育に支障がない限りにおいて,地域の実情や当該保育所の体制等を踏まえ,地域の保護者等に対して,保育所保育の専門性を生かした子育て支援を積極的に行うよう努めること.
イ 地域の子どもに対する一時預かり事業などの活動を行う際には,一人一人の子どもの心身の状態などを考慮するとともに,日常の保育との関連に配慮するなど,柔軟に活動を展開できるようにすること.
(2) 地域の関係機関等との連携
ア 市町村の支援を得て,地域の関係機関等

との積極的な連携及び協働を図るとともに,子育て支援に関する地域の人材と積極的に連携を図るよう努めること.
イ 地域の要保護児童への対応など,地域の子どもを巡る諸課題に対し,要保護児童対策地域協議会など関係機関等と連携及び協力して取り組むよう努めること.

第5章 職員の資質向上
第1章から前章までに示された事項を踏まえ,保育所は,質の高い保育を展開するため,絶えず,一人一人の職員についての資質向上及び職員全体の専門性の向上を図るよう努めなければならない.

1 職員の資質向上に関する基本的事項
(1) 保育所職員に求められる専門性
子どもの最善の利益を考慮し,人権に配慮した保育を行うためには,職員一人一人の倫理観,人間性並びに保育所職員としての職務及び責任の理解と自覚が基盤となる.
各職員は,自己評価に基づく課題等を踏まえ,保育所内外の研修等を通じて,保育士・看護師・調理員・栄養士等,それぞれの職務内容に応じた専門性を高めるため,必要な知識及び技術の修得,維持及び向上に努めなければならない.
(2) 保育の質の向上に向けた組織的な取組
保育所においては,保育の内容等に関する自己評価等を通じて把握した,保育の質の向上に向けた課題に組織的に対応するため,保育内容の改善や保育士等の役割分担の見直し等に取り組むとともに,それぞれの職位や職務内容等に応じて,各職員が必要な知識及び技能を身につけられるよう努めなければならない.

2 施設長の責務
(1) 施設長の責務と専門性の向上
施設長は,保育所の役割や社会的責任を遂行するために,法令等を遵守し,保育所を取り巻く社会情勢等を踏まえ,施設長としての専門性等の向上に努め,当該保育所における保育の質及び職員の専門性向上のために必要な環境の確保に努めなければならない.
(2) 職員の研修機会の確保等
施設長は,保育所の全体的な計画や,各職員の研修の必要性等を踏まえて,体系的・計画的な研修機会を確保するとともに,職員の勤務体制の工夫等により,職員が計画的に研修等に参加し,その専門性の向上が図られるよう努めなければならない.

3 職員の研修等
(1) 職場における研修

248 付録 関係法令等

職員が日々の保育実践を通じて，必要な知識及び技術の修得，維持及び向上を図るとともに，保育の課題等への共通理解や協働性を高め，保育所全体としての保育の質の向上を図っていくためには，日常的に職員同士が主体的に学び合う姿勢と環境が重要であり，職場内での研修の充実が図られなければならない．

(2) 外部研修の活用

各保育所における保育の課題への的確な対応や，保育士等の専門性の向上を図るためには，職場内での研修に加え，関係機関等による研修の活用が有効であることから，必要に応じて，こうした外部研修への参加機会が確保されるよう努めなければならない．

4 研修の実施体制等

(1) 体系的な研修計画の作成

保育所においては，当該保育所における保育の課題や各職員のキャリアパス等も見据えて，初任者から管理職員までの職位や職務内容等を踏まえた体系的な研修計画を作成しなければならない．

(2) 組織内での研修成果の活用

外部研修に参加する職員は，自らの専門性の向上を図るとともに，保育所における保育の課題を理解し，その解決を実践できる力を身に付けることが重要である．また，研修で得た知識及び技能を他の職員と共有することにより，保育所全体としての保育実践の質及び専門性の向上につなげていくことが求められる．

(3) 研修の実施に関する留意事項

施設長等は保育所全体としての保育実践の質及び専門性の向上のために，研修の受講は特定の職員に偏ることなく行われるよう，配慮する必要がある．また，研修を修了した職員については，その職務内容等において，当該研修の成果等が適切に勘案されることが望果等が適切に勘案されることが望ましい．

11. 幼保連携型認定こども園教育・保育要領（抄）

（平成 29 年 3 月 31 日
内閣府・文部科学省・厚生労働省告示第 1 号）

第 1 章　総則

第 1　幼保連携型認定こども園における教育及び保育の基本及び目標等

1　幼保連携型認定こども園における教育及び保育の基本

乳幼児期の教育及び保育は，子どもの健全な心身の発達を図りつつ生涯にわたる人格形成の基礎を培う重要なものであり，幼保連携型認定こども園における教育及び保育は，就学前の子どもに関する教育，保育等の総合的な提供の推進に関する法律（平成 18 年法律第 77 号．以下「認定こども園法」という）第 2 条第 7 項に規定する目的及び第 9 条に掲げる目標を達成するため，乳幼児期全体を通して，その特性及び保護者や地域の実態を踏まえ，環境を通して行うものであることを基本とし，家庭や地域での生活を含めた園児の生活全体が豊かなものとなるように努めなければならない．

このため保育教諭等は，園児との信頼関係を十分に築き，園児が自ら安心して身近な環境に主体的に関わり，環境との関わり方や意味に気付き，これらを取り込もうとして，試行錯誤したり，考えたりするようになる幼児期の教育における見方・考え方を生かし，その活動が豊かに展開されるよう環境を整え，園児と共により良い教育及び保育の環境を創造するように努めるものとする．これらを踏まえ，次に示す事項を重視して教育及び保育を行わなければならない．

(1) 乳幼児期は周囲への依存を基盤にしつつ自立に向かうものであることを考慮して，周囲との信頼関係に支えられた生活の中で，園児一人一人が安心感と信頼感をもっていろいろな活動に取り組む体験を十分に積み重ねられるようにすること．

(2) 乳幼児期においては生命の保持が図られ安定した情緒の下で自己を十分に発揮することにより発達に必要な体験を得ていくものであることを考慮して，園児の主体的な活動を促し，乳幼児期にふさわしい生活が展開されるようにすること．

(3) 乳幼児期における自発的な活動としての遊びは，心身の調和のとれた発達の基礎を培う重要な学習であることを考慮して，遊びを通しての指導を中心として第 2 章に示すねらいが総合的に達成されるようにすること．

(4) 乳幼児期における発達は，心身の諸側面が相互に関連し合い，多様な経過をたどって成し遂げられていくものであること，また，園児の生活経験がそれぞれ異なることなどを考慮して，園児一人一人の特性や発達の過程に応じ，発達の課題に即した指導を行うようにすること．

その際，保育教諭等は，園児の主体的な活動が確保されるよう，園児一人一人の行動の理解と予想に基づき，計画的に環境を構成しなければならない．この場合において，保育教諭等

11. 幼保連携型認定こども園教育・保育要領（抄） *249*

は，園児と人やものとの関わりが重要であることを踏まえ，教材を工夫し，物的・空間的環境を構成しなければならない．また，園児一人一人の活動の場面に応じて，様々な役割を果たし，その活動を豊かにしなければならない．

なお，幼保連携型認定こども園における教育及び保育は，園児が入園してから修了するまでの在園期間全体を通して行われるものであり，この章の第3に示す幼保連携型認定こども園として特に配慮すべき事項を十分に踏まえて行うものとする．

2　幼保連携型認定こども園における教育及び保育の目標

幼保連携型認定こども園は，家庭との連携を図りながら，この章の第1の1に示す幼保連携型認定こども園における教育及び保育の基本に基づいて一体的に展開される幼保連携型認定こども園における生活を通して，生きる力の基礎を育成するよう認定こども園法第9条に規定する幼保連携型認定こども園の教育及び保育の目標の達成に努めなければならない．幼保連携型認定こども園は，このことにより，義務教育及びその後の教育の基礎を培うとともに，子どもの最善の利益を考慮しつつ，その生活を保障し，保護者と共に園児を心身ともに健やかに育成するものとする．

なお，認定こども園法第9条に規定する幼保連携型認定こども園の教育及び保育の目標については，発達や学びの連続性及び生活の連続性の観点から，小学校就学の始期に達するまでの時期を通じ，その達成に向けて努力すべき目当てとなるものであることから，満3歳未満の園児の保育にも当てはまることに留意するものとする．

第3　幼保連携型認定こども園として特に配慮すべき事項

幼保連携型認定こども園における教育及び保育を行うに当たっては，次の事項について特に配慮しなければならない．

1　当該幼保連携型認定こども園に入園した年齢により集団生活の経験年数が異なる園児がいることに配慮する等，0歳から小学校就学前までの一貫した教育及び保育を園児の発達や学びの連続性を考慮して展開していくこと．特に満3歳以上については入園する園児が多いことや同一学年の園児で編制される学級の中で生活することなどを踏まえ，家庭や他の保育施設等との連携や引継ぎを円滑に行うとともに，環境の工夫をすること．

2　園児の一日の生活の連続性及びリズムの多様性に配慮するとともに，保護者の生活形態を反映した園児の在園時間の長短，入園時期や登園日数の違いを踏まえ，園児一人一人の状況に応じ，教育及び保育の内容やその展開について工夫をすること．特に入園及び年度当初においては，家庭との連携の下，園児一人一人の生活の仕方やリズムに十分に配慮して一日の自然な生活の流れをつくり出していくようにすること．

3　環境を通して行う教育及び保育の活動の充実を図るため，幼保連携型認定こども園における教育及び保育の環境の構成に当たっては，乳幼児期の特性及び保護者や地域の実態を踏まえ，次の事項に留意すること．

(1)　0歳から小学校就学前までの様々な年齢の園児の発達の特性を踏まえ，満3歳未満の園児については特に健康，安全や発達の確保を十分に図るとともに，満3歳以上の園児については同一学年の園児で編制される学級による集団活動の中で遊びを中心とする園児の主体的な活動を通して発達や学びを促す経験が得られるよう工夫をすること．特に，満3歳以上の園児同士が共に育ち，学び合いながら，豊かな体験を積み重ねることができるよう工夫をすること．

(2)　在園時間が異なる多様な園児がいることを踏まえ，園児の生活が安定するよう，家庭や地域，幼保連携型認定こども園における生活の連続性を確保するとともに，一日の生活のリズムを整えるよう工夫をすること．特に満3歳未満の園児については睡眠時間等の個人差に配慮するとともに，満3歳以上の園児については集中して遊ぶ場と家庭的な雰囲気の中でくつろぐ場との適切な調和等の工夫をすること．

(3)　家庭や地域において異年齢の子どもと関わる機会が減少していることを踏まえ，満3歳以上の園児については，学級による集団活動とともに，満3歳未満の園児を含む異年齢の園児による活動を，園児の発達の状況にも配慮しつつ適切に組み合わせて設定するなどの工夫をすること．

(4)　満3歳以上の園児については，特に長期的な休業中，園児が過ごす家庭や園などの生活の場が異なることを踏まえ，それぞれの多様な生活経験が長期的な休業などの終了後等の園生活に生かされるよう工夫をすること．

4　指導計画を作成する際には，この章に示す

指導計画の作成上の留意事項を踏まえるとともに，次の事項にも特に配慮すること．

(1) 園児の発達の個人差，入園した年齢の違いなどによる集団生活の経験年数の差，家庭環境等を踏まえ，園児一人一人の発達の特性や課題に十分留意すること．特に満3歳未満の園児については，大人への依存度が極めて高い等の特性があることから，個別的な対応を図ること．また，園児の集団生活への円滑な接続について，家庭等との連携及び協力を図る等十分留意すること．

(2) 園児の発達の連続性を考慮した教育及び保育を展開する際には，次の事項に留意すること．

ア　満3歳未満の園児については，園児一人一人の生育歴，心身の発達，活動の実態等に即して，個別的な計画を作成すること．

イ　満3歳以上の園児については，個の成長と，園児相互の関係や協同的な活動が促されるよう考慮すること．

ウ　異年齢で構成されるグループ等での指導に当たっては，園児一人一人の生活や経験，発達の過程などを把握し，適切な指導や環境の構成ができるよう考慮すること．

(3) 一日の生活のリズムや在園時間が異なる園児が共に過ごすことを踏まえ，活動と休息，緊張感と解放感等の調和を図るとともに，園児に不安や動揺を与えないようにする等の配慮を行うこと．その際，担当の保育教諭等が替わる場合には，園児の様子等引継ぎを行い，十分な連携を図ること．

(4) 午睡は生活のリズムを構成する重要な要素であり，安心して眠ることのできる安全な午睡環境を確保するとともに，在園時間が異なることや，睡眠時間は園児の発達の状況や個人によって差があることから，一律とならないよう配慮すること．

(5) 長時間にわたる教育及び保育については，園児の発達の過程，生活のリズム及び心身の状態に十分配慮して，保育の内容や方法，職員の協力体制，家庭との連携などを指導計画に位置付けること．

5　生命の保持や情緒の安定を図るなど養護の行き届いた環境の下，幼保連携型認定こども園における教育及び保育を展開すること

(1) 園児一人一人が，快適にかつ健康で安全に過ごせるようにするとともに，その生理的欲求が十分に満たされ，健康増進が積極的に図られるようにするため，次の事項に留意すること．

ア　園児一人一人の平常の健康状態や発育及び発達の状態を的確に把握し，異常を感じる場合は，速やかに適切に対応すること．

イ　家庭との連携を密にし，学校医等との連携を図りながら，園児の疾病や事故防止に関する認識を深め，保健的で安全な環境の維持及び向上に努めること．

ウ　清潔で安全な環境を整え，適切な援助や応答的な関わりを通して，園児の生理的欲求を満たしていくこと．また，家庭と協力しながら，園児の発達の過程等に応じた適切な生活のリズムがつくられていくようにすること．

エ　園児の発達の過程等に応じて，適度な運動と休息をとることができるようにすること．また，食事，排泄，睡眠，衣類の着脱，身の回りを清潔にすることなどについて，園児が意欲的に生活できるよう適切に援助すること．

(2) 園児一人一人が安定感をもって過ごし，自分の気持ちを安心して表すことができるようにするとともに，周囲から主体として受け止められ主体として育ち，自分を肯定する気持ちが育まれていくようにし，くつろいで共に過ごし，心身の疲れが癒やされるようにするため，次の事項に留意すること．

ア　園児一人一人の置かれている状態や発達の過程などを的確に把握し，園児の欲求を適切に満たしながら，応答的な触れ合いや言葉掛けを行うこと．

イ　園児一人一人の気持ちを受容し，共感しながら，園児との継続的な信頼関係を築いていくこと．

ウ　保育教諭等との信頼関係を基盤に，園児一人一人が主体的に活動し，自発性や探索意欲などを高めるとともに，自分への自信をもつことができるよう成長の過程を見守り，適切に働き掛けること．

エ　園児一人一人の生活のリズム，発達の過程，在園時間などに応じて，活動内容のバランスや調和を図りながら，適切な食事や休息がとれるようにすること．

6　園児の健康及び安全は，園児の生命の保持と健やかな生活の基本であり，幼保連携型認定こども園の生活全体を通して健康や安全に関する管理や指導，食育の推進等に十分留意すること．

7 保護者に対する子育ての支援に当たっては，この章に示す幼保連携型認定こども園における教育及び保育の基本及び目標を踏まえ，子どもに対する学校としての教育及び児童福祉施設としての保育並びに保護者に対する子育ての支28年8月援について相互に有機的な連携が図られるようにすること。また，幼保連携型認定こども園の目的の達成に資するため，保護者が子どもの成長に気付き子育ての喜びが感じられるよう，幼保連携型認定こども園の特性を生かした子育ての支援に努めること。

12. 子ども・子育て支援法（抄）
（平成24年8月22日法律第65号）
［改正］令和3年5月28日法律第50号

第1条（目的）　この法律は，我が国における急速な少子化の進行並びに家庭及び地域を取り巻く環境の変化に鑑み，児童福祉法（昭和22年法律第164号）その他の子どもに関する法律による施策と相まって，子ども・子育て支援給付その他の子ども及び子どもを養育している者に必要な支援を行い，もって一人一人の子どもが健やかに成長することができる社会の実現に寄与することを目的とする。

第2条（基本理念）　子ども・子育て支援は，父母その他の保護者が子育てについての第一義的責任を有するという基本的認識の下に，家庭，学校，地域，職域その他の社会のあらゆる分野における全ての構成員が，各々の役割を果たすとともに，相互に協力して行われなければならない。

2　子ども・子育て支援給付その他の子ども・子育て支援の内容及び水準は，全ての子どもが健やかに成長するように支援するものであって，良質かつ適切なものであり，かつ，子どもの保護者の経済的負担の軽減について適切に配慮されたものでなければならない。

3　子ども・子育て支援給付その他の子ども・子育て支援は，地域の実情に応じて，総合的かつ効果的に提供されるよう配慮して行われなければならない。

第3条（市町村の責務）　市町村（特別区を含む。以下同じ。）は，この法律の実施に関し，次に掲げる責務を有する。

一　子どもの健やかな成長のために適切な環境が等しく確保されるよう，子ども及びその保護者に必要な子ども・子育て支援給付及び地域子ども・子育て支援事業を総合的かつ計画的に行うこと。

二　子ども及びその保護者が，確実に子ども・子育て支援給付を受け，及び地域子ども・子育て支援事業その他の子ども・子育て支援を円滑に利用するために必要な援助を行うとともに，関係機関との連絡調整その他の便宜の提供を行うこと。

三　子ども及びその保護者が置かれている環境に応じて，子どもの保護者の選択に基づき，多様な施設又は事業者から，良質かつ適切な教育及び保育その他の子ども・子育て支援が総合的かつ効果的に提供されるよう，その提供体制を確保すること。

2　都道府県は，市町村が行う子ども・子育て支援給付及び地域子ども・子育て支援事業が適正かつ円滑に行われるよう，市町村に対する必要な助言及び適切な援助を行うとともに，子ども・子育て支援のうち，特に専門性の高い施策及び各市町村の区域を超えた広域的な対応が必要な施策を講じなければならない。

3　国は，市町村が行う子ども・子育て支援給付及び地域子ども・子育て支援事業その他この法律に基づく業務が適正かつ円滑に行われるよう，市町村及び都道府県と相互に連携を図りながら，子ども・子育て支援の提供体制の確保に関する施策その他の必要な各般の措置を講じなければならない。

第4条（事業主の責務）　事業主は，その雇用する労働者に係る多様な労働条件の整備その他の労働者の職業生活と家庭生活との両立が図られるようにするために必要な雇用環境の整備を行うことにより当該労働者の子育ての支援に努めるとともに，国又は地方公共団体が講ずる子ども・子育て支援に協力しなければならない。

第5条（国民の責務）　国民は，子ども・子育て支援の重要性に対する関心と理解を深めるとともに，国又は地方公共団体が講ずる子ども・子育て支援に協力しなければならない。

第6条（定義）　この法律において「子ども」とは，18歳に達する日以後の最初の3月31日までの間にある者をいい，「小学校就学前子ども」とは，子どものうち小学校就学の始期に達するまでの者をいう。

2　この法律において「保護者」とは，親権を行う者，未成年後見人その他の者で，子どもを現に監護する者をいう。

第7条 この法律において「子ども・子育て支援」とは，全ての子どもの健やかな成長のために適切な環境が等しく確保されるよう，国若しくは地方公共団体又は地域における子育ての支援を行う者が実施する子ども及び子どもの保護者に対する支援をいう．

2 この法律において「教育」とは，満3歳以上の小学校就学前子どもに対して義務教育及びその後の教育の基礎を培うものとして教育基本法（平成18年法律第120号）第6条第1項に規定する法律に定める学校において行われる教育をいう．

3 この法律において「保育」とは，児童福祉法第6条の3第7項に規定する保育をいう．

4 この法律において「教育・保育施設」とは，就学前の子どもに関する教育，保育等の総合的な提供の推進に関する法律（平成18年法律第77号．以下「認定こども園法」という．）第2条第6項に規定する認定こども園（以下「認定こども園」という．），学校教育法（昭和22年法律第26号）第1条に規定する幼稚園（認定こども園法第3条第1項又は第3項の認定を受けたもの及び同条第11項の規定による公示がされたものを除く．以下「幼稚園」という．）及び児童福祉法第39条第1項に規定する保育所（認定こども園法第3条第1項の認定を受けたもの及び同条第9項の規定による公示がされたものを除く．以下「保育所」という．）をいう．

5 この法律において「地域型保育」とは，家庭的保育，小規模保育，居宅訪問型保育及び事業所内保育事業をいい，「地域型保育事業」とは，地域型保育を行う事業をいう．

6 この法律において「家庭的保育」とは，児童福祉法第6条の3第9項に規定する家庭的保育事業として行われる保育をいう．

7 この法律において「小規模保育」とは，児童福祉法第6条の3第10項に規定する小規模保育事業として行われる保育をいう．

8 この法律において「居宅訪問型保育」とは，児童福祉法第6条の3第11項に規定する居宅訪問型保育事業として行われる保育をいう．

9 この法律において「事業所内保育」とは，児童福祉法第6条3第12項に規定する事業所内保育事業として行われる保育をいう．

10 この法律において「子ども・子育て支援施設等」とは，次に掲げる施設又は事業をいう．

一 認定こども園（保育所等（認定こども園法第2条第5項に規定する保育所等をいう．第5号において同じ．）であるもの及び第27条第1項に規定する特定教育・保育施設であるものを除く．第30条の11第1項第1号，第58条の4第1項第1号，第58条の10第1項第2号，第59条第3号ロ及び第6章において同じ．）

二 幼稚園（第27条第1項に規定する特定教育・保育施設であるものを除く．第30条の11第1項第2号，第3章第2節（第58条の9第6項第3号ロを除く．），第59条第3号ロ及び第6章において同じ．）

三 特別支援学校（学校教育法第1条に規定する特別支援学校をいい，同法第76条第2項に規定する幼稚部に限る．以下同じ．）

四 児童福祉法第59条の2第1項に規定する施設（同項の規定による届出がされたものに限り，次に掲げるものを除く．）のうち，当該施設に配置する従業者及びその員数その他の事項について内閣府令で定める基準を満たすもの

イ・ロ・ハ 〔略〕

五 認定こども園，幼稚園又は特別支援学校において行われる教育・保育（教育又は保育をいう．以下同じ．）であって，次のイ又はロに掲げる当該施設の区分に応じそれぞれイ又はロに定める1日当たりの時間及び期間の範囲外において，家庭において保育を受けることが一時的に困難となった当該イ又はロに掲げる施設に在籍している小学校就学前子どもに対して行われるものを提供する事業のうち，その事業を実施するために必要なものとして内閣府令で定める基準を満たすもの

イ・ロ 〔略〕

六 児童福祉法第6条の3第7項に規定する一時預かり事業（前号に掲げる事業に該当するものを除く．）

七 児童福祉法第6条の3第13項に規定する病児保育事業のうち，当該事業に従事する従業者及びその員数その他の事項について内閣府令で定める基準を満たすもの

八 児童福祉法第6条の3第14項に規定する子育て援助活動支援事業（同項第1号に掲げる援助を行うものに限る．）のうち，市町村が実施するものであることその他の内閣府令で定める基準を満たすもの

索　引

◆ あ 行

アウェイ育児, 154
足場がけ, 77
遊びの意義, 169
アプローチカリキュラム, 177
亜米利加婦人教授所, 53
アリエス, 33
育児休業取得率, 153
意見表明権, 14
一時預かり事業, 165
一条校, 185
1.57ショック, 150
一斉指導場面, 97–99, 101
一斉保育, 136
遺伝的要因, 71
異年齢保育, 137
隠者の夕暮れ, 37
ヴィゴツキー, 77
ウィルダースピン, 40
エミール, 35
エリクソン, 27
エンゲルス, 5
援助, 113, 115
エンゼルプラン, 63
延長保育事業, 166
横断的な視点, 71
オーエン, 39
狼に育てられた子, 19
小原国芳, 11
オーベルラン, 38
恩物（Gabe）, 41

◆ か 行

カウンセリング・マインド, 84
科学リテラシー, 169
核家族, 12
学事奨励に関する被仰出書, 8
学習, 73
学制, 8
学校教育法, 59, 185, 189–191
『学校と社会』, 43
カリキュラム, 105, 106, 108
簡易幼稚園, 9, 54
環境構成, 113, 114
環境の構成, 114
観察学習, 78
カント, 22
機会の原理, 128
木下竹次, 11
教育課程, 105, 109, 110, 112, 113
教育基本法, 67, 188
教育評価, 173
教育（保育）目標, 109
教育方法, 172
教育目的, 171
教育目標, 110, 113
教員免許更新制, 204
教科カリキュラム, 106, 107
共感的理解, 84
教師としての役割, 181
行事保育, 111
協働性, 213
興味の原理, 128
キンダーガルテン（Kindergarten）, 41

クーイング, 81
倉橋惣三, 11, 55
繰り返しの原理, 128
ケイ, 11
経験カリキュラム, 106–108
経験の原理, 128
京阪神聯合保育会, 56
ゲゼル, 73
言語リテラシー, 169
行為の系列, 101, 102
行為の中の省察, 211
公教育, 208
戸外保育学校, 40
刻印づけ, 23
個性化の原理, 128
個性（尊重）の原理, 128
子育て援助活動支援事業（ファミリー・サポート・センター事業）, 165
子育て支援, 150, 155, 190, 196, 200
子育て短期支援事業, 164
子ども・子育て関連3法, 156
子ども・子育て支援, 68
子ども子育て支援事業計画, 156
子ども・子育て支援新制度, 156
「子どもの家」, 44
子どもの権利条約, 13, 27
子どもの最善の利益, 27, 207
子どもの姿, 113

子どもの貧困, 209
コメニウス, 34
5領域, 106, 107, 191

◆さ 行
佐藤信淵, 52
沢柳政太郎, 11
産業革命, 5
慈育館, 52
自然や社会の事象, 133
実践知, 80
実費徴収に係る補足給付
　を行う事業, 167
児童虐待, 16
児童虐待防止法, 15, 193
指導計画, 112, 113
指導計画の評価, 115
児童中心主義, 10
児童福祉, 192–194
児童福祉法, 16, 62, 193,
　194, 196, 198
児童労働, 5
自発性の原理, 127
社会化, 11
社会化の原理, 129
社会事業法, 58
社会的微笑, 72
社会的要因, 72
社会・文化的な側面, 71
社会・文化的発達理論, 77
週案, 113
縦断的な視点, 71
自由な遊び, 98, 100–102
10年経験者研修, 214
自由の原理, 127
10の姿, 89, 90
自由保育, 135
授業モデル, 97
守孤扶独幼稚児保護会, 55
シュルツ, 42
小1の壁, 166

小1プロブレム, 179
頌栄幼稚園, 54
生涯未婚率, 151
少子化, 150
少子化対策, 155
初任者研修, 214
ショーン, 80
新教育運動, 11
シング, 19
人口置換水準, 150
新中間層, 11
人的環境, 114, 130
信用失墜行為, 203
スウォドリング, 72
スタートカリキュラム,
　177
砂場遊び, 169
性格形成新学院, 39
生活科の教科特性, 174
成熟, 73
生物的要因, 71
生理的微笑, 72
世界図絵, 34
関信三, 53
全国保育士会倫理綱領,
　207
全体的な計画, 105,
　109–113
専門的価値, 206
総合幼児教育施設
　（Kindertagesstätte）, 48
双生児統制法, 73

◆た 行
大教授学, 34
体罰, 15
託児所, 9
縦割り保育, 137
田中不二麿, 53
ダブルケア, 151
多様な事業者の参入促

進・能力活用事業, 167
短期指導計画, 113
地域子育て支援拠点事業,
　163
地域子ども・子育て支援
　事業, 162
懲戒権, 16
長期指導計画, 113
長時間労働, 154
土川五郎, 55
デイ・ケア・センター
　（day care center）, 49
手習い, 7
デューイ, 11, 42
寺子屋, 7
東京女子師範学校附属幼
　稚園, 17, 53
同僚性, 212
徒弟, 6
共働き家庭, 152
豊田芙雄, 53

◆な 行
内容, 110, 113–115
中村正直, 53
新潟静修学校付設託児所,
　54
二元体制, 198
20恩物, 53
日案, 113
乳児家庭全戸訪問事業
　（こんにちは赤ちゃん事
　業）, 164
乳児保育, 94
『人間の教育』, 40
認定こども園, 66, 198
妊婦健康診査, 164
ネウボラ（neuvo la）, 49
ねらい, 110, 113–115
年間指導計画, 113
年齢別保育, 137

野口援太郎, 11

◆ は 行
ハウ, 54
育みたい資質・能力, 79
橋詰良一, 56
発達過程, 74
発達原理, 74
発達段階, 76
発達の個人差, 75
発達の最近接領域, 77
発達の順序性, 74
発達の連続性, 75
晩婚化・晩産化, 151
反省的実践家, 79
反復の原理, 128
ピアジェ, 76
非婚化・未婚化, 151
非認知能力, 209
ピーボディ, 42
秘密保持義務, 203
評価（アセスメント）, 84
病児保育事業, 166
風姿花伝, 52
武家家訓, 51
二葉保育園, 55
物的環境, 114, 131
ブルーナー, 25, 74
フレーベル会, 56
フレーベル, 11, 26, 30, 40
フロイト, 23
ペスタロッチー, 36
ヘックマン, 26
ヘッド・スタート（head start）計画, 50
保育学校（nursery school）, 45, 49
保育カンファレンス, 212

保育教諭, 204
保育5領域, 86, 88, 90
保育士, 65
保育所, 45, 47
保育所および幼保連携型認定こども園, 105
保育所保育指針, 106, 107, 109, 159
保育所保育指針解説, 112
保育の計画, 105, 108, 109
保育の必要性の認定, 157
保育方法, 108
保育目標, 108, 112, 113
保育モデル, 99, 102
保育要領―幼児教育の手びき, 59
放課後児童クラブ（放課後児童健全育成事業）, 166
奉公, 5
ボウルビィ, 23
ホスピタリズム, 23
母性的養育の喪失, 23
ポルトマン, 20

◆ ま 行
マーガレット・マクミラン, 40
松野クララ, 53
間引き, 51
見えにくい専門性, 210
見えやすい専門性, 210
導かれた参加, 78
3つの柱, 89, 90
『民主主義と教育』, 43
名称独占, 203
モンテッソーリ, 11, 43

モンテッソーリ教具, 44

◆ や 行
遊児廠, 52
誘導保育, 11, 55
養育支援訪問事業, 164
幼児学校（infant school）, 39, 45
幼児期の終わりまでに育ってほしい姿, 79
幼児期の教育, 188
幼児保護所, 38
幼児理解, 70
幼稚園, 46, 47, 49, 105
幼稚園教育要領, 60, 106, 107, 109, 160
幼稚園と保育所との関係について, 195
幼稚園閉鎖令, 58
幼稚園令, 56
幼稚小学, 9, 53
幼稚遊嬉場, 53
幼保連携型認定こども園, 112, 199–201
幼保連携型認定こども園教育・保育要領, 106, 107, 161
横割り保育, 137
予想される活動, 113–115

◆ ら 行
ラチェル・マクミラン, 40
利用者支援事業, 162
ルソー, 26, 35
レディネス, 73
練習の原理, 128
ロゴフ, 77
ローレンツ, 22

執筆者紹介（執筆順）

小川　崇 （おがわ たかし）	新潟中央短期大学	第1章
大桃伸一 （おおもも しんいち）	東北文教大学	編集，第2章，第3章
小川澄江 （おがわ すみえ）	國學院大學栃木短期大學	第4章
請川滋大 （うけがわ しげひろ）	日本女子大学	第5章
杉浦英樹 （すぎうら ひでき）	上越教育大学	第6章
山口宗兼 （やまぐち むねかね）	北海道文教大学	第7章
村上智子 （むらかみ ともこ）	広島女学院大学	第8章
金山美和子 （かなやま みわこ）	長野県立大学	第9章
木村吉彦 （きむら よしひこ）	東北文教大学	第10章
高橋靖幸 （たかはし やすゆき）	新潟県立大学	第11章
石井美和 （いしい みわ）	東北文教大学短期大学部	第12章

未来を拓く保育の創造
（みらいをひらくほいくのそうぞう）

2019年10月20日　第1版　第1刷　発行
2022年3月1日　第1版　第2刷　発行

編　者　　大桃伸一
発行者　　発田和子
発行所　　株式会社　学術図書出版社

〒113-0033　東京都文京区本郷5丁目4の6
TEL 03-3811-0889　　振替 00110-4-28454
印刷　三松堂印刷（株）

定価はカバーに表示してあります.

本書の一部または全部を無断で複写（コピー）・複製・転
載することは，著作権法でみとめられた場合を除き，著作
者および出版社の権利の侵害となります. あらかじめ，小
社に許諾を求めて下さい.

© 2019　OOMOMO S.　Printed in Japan
ISBN978-4-7806-0767-3　C3037